智能财税岗课赛证融通教材·高职系

# 智能化税费核算与管理

组　编　中联集团教育科技有限公司

主　编　李增欣　马文君　朱红云

副主编　张立言　闫俊杰　任春茹　董浩洁

参　编　胡玉玲　李卓如　丁金川　赵素娟　陈　蕾　杨敏茹
　　　　吴宁宁　王希颖　王春娜　张　燕　任伟峰　吕建梅
　　　　李爱喜　元　媛　彭金梅　金爱茹　刘秀荣　郝万丽
　　　　丁春玲　朱　慧

机械工业出版社

本书以我国现行税法和《企业会计准则》为主要依据，根据企业财税的实际工作任务设计学习目标，按照最新的税收政策和会计准则编写，是与中联集团合作开发的岗课赛证系列教材之一。本书以中联集团智慧财经平台为基础，全面、系统讲解了财务共享模式下报税工作的流程及操作方法，突出了教学内容的实用性、可操作性及学生综合报税能力的培养。全书共分七个项目，分别为申报准备、增值税报税实务、消费税报税实务、城市维护建设税及教育费附加报税实务、企业所得税报税实务、个人所得税报税实务和其他税种报税实务。

本书既可作为高等职业教育财务会计类专业的教学用书，也可作为智能财税 1+X 职业技能等级证书和全国职业院校技能大赛（智能财税赛项）的参考用书。

## 图书在版编目（CIP）数据

智能化税费核算与管理/中联集团教育科技有限公司组编；李增欣，马文君，朱红云主编．—北京：机械工业出版社，2022.12

ISBN 978-7-111-72176-5

Ⅰ．①智… Ⅱ．①中… ②李… ③马… ④朱… Ⅲ．①智能技术—应用—税费—计算—高等职业教育—教材 ②智能技术—应用—税收管理—中国—高等职业教育—教材 Ⅳ．①F810.423-39 ②F812.423-39

中国版本图书馆CIP数据核字（2022）第231416号

机械工业出版社（北京市百万庄大街22号 邮政编码100037）

策划编辑：孔文梅 乔 晨　　责任编辑：孔文梅 乔 晨
责任校对：郑 婕 张 征　　封面设计：鞠 杨
责任印制：张 博

北京建宏印刷有限公司印刷

2023 年 2 月第 1 版第 1 次印刷
184mm×260mm・13.5 印张・321 千字
标准书号：ISBN 978-7-111-72176-5
定价：45.00元

| 电话服务 | 网络服务 |
|---|---|
| 客服电话：010-88361066 | 机 工 官 网：www.cmpbook.com |
| 　　　　　010-88379833 | 机 工 官 博：weibo.com/cmp1952 |
| 　　　　　010-68326294 | 金 书 网：www.golden-book.com |
| 封底无防伪标均为盗版 | 机工教育服务网：www.cmpedu.com |

# 前言 Preface

随着现代信息技术在财税领域的高度渗透，财税工作发生了颠覆式的变化，现代财务呈现出平台化、数字化、智能化和共享化等特点，财务共享中心及新型会计工厂大量涌现；我国税收制度不断发生变革；《国家职业教育改革实施方案》启动了1+X证书制度试点工作，鼓励深化产教融合和校企双元合作，推进三教改革。基于上述背景，我们与中联集团教育科技有限公司合作开发了一系列岗课赛证融通教材，其中《智能化税费核算与管理》以中联集团智慧财经平台为实践平台，立足于财务共享中心下报税业务的处理流程，集税法讲解与实践操作为一体，并与"1+X"智能财税职业技能等级证书标准衔接，体现了"工学结合、课证融通"的高等职业教育特色。

本书分七个项目，全面、系统讲解了财务共享模式下报税工作的流程及操作方法，突出了教学内容的实用性、可操作性以及学生综合报税能力的培养。这七个项目具体为申报准备、增值税报税实务、消费税报税实务、城市维护建设税及教育费附加报税实务、企业所得税报税实务、个人所得税报税实务和其他税种报税实务。本书具有以下特色：

（1）内容新。本书依据新税收法规政策编写，体现了税法的时效性；立足于财务共享中心的票、财、税数据互通模式下的纳税申报，真实对接智能财税工作岗位，培养学生在新技术、新业态环境下的财税事务服务能力、财税职业判断能力、财税业务核算能力，体现了新经济业态的职业能力需求变动。

（2）体例新颖。项目下分若干任务，每个任务由任务情境、任务准备、任务实施和任务评价构成。任务情境激发学生的好奇心和求知欲，并明确学生要完成的任务，任务准备为学生提供完成任务所需的知识点和操作技能，任务实施指出完成任务的过程及结果，任务评价则为教师和学生提供教与学效果的检测数据。整个体例安排符合高等职业教育学生的认知规律和认知特点。

（3）资源丰富。本书配有电子课件、微课、案例和习题等，方便学生在进行预习、复习与巩固所学知识时各取所需。立体化的教学资源确保了教师和学生的教、学效果。

（4）岗课赛证融通。本书内容与实训平台选取对接了《智能财税职业技能等级标准》的知识与技能的考核要求，同时结合了智能财税职业技能大赛规程。学生通过本书的学习和实训，可以同时掌握职业技能等级证书和大赛的相关知识和技能。

由于编者水平所限，书中疏漏之处在所难免，恳请读者批评指正。

编　者

# 二维码索引 Qr Code Index

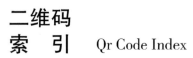

| 序号 | 微课名称 | 二维码 | 页码 | 序号 | 微课名称 | 二维码 | 页码 |
|---|---|---|---|---|---|---|---|
| 1 | 增值税税率与征收率 | | 035 | 8 | 城建税及教育费附加申报 | | 089 |
| 2 | 特殊销售方式下销售额的确定 | | 041 | 9 | 应纳税所得额的计算方法 | | 100 |
| 3 | 不得抵扣的进项税额 | | 050 | 10 | 预缴企业所得税应纳税额计算 | | 121 |
| 4 | 一般纳税人应纳税额的计算与申报（一） | | 055 | 11 | 企业所得税汇算清缴 | | 122 |
| 5 | 一般纳税人应纳税额的计算与申报（二） | | 058 | 12 | 企业所得税纳税申报（一） | | 125 |
| 6 | 小规模纳税人应纳税额的计算与申报 | | 061 | 13 | 企业所得税纳税申报（二） | | 125 |
| 7 | 消费税纳税申报 | | 084 | 14 | 企业所得税纳税申报（三） | | 125 |

（续）

| 序号 | 微课名称 | 二维码 | 页码 | 序号 | 微课名称 | 二维码 | 页码 |
|---|---|---|---|---|---|---|---|
| 15 | 专项附加扣除项目 | | 134 | 18 | 分类所得的计算 | | 139 |
| 16 | 综合所得预扣预缴（一） | | 137 | 19 | 综合所得汇算清缴 | | 145 |
| 17 | 综合所得预扣预缴（二） | | 137 | 20 | 房产税申报 | | 161 |

# 目录 Contents

前言
二维码索引

## 项目一 申报准备 ... 001
- 任务一 了解税法基础及办税基础 ... 001
- 任务二 税务登记 ... 009
- 任务三 发票管理 ... 016

## 项目二 增值税报税实务 ... 031
- 任务一 增值税认知 ... 031
- 任务二 一般纳税人销项税额计算 ... 040
- 任务三 一般纳税人进项税额计算 ... 048
- 任务四 一般纳税人应纳税额的计算与申报 ... 055
- 任务五 小规模纳税人应纳税额的计算与申报 ... 060
- 任务六 进口货物应纳税额计算 ... 065
- 任务七 出口退税计算 ... 066

## 项目三 消费税报税实务 ... 071
- 任务一 消费税认知 ... 071
- 任务二 消费税应纳税额计算 ... 076
- 任务三 消费税纳税申报 ... 084

## 项目四 城市维护建设税及教育费附加报税实务 ... 087

## 项目五 企业所得税报税实务 ... 094
- 任务一 企业所得税认知 ... 095
- 任务二 企业所得税应纳税所得额的计算 ... 097
- 任务三 资产的税务处理 ... 110
- 任务四 企业所得税的税收优惠 ... 114
- 任务五 企业所得税的计算与申报 ... 119

## 项目六 个人所得税报税实务 ... 128
- 任务一 个人所得税认知 ... 128
- 任务二 个人所得税的计算 ... 133
- 任务三 个人所得税的申报 ... 144

## 项目七　其他税种报税实务 ......150
　　任务一　城镇土地使用税的计算与申报 ......150
　　任务二　房产税的计算与申报 ......158
　　任务三　资源税的计算与申报 ......163
　　任务四　土地增值税的计算与申报 ......168
　　任务五　车船税的计算与申报 ......176
　　任务六　印花税的计算与申报 ......180
　　任务七　契税的计算与申报 ......187
　　任务八　耕地占用税的计算与申报 ......191
　　任务九　关税的计算与申报 ......196
　　任务十　环境保护税的计算与申报 ......199

## 参考文献 ......206

# 项目一 申报准备

**知识目标**

- 掌握税收的基本概念。
- 了解税收的职能作用。
- 掌握税法的要素规定。
- 熟悉税务登记及流程。
- 掌握发票管理的基本规定。

**技能目标**

- 能够理解税收的概念和特征,明白国家征税的目的。
- 能对各种实体进行税法要素的认定与判断。
- 能够对税收进行正确分类,理解税收分类的意义。
- 能够完成企业各种类型的税务登记。
- 能够完成发票的申请、领购、开具使用及管理工作。

**素养目标**

- 通过学习税法基础知识、税务登记、发票管理以及数智化时代的全电发票,了解税收对国家经济建设和社会发展的作用,培养职业认同感和依法纳税意识;面对新环境和新技术要有知难而上的勇气和勇于革新的精神。

 任务一　了解税法基础及办税基础

**任务情境**

共享中心为了扩大业务,新招聘了几名刚毕业的大学生,其中张磊被分配到了涉税会计岗位。

为了适应工作，张磊要了解我国的税收体系和税收管理的程序，也要掌握电子税务局的基本知识，以便于接下来工作的展开。

## 任务布置

登录国家税务总局网站，查找一部税收法律法规（如车船税法），指出该税法的基本要素规定。
登录国家财政部网站，查找财政预决算报告，分析财政收入和财政支出的内容和构成。
登录电子税务局网站，了解电子税务局的主要功能。

## 任务准备

### 一、知识准备

#### 1. 税收的概念

税收是指国家为了满足社会共同需要，凭借政治权力，按照法律的规定，强制、无偿取得财政收入的一种分配形式。税收是一种非常重要的政策工具，是国家（政府）公共财政最主要的收入形式和来源，其本质是一种分配关系。

税收的产生一般认为取决于两个相互制约的条件：一是国家的产生和存在；二是私有财产制度的存在与发展。

#### 2. 税收的职能

一般来说，税收具有以下几种重要的基本职能：

（1）组织财政收入。税收是政府凭借国家强制力参与社会分配、集中一部分剩余产品（货币形式或者是实物形式）的一种分配形式。组织国家财政收入是税收原生的最基本职能。

（2）调节宏观经济。政府凭借国家强制力参与社会分配，必然会改变社会各集团及其成员在国民收入分配中占有的份额，减少他们可支配的收入，但是这种减少不是均等的，这种利益得失将影响纳税人的经济活动能力和行为，进而对社会经济结构产生影响。政府正好利用这种影响，有目地地对社会经济活动进行引导，从而合理调整社会经济结构。

（3）监督经济活动。国家的征税过程是建立在日常深入细致的税务管理基础上，具体掌握税源，了解情况，发现问题，监督纳税人依法纳税，并同违反税收法令的行为进行斗争，从而监督社会经济活动方向，维护社会生活秩序。

#### 3. 税收的特征

税收与其他分配方式相比，具有强制性、无偿性和固定性的特征，习惯上将其称为税收的"三性"。

（1）税收的强制性。是指税收是国家以社会管理者的身份，凭借政治权力，通过颁布法律或政令来进行强制征收。纳税人必须依法纳税，征税机关必须依法征税，否则就要受到法律的制裁，这是税收具有法律地位的体现。强制性特征体现在两个方面：一个方面是税收分配关系的建立具有强制性，即税收征收完全是凭借国家拥有的政治权力；另一个方面是税收的征收过程具有强制性，即如果出现了税务违法行为，国家可以依法进行处罚。

（2）税收的无偿性。是指通过征税，社会集团和社会成员的一部分收入转归国家所有，国家不向纳税人支付任何报酬或代价。税收这种无偿性是与国家凭借政治权力进行收入分配的本质相联系的。无偿性体现在两个方面：一个方面是政府获得税收收入后无须向纳税人直接支付任何报酬；另一方面是指政府征得的税收收入不直接返还给纳税人。税收的无偿性是税收的本质体现，反映的是一种社会产品所有权、支配权的单方面转移关系，而不是等价交换关系。税收的无偿性是区分税收收入和其他财政收入形式的重要特征。

（3）税收的固定性。是指税收是按照国家法律规定的标准征收的，即纳税人、课税对象、税目、税率、计价办法和期限等，都是税收法律预先规定了的，有一个比较稳定的适用期间，是一种固定的连续收入。对于税收预先规定的标准，征税和纳税双方都必须共同遵守，非经国家法律修订或调整，征纳双方都不得违背或改变这个固定的比例或数额以及其他制度规定。

**思考1-1　税收三性之间有什么样的关系？**

解析：税收所具有的三个特征是统一的整体，互相联系、缺一不可，同时具备这三个特征的才叫税收。其中，强制性是实现税收无偿征收的强有力保证；无偿性是税收本质的体现，同纳税人的经济利益关系极大；固定性是强制性和无偿性的必然要求，对国家来说可以保证收入的稳定。

税收的特征是税收区别于其他财政收入形式，如国有资产收益、国债收入、规费收入、罚没收入等的基本标志。税收的特征反映了不同社会形态下税收的共性。

### 4. 税收的分类

税收的分类是从一定的目的和要求出发，按照一定的标准，对各不同税种所做的一种划分。我国的税种分类主要有：

（1）按课税对象为标准分类。

1）流转税类。流转税类是以商品生产流转额和非生产流转额为课税对象征收的一类税。流转税是我国税法体系中的主体税类，目前包括增值税、消费税和关税等税种，在生产、流通、服务及进出口贸易等方面发挥调节作用。其特点表现在：

①以商品交换为前提，与商品生产和商品流通关系密切，课征面广泛。

②以商品流转额和非商品流转额为计税依据。

③普遍实行比例税率，个别实行定额税率。

④计算税额简便，减轻税务负担。

2）所得税类。所得税类是指以纳税人各种所得额为课税对象的一类税。所得税类也是我国税制结构中的主体税类，目前包括企业所得税和个人所得税，对生产经营者的利润和个人的纯收入发挥调节作用。其主要特点表现在：

①所得税额的多少直接决定于有无收益和收益的多少，而不决定于商品或劳务的流转额。

②课税对象是纳税人的真实收入，属于直接税，不易进行税负转嫁。

③容易受经济波动、企业管理水平等因素的影响，不易保证财政收入的稳定性。

④征管工作复杂，很容易出现偷逃税现象。

3）财产税类。财产税类是指以纳税人所拥有或支配财产的数量或价值额为课税对象的一类税。我国现行税制中的房产税、车船税、契税和车辆购置税都属于财产税类，包括对财产的直接征收和对财产转移的征收。其主要特点表现在：

① 调节财产所有人的收入，缩小贫富差距。

② 提高财产的利用效果，限制财产的不必要占有量。

③ 增加财政收入。

4）行为税类。行为税类是指以纳税人的某些特定行为为课税对象的一类税。我国现行税制中的城市维护建设税、烟叶税、印花税、环境保护税以及船舶吨税等都属于行为税类。其主要特点表现在：

① 贯彻"寓禁于征"的政策，对某些特定行为加以限制、调节。

② 这类税的设置比较灵活，其中有些税种具有临时税的性质。

③ 增加财政收入。

5）资源税类。资源税类是指对在我国境内从事资源开发、利用和占有的单位和个人征收的一类税。征收这类税有两个目的：一是为了取得资源消耗的补偿基金，保护国有资源的合理开发利用；二是为了调节资源级差收入，以利于企业在平等的基础上开展竞争。我国现行税制中的资源税、土地增值税、耕地占用税和城镇土地使用税都属于资源税。其主要特点表现在：

① 增加财政收入。

② 调节级差收入，促使企业平等竞争。

③ 促进自然资源的合理开发和有效利用，杜绝和限制自然资源的严重浪费现象。

（2）按税收的计税依据为标准分类。

1）从量税。从量税是指以课税对象的数量（重量、面积、件数）为依据，按固定税额计征的一类税，如我国现行的车船税和城镇土地使用税等。其主要特点表现在：

① 实行定额税率，单位商品税负固定，具有计算简便等优点。

② 因为与价格没有关系，在通货膨胀等因素影响下，税负率实际上是下降的。因此适用范围不广，多用于质量、规格比较规范，价格波动不大的商品。

2）从价税。从价税是指以课税对象的价格（金额）为依据，按一定比例计征的一类税，如我国现行的增值税、消费税、企业所得税等税种。其主要特点表现在：

① 实行比例税率和累进税率，与商品价格直接挂钩。

② 税收负担比较合理，适用范围广。

3）复合税。复合税是一种复合计税方式，对于某些税种的某些税目，会有既征收从价税又征收从量税的情况，如我国现行消费税中的卷烟和白酒即实行复合税。其主要特点表现在：

① 需要同时确定货物的销售金额和销售数量，计算复杂。

② 能够广辟税源，发挥不同税率形式特定的经济调节作用。

（3）按税收与计税价格的关系为标准分类。

1）价内税。价内税是指计税价格包含税款，即以含税价格为计税依据计算应纳税款。如我国现行的消费税。其主要特点表现在：

① 税金包含在商品价格内，容易为人们所接受。

② 税金随商品价格的实现而实现，有利于及时组织财政收入。

③ 税金随商品价格的提高而提高，使收入有一定的弹性。

2）价外税。价外税是指计税价格不包含税款，即以不含税的价格为计税依据计算应纳税款。如我国现行的增值税。其主要特点表现在：

① 税价分离，税负透明。

② 与企业的成本核算和利润没有直接联系，能更好地反映企业的经营成果。

③ 不干扰价格对市场供求状况的正确反映，因此，更适应市场经济的要求。

（4）按税负能否转嫁为标准分类。以税收能否转嫁为标准可分为直接税和间接税。

1）直接税。直接税是指纳税义务人同时是税收的实际负担人，纳税人不能或不便于把税收负担转嫁给别人的税种。属于直接税的这类纳税人，不仅在表面上有纳税义务，而且实际上也是税负承担者，即纳税人与负税人一致。

其主要特点表现在：

① 纳税人较难转嫁其税负。

② 税率可以采用累进制，根据私人所得和财产的多少决定其负担水平，更能贯彻公平原则。

2）间接税。间接税是指纳税义务人不是税收的实际负担人，纳税义务人能够用提高价格或提高收费标准等方法把税收负担转嫁给别人的税种。属于间接税的纳税人，虽然表面上负有纳税义务，但是实际上已将自己缴纳的税款通过各种方式转嫁给别人，即纳税人与负税人不一致。

其主要特点表现在：

① 几乎可以对一切商品和劳务征收，征税对象普遍，税源丰富。

② 税收负担最终由消费者承担，故有利于节省消费，激励储蓄。

③ 间接税的计算和征收，无须考虑纳税人的各种复杂情况并采用比例税率，较为简便易行。

### 5. 税收法律制度

税收法律制度即税法，是国家法律的重要组成部分。它是以宪法为依据，调整国家与纳税人在征纳税方面的权利与义务关系，维护社会经济秩序和税收秩序，保障国家利益和纳税人合法权益的法律规范的总称。

按照税法的职能作用不同，可将税法分为税收实体法和税收程序法两大类。

税收实体法主要是指确定税种立法，具体规定各税种的征收对象、征收范围、税目、税率等，如《中华人民共和国企业所得税法》《中华人民共和国个人所得税法》就属于税收实体法。

税收程序法是指税务管理方面的法律，主要包括税收管理法、纳税程序法、发票管理法、税务机关组织法、税务争议处理法等，如《中华人民共和国税收征收管理法》。

### 6. 税法构成要素

税法构成要素是税收课征制度构成的基本因素，是指各种单行税法具有的共同的基本要素的总称。包括总则、纳税人、征税对象、税目、税率、减税免税、纳税环节、纳税期限、罚则、附则等项目。其中纳税人、征税对象、税率三项是税法构成的基本要素。

（1）总则主要包括税法的立法意图、立法依据、适用原则等。

（2）纳税人，又称纳税义务人或纳税主体，是指税法规定的直接负有纳税义务的单位或个人。解决的是该税种对谁征税的问题。纳税人应当与负税人进行区别，负税人是经济学中的概念，即税收的实际负担者，而纳税人是法律用语，即依法缴纳税收的人。税法只规定纳税人，不规定负税人。二者有时可能相同，有时不尽相同，如个人所得税的纳税人与负税人是相同的，而增值税的纳税人与负税人就不一定一致。

有的税法中还有代扣代缴义务人或代收代缴义务人的规定（以下统称扣缴义务人）。扣缴义务人不是纳税义务人，但在向纳税人支付或收取款项时负有代扣代缴或代收代缴税款的义务，是税收征管时控制税源的一种方式。

（3）征税对象又称课税对象或征税客体，解决的是该税种对什么东西征税的问题，也是征纳双方权利义务共同指向的对象。征税对象是区别一种税和另一种税的根本标志，体现着征税的界限与范围。

与征税对象密切相关的一个概念是计税依据。计税依据也称计税标准，是据以计算征税对象应纳税额的直接数量依据，解决的是征税对象课税的计算问题，是征税对象的量的表现。这种量可以是价值形态，也可以是物理形态，如对征税对象的收入、销售额、利润额等征税，则该税的计税依据为价值形态，又称从价计征；对征税对象的面积、体积、重量等征税，则该税的计税依据为物理形态，又称从量计征。

（4）税目是指税法中规定的征税对象的具体项目，是征税的具体根据，规定了征税对象的具体范围。凡列入税目的即为应税项目，没有列入税目的，则不属于应税项目。制定税目的基本方法一般有两种：一是列举法，即按照每种商品或经营项目分别设置税目，必要时还可以在一个税目下设若干子目；二是概括法，即把性质相近的产品或项目归类设置税目，如按产品大类或行业设置税目等。

（5）税率是应纳税额与课税对象之间的数量关系或比例，是计算税额的尺度，也是衡量税负轻重的重要标志。我国现行的税率主要有：

1）比例税率，对同一课税对象不论数额大小，都按同一比例征税，税额占课税对象的比例总是相同的。比例税率是最常见的税率之一，应用广泛，具有横向公平性。

2）累进税率，是指按课税对象数额的大小规定不同的等级，数额越大，则等级越高，税率越高。累进税率一般在所得税类中使用，可以充分体现对纳税人收入多的多征、收入少的少征、无收入的不征的税收原则，从而有效地调节纳税人的贫富差距，正确处理税收负担的纵向公平问题。

我国目前实行的累进税率有超额累进税率和超率累进税率。超额累进税率就是按照计税金额的多少来划分等级，应税所得额每超过一个规定的等级，则对超过的部分按高一级的税率计算应纳税额。目前，个人所得税中综合所得和经营所得的适用税率为超额累进税率。超率累进税率是以征税对象的相对率来划分等级，相对率每超过一个等级，对超过部分对应的计税金额按照高一级的税率计算税款。目前，土地增值税实行超率累计税率。

3）定额税率，又称固定税率，是按课税对象的计量单位直接规定应纳税额的税率形式。课税对象的计量单位主要有吨、升、平方米、立方米、辆等。定额税率与价格没有关系，一般适用于质量规格比较规范且价格变动不大的商品。

（6）纳税环节是指按税法规定的征税对象从生产到消费的流转过程中应当缴纳税款的环节，

如流转税在生产和流通环节纳税，所得税在分配环节纳税等。合理选择纳税环节，对加强税收征管、有效控制税源、保证国家财政收入的及时、稳定、可靠具有重要意义。

（7）纳税期限是税法规定的纳税主体向税务机关缴纳税款的具体时间。纳税期限是衡量征纳双方是否按时行使征税权力和履行纳税义务的尺度，具体包括以下三个方面：

1）纳税义务发生时间：即应税行为发生的时间。

2）纳税期限：即每隔固定的时间汇总一次纳税义务的时间。纳税人每次发生了纳税义务，不可能马上去缴纳税款，税法规定了按期纳税（按照固定期限纳税）和按次纳税。如《中华人民共和国增值税暂行条例》（以下简称《增值税暂行条例》）规定的纳税期限为1日、3日、5日、10日、15日、1个月或1个季度，不能按固定期限纳税的，可按次纳税。

3）缴库期限：税法规定的纳税期限满后，纳税人将应纳税款缴入国库的期限。如《增值税暂行条例》规定纳税人以1日、3日、5日、10日、15日为一个纳税期限的，自期满之日起5日内预缴税款，于次月1日起15日内申报纳税并结清上月应纳税款。

（8）纳税地点是指税法规定的纳税人缴纳税款的场所。纳税地点一般为纳税人的户籍所在地、居住地、营业执照颁发地，也有规定在生产经营所在地、财产所在地或特定行为发生地或报关地。

（9）税收优惠是指税法对某些特定的纳税人或征税对象给予的一种减少征税或免予征税的规定。

1）减税和免税。减税和免税具体分为两种情况：一种是税法直接规定的减免税优惠；另一种是依法给予一定期限内的减免税优惠，期满后仍按规定纳税。

2）起征点。征税对象的数额没有达到起征点的不征税，征税对象的数额达到起征点的，就其全部数额征税。即不达不征，达到全征。如增值税中有关于起征点的规定。

3）免征额。免征额是指将纳税对象一部分给予免除，只就减除后剩余部分计征税款。即不达不征，达到只就超过部分征税。如个人所得税有关于免征额的规定。

（10）罚则又称法律责任，是对违反税法的行为采取的处罚措施。附则主要规定某项税法的解释权和生效时间。

### 二、操作准备

结合实际，选择好相应需要浏览的网址，收藏好管辖地的电子税务局网址，并取得权限。信息来源要多方位、多渠道，准确认知税收的基础知识和涉税会计岗位的工作职责和内容。

## 任务实施

（1）上网查询我国税收相关的法律法规，掌握税法体系及构成要素。

（2）上网查询收缴的税款用于何处，进一步深入理解税收的职能作用。

（3）登录管辖地的电子税务局，了解其各个窗口、板块及相应的功能，下面以国家税务总局北京市电子税务局为例进行讲解。

1）电子税务局登录。企业纳税人在登录界面可以选择账号登录、CA登录、电子证照登录和移动端扫码登录四种方式中的一种实现电子税务局的登录，如图1-1所示。

2）人员登录。登录之后，进入选择人员页面，可以选择密码和手机验证码两种方式实现人员登录，如图1-2所示。

图1-1　电子税务局登录

图1-2　人员登录

3）业务办理。人员登录完成后，即可进入到电子税务局的业务办理界面，着手办理各项业务，如图1-3所示。

图 1-3　业务办理

## 任务评价

| 评价内容 | 评价标准 | 完成情况（0～10分） |
| --- | --- | --- |
| 税收的概念和职能 | 能正确认识税收的基本概念和职能作用 | |
| 税收的分类 | 掌握不同口径下的税收分类，理解税收分类的意义 | |
| 税法要素 | 能根据税法要素厘清实体法的主要内容规定 | |
| 税收征收管理 | 明确税收征收管理的主要内容 | |
| 电子税务局 | 能正确登录电子税务局，清楚电子税务局各功能模块 | |

## 任务二　税务登记

### 任务情境

共享中心员工根据合同与相关资料完成新注册的北京飞扬数码科技有限公司的税务登记任务。

### 任务布置

整理与审核税务登记所需要的各种资料。
判断纳税人是否满足一般纳税人的资格条件。
学会在电子税务局完成税务登记。

# 任务准备

## 一、知识准备

### 1. 税务登记及其意义

税务登记是税务机关依据税法规定，对纳税人的生产、经营活动进行登记管理的一项基本法定制度，也是纳税人依法履行纳税义务的法定手续。税务登记是整个税收征收管理的起点。

税务登记种类包括：注册登记，变更登记，停业、复业登记，注销登记，外出经营报验登记，扣缴税款登记等。

税务登记的意义在于：有利于税务机关了解纳税人的基本情况，掌握税源，加强征收与管理，防止漏管漏征，建立税务机关与纳税人之间正常的工作联系，强化税收政策和法规的宣传，增强纳税意识等。

### 2. 税务登记范围

（1）从事生产、经营的纳税人：企业，企业在外地设立的分支机构和从事生产、经营的场所，个体工商户和从事生产、经营的事业单位。

（2）非从事生产经营但依照规定负有纳税义务的单位和个人：前款规定以外的纳税人，除国家机关、个人和无固定生产经营场所的流动性农村小商贩外。

（3）扣缴义务人：负有扣缴税款义务的扣缴义务人（国家机关除外），应当办理扣缴税款登记。

（4）享受减免税待遇的纳税人需要办理税务登记。

**思考1-2　所有的纳税人都要进行税务登记吗？**

**解析**：国家机关、个人和无固定生产、经营场所的流动性农村小商贩不需要办理税务登记。

根据《税务登记管理办法》第二条规定："企业，企业在外地设立的分支机构和从事生产、经营的场所，个体工商户和从事生产、经营的事业单位，均应当按照《税收征管法》及《实施细则》和本办法的规定办理税务登记。

前款规定以外的纳税人，除国家机关、个人和无固定生产、经营场所的流动性农村小商贩外，也应当按照《税收征管法》及《实施细则》和本办法的规定办理税务登记。

根据税收法律、行政法规的规定负有扣缴税款义务的扣缴义务人（国家机关除外），应当按照《税收征管法》及《实施细则》和本办法的规定办理扣缴税款登记。"

### 3. 税务登记的程序

（1）注册登记。新设立的企业需要进行注册登记。

根据《关于加快推进"五证合一、一照一码"登记制度改革的通知》关于"五证合一"的规定，建立营业执照、组织机构代码证、税务登记证、社会保险登记证和统计登记证"一表登记、五证合一"制度。市场主体一次性提交包含办理上述证照所需的所有信息，相关部门受理申请并进行审核，准予登记的，向市场主体发放一份包含营业执照、组织机构代码证、税务登记证、社会保险登记证和统计登记证功能的证照。

也就是说，五证合一后无须进行单独的税务登记，不再领取税务登记证，但是纳税人还需去税务局办理纳税人的信息登记，核准纳税（费）种类，也就是核税。当前，为进一步优化税收营商环境，提高纳税人的便利性和办税效率，税务机关对新办纳税人首次办税涉及的多个涉税事项进行了整合，推出新办纳税人"套餐式"服务。新办纳税人"套餐式"服务一般包括以下10个涉税事项：网上办税服务厅开户、登记信息确认、财务会计制度及核算软件备案、纳税人存款账户账号报告、增值税一般纳税人登记、发票票种核定、增值税专用发票最高开票限额审批、实名办税、增值税税控系统专用设备初始发行、发票领用。有条件的地方也将授权划缴税款协议和增值税税控系统专用设备网上购买等事项纳入了"套餐式"服务范围。新办纳税人在电子税务局提交"套餐式"服务事项申请；税务机关在规定的期限内完成办理，并通过网上办税服务厅反馈办理情况；纳税人依据反馈情况选择自行领取或委托寄送增值税税控系统专用设备、发票等即可完成新办纳税人登记。

> **注 意** "五证合一"并非是将税务登记取消了，税务登记的法律地位仍然存在，只是政府简政放权，将此环节改为由工商行政管理部门统一受理，核发一个加载法人和其他组织统一社会信用代码的营业执照，这个营业执照在税务机关完成信息补录后具备税务登记证的法律地位和作用。

**纳税人应注意的事项：**

1）纳税人对报送材料的真实性和合法性承担责任。

2）纳税人使用符合《电子签名法》规定条件的电子签名，与手写签名或者盖章具有同等法律效力。

3）经过实名信息验证的办税人员，不再提供登记证件和身份证件复印件等资料。

（2）增值税一般纳税人登记。为深入贯彻落实"放管服"改革有关要求，进一步优化纳税服务，规范增值税一般纳税人管理，根据《增值税一般纳税人登记管理办法》规定，增值税一般纳税人资格实行登记制，登记事项由增值税纳税人向其主管税务机关办理，可通过电子税务局新办纳税人套餐项目完成登记的办理。

申请条件：增值税纳税人年应税销售额超过财政部、国家税务总局规定的小规模纳税人标准（500万元），或虽未超过标准但会计核算健全、能够提供准确税务资料。其中，年销售额超过500万元的不经常发生应税行为的单位和个体工商户可以选择按照小规模纳税人管理，年销售额超过500万元的其他个人必须按照小规模纳税人来征税。

需要注意的几个问题：

1）纳税人年应税销售额超过财政部、国家税务总局规定标准(以下简称规定标准)，且符合有关政策规定，选择按小规模纳税人纳税的，应当向主管税务机关提交书面说明。

2）纳税人年应税销售额超过规定标准的，应在申报期结束后15日内按照规定办理相关手续；未按规定时限办理的，主管税务机关会在规定期限结束后5日内制作《税务事项通知书》，告知纳税人应当在5日内向主管税务机关办理相关手续。逾期仍不办理的，自通知时限期满的次月起，按销售额依照增值税税率计算应纳税额，不得抵扣进项税额，直至纳税人办理相关手续为止。

3）除财政部、国家税务总局另有规定外，纳税人自其选择的一般纳税人资格生效之日起，按照增值税一般计税方法计算应纳税额，并按照规定领用增值税专用发票。

4）年应税销售额的判断标准，是指纳税人在连续不超过 12 个月或四个季度的经营期内累计应征增值税销售额，包括纳税申报销售额、稽查查补销售额、纳税评估调整销售额。销售服务、无形资产或者不动产有扣除项目的纳税人，其年应税销售额按未扣除之前的销售额计算。纳税人偶然发生的销售无形资产、转让不动产的销售额，不计入年应税销售额的判断范围。

#### 案例 1-1

甲企业为新成立的小规模纳税人，从事灯具销售，同时兼营设计、咨询等服务业务。2021 年 4 月—2022 年 3 月累计申报的销售额为 400 万元，2022 年 4 月甲企业销售业绩良好，造成 2021 年 5 月—2022 年 4 月累计申报的销售额达到了 501 万元。

分析甲企业的增值税纳税人身份。

**分析**：2021 年 4 月—2022 年 3 月累计申报的销售额为 400 万元，未达到 500 万元的标准，可以选择继续按照小规模纳税人进行纳税申报。

2021 年 5 月—2022 年 4 月累计申报的销售额达到了 501 万元，超过了小规模纳税人标准（500 万元）。因此，可以选择在 2021 年 5 月申报期内，将 4 月发生的税款进行纳税申报，然后在 5 月申报期结束后的 15 日内到主管税务机关办理一般纳税人登记手续。当然，也可以等到季度申报结束后的 15 日内再办理一般纳税人登记手续。

#### 思考 1-3　增值税一般纳税人与小规模纳税人的区别有哪些？

**解析**：增值税一般纳税人和小规模纳税人的区别在于：

① 计税方式不同。一般纳税人采用增值税一般计税法，而小规模纳税人采用简易计税法（例外：特定行业的一般纳税人也可适用简易计税法）。

一般计税法的公式为：应纳税额 = 当期销项税额 − 当期进项税额 − 减免税额

简易计税法的公式为：应纳税额 = 当期销售额 × 增值税征收率

② 增值税税率不同。一般纳税人适用增值税税率，而小规模纳税人适用增值税征收率（例外：特定行业的一般纳税人也适用增值税征收率）。

③ 纳税申报周期不同。一般纳税人的纳税申报是按月，而小规模纳税人的纳税申报一般是按季度（例外：一些小规模纳税人也可申请按月纳税申报）。由于一般纳税人的会计核算水平要比小规模纳税人的健全，所以一般纳税人每个月都需要进行增值税纳税申报，而小规模纳税人只需要在每年的 1 月初、4 月初、7 月初和 10 月初进行四次纳税申报。

（3）变更登记。如果纳税人发生以下情况变更时，则需要进行变更税务登记：单位名称、法定代表人或者业主姓名及其居民身份证、护照或者其他合法证件的号码；住所、经营地点。登记类型；生产经营范围；注册资金（资本）、投资总额；生产经营期限；财务负责人、联系电话；国家税务总局规定的其他有关事项。

如果变化的内容需要在市场监管部门办理变更登记，则纳税人直接向市场监管部门办理变更登记手续即可，相关信息会通过省级数据共享平台自动传送到税务机关，无须纳税人重复办理变更登记手续，只需要在电子税务局中确认信息更新即可；如果变化的内容不需要在市场监管部门办理变更登记，则需要在变更发生之日起的 30 天内，在电子税务局或税务大厅办理税务变更登记。

（4）停业、复业登记。实行定期定额征收方式的个体工商户需要停业的，应当在停业前（通常为停业前 1 个星期）向税务机关申报办理停业登记。纳税人的停业期限不得超过 1 年。

纳税人应当于恢复生产经营之前,向税务机关申报办理复业登记,如实填写《停、复业报告书》,领回并启用税务登记证件、发票领购簿及其停业前领购的发票。

纳税人停业期满不能及时恢复生产、经营的,应当在停业期满前填写《延期复业申请审批表》向主管地方税务机关提出延长停业登记申请,如实填写《停、复业报告书》,主管地方税务机关核准后发放《核准延期复业通知书》,方可延期。

纳税人停业期满未按期复业又不申请延长停业的,主管地方税务机关视为已恢复营业,实施正常的税收征收管理。纳税人在停业期间发生纳税义务的,应当按照税收法律、行政法规的规定申报缴纳税。

(5)注销税务登记(先税务,后工商)。注销税务登记是指纳税人发生解散、破产、撤销以及其他情形,依法终止纳税义务的,在向工商行政管理机关或者其他机关办理注销登记前,持有关证件和资料向原税务登记机关申报办理注销税务登记的活动。

1)按照规定不需要在工商行政管理机关或者其他机关办理注册登记的,应当自有关机关批准或者宣告终止之日起15日内,持有关证件向原税务登记机关申报办理注销税务登记。

2)纳税人因住所、经营地点变动,涉及变更税务登记机关的,应当在向工商行政管理机关或者其他机关申请办理变更或注销登记前,或者住所、经营地点变动前,向原税务登记机关申报办理注销税务登记,并在30日内向迁达地税务机关申报办理税务登记。

3)纳税人被工商行政管理机关吊销营业执照或者被其他机关予以撤销登记的,应当自营业执照被吊销或者被撤销登记之日起15日内,向原税务登记机关申报办理注销税务登记。

4)纳税人办理注销税务登记前,应当向税务机关提交相关证明文件和资料,结清应纳税款、多退(免)税款、滞纳金和罚款,缴销发票、税务登记证件和其他税务证件,经税务机关核准后,办理注销税务登记手续。

为深入贯彻落实党中央、国务院关于优化营商环境、深化"放管服"改革要求,国家税务总局采取了一系列措施进一步优化企业税务注销流程,具体如下:

1)实行清税证明免办服务。对向市场监管部门申请简易注销的纳税人,符合下列情形之一的,可免予到税务机关办理清税证明,直接向市场监管部门申请办理注销登记。

①未办理过涉税事宜的。

②办理过涉税事宜但未领用发票、无欠税(滞纳金)及罚款的。

③未办理过涉税事宜的纳税人,主动到税务机关办理清税的,税务机关可根据纳税人提供的营业执照即时出具清税文书。

④办理过涉税事宜但未领用发票、无欠税(滞纳金)及罚款的纳税人,主动到税务机关办理清税,资料齐全的,税务机关即时出具清税文书;资料不齐的,可采取"承诺制"容缺办理,在其做出承诺后,即时出具清税文书。

2)对向市场监管部门申请一般注销的纳税人,税务机关在为其办理税务注销时,进一步落实限时办结规定。对符合即办资格条件之一并办结全部涉税事项的纳税人,通过即办注销即时完成注销手续的办理,同时对未处于税务检查状态、无欠税(滞纳金)及罚款、已缴销增值税专用发票及税控专用设备,且通过即办资格核验的纳税人,优化即时办结服务,采取"承诺制"容缺办理,即纳税人在办理税务注销时,若资料不齐,可在其做出承诺后,税务机关即时出具清税文书。未通过即办资格核验的纳税人,通过清税注销完成税务注销手续的办理,即纳税人完成税务核验出的尚未办结的涉税事项后即可办理注销手续，对于清税注销税务机关也给出了办结时限，具体来说，一般纳税人 10 个工作日内办结，小规模纳税人 5 个工作日内办结。

即办资格核验条件为：纳税信用级别为 A 级和 B 级的纳税人；控股母公司纳税信用级别为 A 级的 M 级纳税人；省级人民政府引进人才或经省级以上行业协会等机构认定的行业领军人才等创办的企业；未纳入纳税信用级别评价的定期定额个体工商户；未达到增值税纳税起征点的纳税人。

### 二、操作准备

对纳税人税务登记的信息进行仔细审核，了解电子税务局的操作程序和方法。

### 三、任务要领

纳税人税务登记的资料、信息要完整、全面，准确进行登记信息的审核，按电子税务局要求的程序，准确无误地进行税务登记。

## 任务实施

### 一、任务流程

（1）审查准备好的各种税务登记的信息资料，确认需要填写的信息。
（2）登录电子税务局管理系统，进入客户端相应企业界面。
（3）进行税务登记信息填写，并报送。
（4）确认反馈结果。

### 二、任务操作

（1）登录电子税务局，在登录界面选择"税务信息确认"进入"新办企业纳税人套餐"，如图 1-4 所示。

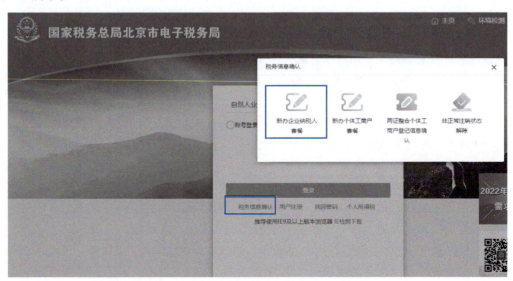

图 1-4 "新办企业纳税人套餐"业务选择

（2）单击"填写新申请"进入填表页面，如图1-5所示。

图1-5　填写新申请界面

（3）分别单击"新办企业纳税人套餐"各项目名称，打开对应表格，按照提示进行填写，填写完毕通过校验后单击"提交"，如图1-6所示。

图1-6　项目填写

（4）提交成功后，可单击"查看结果"查看受理情况，如图1-7所示。

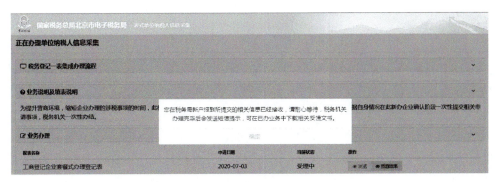

图1-7　受理结果查看界面

（5）受理办结后，纳税人可根据自身情况进行接下来的业务操作，如可以进入税控设备申请及发票申领的办理，如图1-8所示。

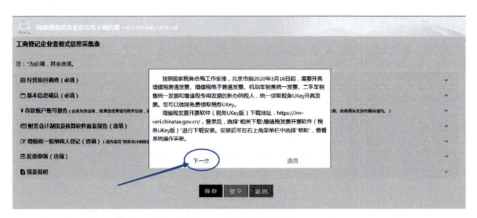

图1-8 税控设备申请

## 任务评价

| 评价内容 | 评价标准 | 完成情况（0～10分） |
| --- | --- | --- |
| 税务登记 | 明确税务登记的意义，清楚税务登记的内容 | |
| 税务登记范围 | 能正确判断设立登记的范围 | |
| 税务登记办理 | 能正确在电子税务局进行新办纳税人套餐登记 | |

## 任务三　发票管理

## 任务情境

共享中心员工根据合同与相关资料完成北京飞扬数码科技有限公司的发票领购、发票开具与发票管理任务。

## 任务布置

了解发票的种类。
进行税控软件的安装与注册。
完成发票申领。
完成不同类型发票的开具。

## 任务准备

### 一、知识准备

发票管理是税务机关对生产经营单位和个人在经营活动中所领购、开具和使用的商品销售和营业收入凭证进行的管理。

### 1. 发票及其作用

发票是指一切企事业单位和个人在购销商品、提供或接受服务以及从事其他经营活动中，所开具和收取的法定业务凭证，是会计核算的原始依据，也是审计机关、税务机关执法检查的重要依据。简单来说，发票就是发生的成本、费用或收入的原始凭证。对于公司来讲，发票主要是公司做账的依据，同时也是缴税的费用凭证；

注 意　收据才是收付款凭证，发票只能证明业务发生了，不能证明款项是否收付。

发票在我国社会经济活动中具有极其重要的意义和作用。
（1）发票具有合法性、真实性、统一性、及时性等特征，是基本的会计原始凭证之一。
（2）发票是记录经济活动内容的载体，是财务管理的重要工具。
（3）发票是税务机关控制税源，征收税款的重要依据。
（4）发票是国家宏观监督经济活动，维护经济秩序，保护国家财产安全的重要手段。

### 2. 发票的种类

我国发票的种类繁多，主要是按行业特点和纳税人的生产经营项目分类，每种发票都有特定的使用范围。

目前使用的发票按是否通过税控设备开具并纳入防伪税控系统分为两大类：

（1）需通过税控设备开具的发票。

1）增值税专用发票和增值税电子专用发票。增值税专用发票既可以作为纳税人反映经济活动中的重要会计凭证，又是兼记销货方纳税义务和购货方进项税额的合法证明，其中购货方进项税额的合法证明是专用发票独有的功能，也是它区别于普通发票的主要标志，票面税款经核准后可以作为进项税额申报抵扣。增值税专用发票可分为纸质专用发票和电子专用发票，纸质专用发票和电子专用发票在法律效力、基本用途、基本使用规定上都是相同的，只是在联次和传输及储存介质上有差异。

2）增值税普通发票和增值税电子普通发票。增值税普通发票只具有反映纳税人经济活动的会计凭证及销货方纳税人义务凭证的功能，不能够用来进行进项税额抵扣。普通发票既可以开具给增值税一般纳税人，也可以开具给小规模纳税人，甚至普通个人。普通发票的种类有折叠式、卷式和电子普通发票，卷式普通发票一般在生活服务业纳税人中推广使用，同电子专用发票一样，电子普通发票在保持功能和效力不变的前提下，在传输和存储上有较大的优势，是科技进步的新产物。

3）机动车销售统一发票。从事机动车销售的单位和个人，包括机动车生产企业、机动车授权经销企业、其他机动车贸易商，在向消费者销售机动车（不包括销售旧机动车）时，应当开具税务机关统一印制的"机动车销售统一发票"，作为车辆上牌凭证，税款可作为进项税抵扣。

4）二手车销售统一发票。从事二手车销售的企业领用，二手车经销企业、经纪机构和拍卖企业，在销售和拍卖二手车时，必须开具"二手车销售统一发票"。

（2）不需通过税控设备开具的发票。

1）通用机打发票。联次和规格多样，一般为未达起征点的小规模纳税人和某些特殊行业的企业领用。

2）通用定额发票。单张发票金额固定，无须打印即可开具，通常为定期定额征收的个体工商户和某些特殊行业的企业领用（如收取停车费的纳税人）。

需要注意的是：纳税人在申领发票时，应根据实际情况选择发票种类，未达起征点的纳税人不强制使用税控系统开具发票。

随着"一个系统、两个覆盖"（即一个增值税发票管理新系统覆盖所有小规模纳税人和一般纳税人）的推进，上述的通用机打发票和定额发票将逐步减少使用范围。

3）其他特殊发票。特殊企业经过申请自行印制的具有发票功能的票据。如电子客票行程单、中国铁路总公司及其所属运输企业（含分支机构）自行印制的铁路票据等。

（3）全面数字化的电子发票。简称全电发票，是以可信身份认证体系和新型电子发票服务平台为依托，以标签化、要素化、去版式、授信制、赋码制为特征，以全领域、全环节、全要素电子化为运行模式的新型电子发票。目前仅在上海、内蒙古自治区、广东（不含深圳）等地进行试点。

与传统的纸质发票和电子发票相比，全电发票具有以下特点：

1）发票信息全面数字化：实现发票全领域、全环节、全要素电子化，更方便发票报销、入账和归档。

2）发票开具更便捷：全电发票版式全面简化，仅需填写纳税人识别号和纳税人名称，纳税人可通过电脑网页端开具全电发票。随着电子发票服务平台功能全部上线，还可通过客户端、移动手机App随时随地开具发票。

3）交付方式更便捷：全电发票可以选择数据电文形式交付，破除OFD、PDF等特定版式要求，提升纳税人用票的便利度和获得感。

4）去介质化：纳税人不再需要预先领取专用税控设备，通过"赋码制"分配唯一发票号码，通过"授信制"自动为开票人赋予开具额度，实现开票"零前置"。新办纳税人可实现"开业即可开票"。

**职业提示**

全电发票带来的挑战

全电发票即全面数字化电子发票，是发票全领域、全环节、全要素的数字化。目前在上海等三地进行试点开具，其受票范围已扩大到全国各地。全电发票开启了数智财税之窗，为财务数字化转型和税收征管智能化改造升级带来了极大的推动与挑战。

纳税人端、发票全流程数字化促进财务数字化转型发展。电子发票服务平台与财务平台对接，可实现发票报销、入账、归档一体化操作；企业全链路的业务流程实现了数字化，可打通企业信息壁垒，充分享用业务信息资料带来的价值。当然，这也对财务人员的知识构造和技能要求提出了新的挑战，财务人员应积极适应新技术环境，努力学习新知识，完成自身的数字化提升。

税收征管端、全电发票助力税收征管优化升级。全电发票在实行统一平台开票的方式下，税务机关能够按照纳税主体进行发票数据归集，可以有效杜绝虚开发票、票实不符等情况，这样就从源头上控制和解决了税收征收和缴纳主体信息不对称的问题，也有利于税务机关对纳税人的风险识别管理；而通过"一户式""一人式"数据归集，也为税费申报预填服务奠定数据基础。过去的"以票控税"正向"以数治税，以信息管税"转化。

综上可知，发票全流程的数字化，对财务人员影响很大。财务人员应精准把握全电发票、电子会计档案乃至数智化财税的趋势，更新知识结构，建立风险控制意识，以勇于创新、自我革命的精神，迎接全电发票和财务数智化时代的到来！

### 3. 发票查验

一般方法是登录全国增值税发票查验平台对发票的真伪进行查验。具体操作方法为：

（1）登录全国增值税发票查验平台 https://inv-veri.chinatax.gov.cn。

（2）根据发票票面信息填写发票查验界面（图1-9）的内容，也可选择扫描或导入方式自动代入票面信息。

图1-9　发票查验界面

（3）单击"查验"按钮进行查验。

查验结果有发票状态为正常、发票状态为作废、不一致、查无此票等情形。查验显示作废的，此发票不可作为财务报销凭证；查验显示不一致的，可与开票方或开票方主管税务机关联系核实；查验显示查无此票的，可能由于存在开具方离线自开票、发票电子数据的同步滞后等问题，可于第二天再行查验。发票查验结果为正常和查无此票的，分别如图1-10和图1-11所示。

图1-10　发票状态正常

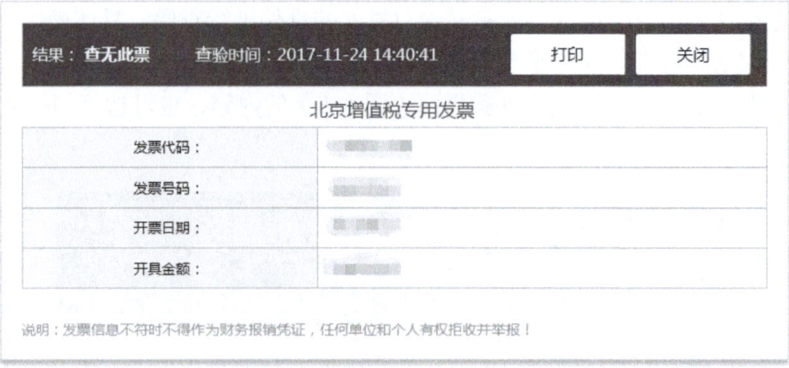

图 1-11　发票状态异常（查无此票）

**4. 增值税专用发票的管理**

（1）增值税专用发票的申领范围。

1）一般纳税人可以申请领购增值税专用发票。

2）增值税小规模纳税人发生增值税应税行为，需要开具增值税专用发票的，可以自愿使用增值税发票管理系统自行开具。选择自行开具增值税专用发票的小规模纳税人销售其取得的不动产，需要开具增值税专用发票的，税务机关不再为其代开。

3）增值税一般纳税人发生下列情形之一的，不得领购开具增值税专用发票：

① 会计核算不健全，不能向税务机关准确提供增值税销项税额、进项税额、应纳税额数据及其他有关增值税税务资料的。

② 有《税收征收管理法》规定的税收违法行为，拒不接受税务机关处理的。

③ 有虚开增值税专用发票、私自印制增值税专用发票、向税务机关以外的单位和个人买去增值税专用发票、借用他人增值税专用发票、未按要求开具发票、未按规定报关专用发票和专用设备、未按规定申请办理防伪税控系统变更发行、未按规定接受税务机关检查等情形之一的，经税务机关责令限期改正而仍未改正的；

（2）增值税专用发票的开具范围。

1）一般纳税人发生应税销售行为，应向购买方开具增值税专用发票。

2）商业企业一般纳税人零售的烟、酒、食品、服装、鞋帽（不包括劳保用品）、化妆品等不得开具增值税专用发票。

3）销售免税货物除另有规定外，一般不得开具增值税专用发票，销售对象为消费者个人的，不得开具增值税专用发票。

4）小规模纳税人发生应税销售行为，不能自行开具增值税专用发票的，可向主管税务机关申请代开。

（3）开具红字发票的管理（以增值税电子专用发票为例）。

增值税纳税人开具增值税专用发票后，发生销货退回、开票有误、应税服务中止、销售折让等情形，需要开具红字专用发票的，按以下规定执行：

1）申请：购买方或销售方纳税人在增值税发票管理系统（以下简称"发票管理系统"）中填开"开具红字增值税专用发票信息表"（以下简称"信息表"）。如果购买方已将电子专票用于申报抵扣，则由购买方在发票管理系统中填开并上传"信息表"，在这种情况下，"信息表"中不需要填写相对应的蓝字电子专票信息。如果购买方未将电子专票用于申报抵扣，则由销售方在发票管理系统中填开并上传"信息表"，在这种情况下，"信息表"中需要填写相对应的蓝字电子专票信息。

2）税务机关信息系统校验：税务机关通过网络接收纳税人上传的"信息表"，系统自动校验通过后，生成带有"红字发票信息表编号"的"信息表"，并将信息同步至纳税人端系统中。

3）销售方开具红字专票：销售方在发票管理系统中查询到已经校验通过的"信息表"后，便可开具红字电子专票。红字电子专票应与"信息表"一一对应。

4）购买方处理：对于购买方已将电子专票用于申报抵扣的情形，因购买方开具"信息表"与销售方开具红字电子专票可能存在一定时间差，购买方应当暂依"信息表"所列增值税税额从当期进项税额中转出，待取得销售方开具的红字电子专票后，与"信息表"一并作为记账凭证。

## 延伸阅读

### 大数据精准监管，虚开发票无处遁形

2022年1月26日，国家税务总局曝光五起涉税违法案件，涉税违法人员有的被移交检察机关审查起诉，有的被判处期限不等的有期徒刑。

这次的违法案件是税务部门充分运用税收大数据进行税收监管和税务稽查的结果。税务部门表示，2022年将在以下几方面下功夫：①进一步加强精准性监管，依托税收大数据，积极开展部门联合监管，不断提高监管效能；②进一步强化常态化打击，对违法案件尤其是团伙化、暴力式虚开发票等严重涉税违法行为，一律严查严办。

随着金税四期的逐步推进，我国税收征管走上了从"以票控税"到"以数治税"之路。非税信息纳入到税控工程系统中，税务部门之间、税务部门与公安、工商、检察、海关、银行、外汇、不动产中心等各种部门之间实现信息共享，大数据分析使违法现象无处遁形！纳税人应树立大数据时代的税收风险意识，提高税法遵从度与协同遵从度，共同营造法治公平的税收营商环境。

## 二、操作准备

对发票申领申请进行仔细审核、了解税控设备的使用方法、了解发票的开具技巧。

## 三、任务要领

纳税人资料、信息要完整全面，准确进行发票申领的审核，按税控设备的要求准确无误地开具发票。

## 任务实施

### 一、任务流程

（1）到电子税务局或税务机关办税服务厅办理发票申领事宜，准确填写企业发票申领信息，确认需要申领发票的种类、版面和数量。

（2）登录开票软件，完成发票的读入与分发。

（3）根据实际业务，按要求开具发票。

### 二、任务操作

企业一旦开始经营，就需要开票、记账、报税，而这一系列操作都需要税控设备的支持，在税务登记的时候已经领购过税控设备后，我们还需要在电脑中安装税控操作软件。

#### 1. 税控设备的安装

以税务 Ukey 为例，安装步骤如下：

第一步，登录国家税务总局全国增值税发票查验平台下载"税务 Ukey 数字证书驱动""增值税发票开票软件（税务 UKey 版）"，涉及电子发票使用的还需要同时下载"增值税电子发票版式文件阅读器"。

第二步，解压下载的驱动软件，双击并根据提示完成安装。

第三步，解压并完成开票软件的安装操作。

第四步，根据提示完成软件基础设置即可。

#### 2. 网上申领发票

（1）登记时办理。纳税人在税务登记时即产生发票使用需求时，可以直接在新办纳税人套餐环节完成发票的申领操作。

（2）延后办理。纳税人在税务登记环节没有提交申领发票的申请，过后可通过电子税务局发票领用模块完成发票申领操作。

1）通过电子税务局"我要办税"→"发票使用"，如图 1-12 所示。

图 1-12　发票使用

2）在发票使用模块中单击"发票领用",填写领用信息。纸质发票可以自取,也可以选择邮寄。单击"电子发票领用",可申领电子普通发票和电子专用发票,如图1-13和图1-14所示。

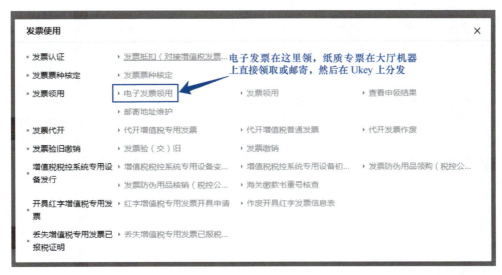

图1-13　电子发票领用

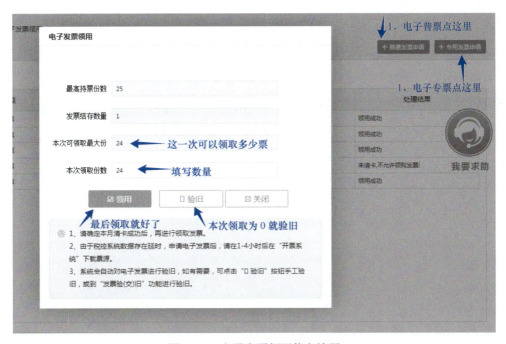

图1-14　电子发票领用信息填写

## 3. 发票读入及分发

企业在电子税务局完成发票领用并收到快递的空白发票后（申领纸质发票），还必须完成发票的分发读入才能正式开具。

登录开票软件,单击"发票管理"→"发票网上分发",打开发票分发页面,如图1-15所示。

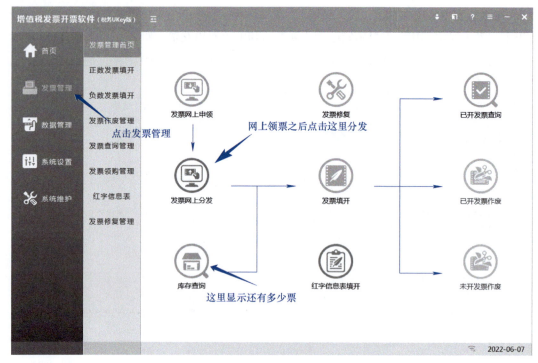

图 1-15　发票分发页面

在弹出的新页面中单击"查询",选中需要读入的发票种类,再单击下方的"分发",完成发票的分发确认,如图 1-16 和图 1-17 所示。

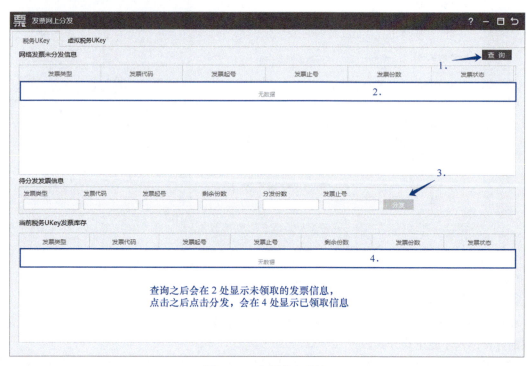

图 1-16　发票分发确认

图 1-17　发票分发成功

4. 开具发票（以增值税电子普通发票为例）

（1）打开安装有"开票软件"的电脑，插上税务 Ukey，登录开票软件。

（2）单击"发票管理"→"正数发票填开"，选择增值税电子普通发票，系统弹出"增值税电子普通发票填开"界面，征收模式选择"普通征税"，如图 1-18 和图 1-19 所示。此处以电子发票为例，如为纸质发票，则需人工核对发票代码和号码，保证与纸质发票一致。

图 1-18　发票填开页面

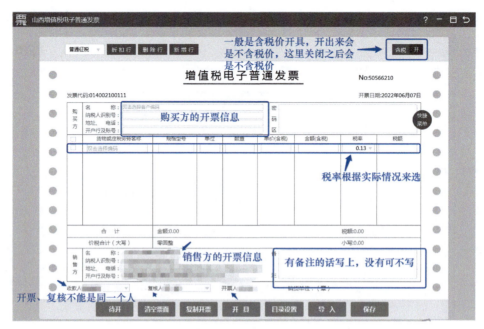

图 1-19　发票开具

（3）填写购买方信息：可通过双击在客户编码库中调用。如果是新客户，也可以新增客户，选择一类客户信息类别，单击"新增"，在弹出的界面（图 1-20）填写客户信息并提交，则该客户信息会进入客户编码库中。

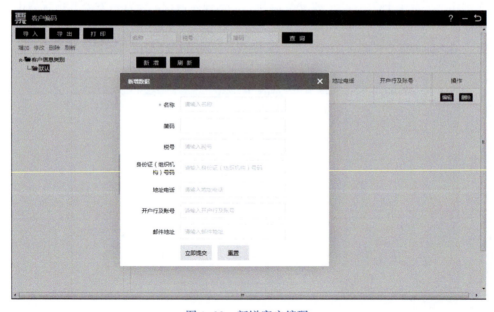

图 1-20　新增客户编码

（4）填写商品信息：通过"双击选择编码"，弹出"商品编码类别"界面（图 1-21），从中选取商品并双击，所选商品的名称、规格型号、单位、单价和税率等信息直接代入发票界面。也可以通过"新增商品"添加新的商品或劳务，新增后需要单击该商品列后的"赋码"赋予税收分类编码。

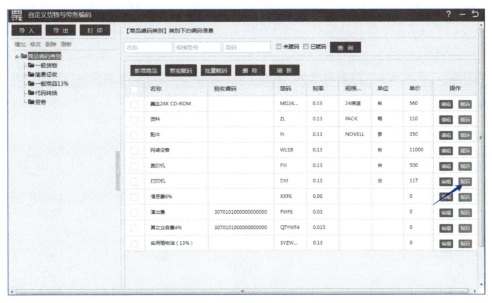

图 1-21　商品编码选择

（5）其他发票的开具同增值税电子普通发票。如果同一个客户需要开具多份内容相同的发票，可通过"复制开票"选项（图 1-22）复制之前开过的发票，减少重复录入。

图 1-22　复制开票

## 5. 发票作废

发票作废分已开发票作废和未开发票作废。

（1）已开发票作废。在发票管理首页单击"已开发票查询"，进入已开发票列表界面，单击需要作废发票后的"查看原票"（图1-23）在弹出界面下单击"作废"即可（图1-24）。需要注意的是，专用发票作废只能在开票当月作废，以后需要作废的话只能开具负数发票。电子普通发票不能作废，只能开具负数发票。

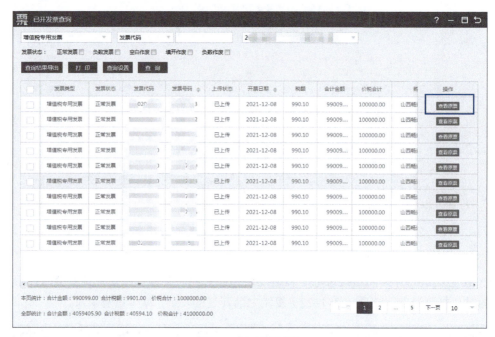

图1-23 查看原票

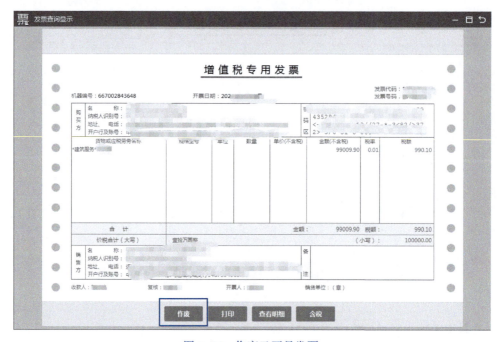

图1-24 作废已开具发票

（2）未开发票作废。纳税人在注销税盘、发票改版、专用发票污损无法使用等情形下可以进行未开发票作废。在发票管理首页单击"未开发票作废"，在打开的界面选择发票类型，系统自动带出发票代码、当前号码、终止号码及当前剩余份数，单击"确认"按钮，提示"确定作废当前发票段？"，单击确定即可作废发票，如图1-25所示。

图1-25　未开发票作废

### 6. 负数发票填开（以增值税电子普通发票为例）

在已开发票查询里查询需要开具负数的发票，单击"查看原票"后，在打开的发票界面选择下方的"负数开具"即可，如图1-26所示。

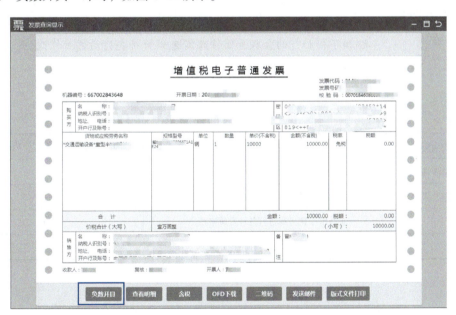

图1-26　负数发票开具

### 7. 折扣发票的开具

在日常财务工作中，偶尔会碰到需要开具折扣发票的情况。折扣发票的开具前期工作与普通发票相同，只是在录入商品信息之后，需要选中欲加折扣的某个商品或某几个商品行，再单击"折扣行"按钮，如图1-27所示，在弹出的"折扣"设置窗口选择折扣率或折扣金额，即可完成折扣的设置。

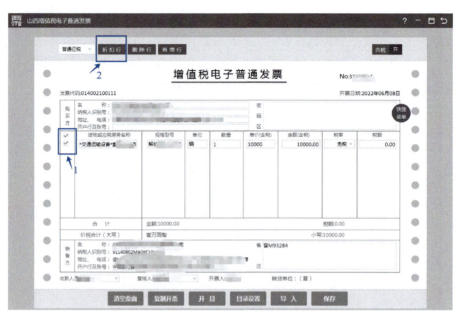

图 1-27 折扣发票开具

添加了折扣行的金额如需修改需先删除折扣行后方可修改。

## 任务评价

| 评价内容 | 评价标准 | 完成情况（0~10分） |
| --- | --- | --- |
| 发票及发票种类 | 清楚发票的种类及适用范围 | |
| 增值税专用发票管理 | 清楚增值税专用发票的申领范围和开具范围 | |
| 发票申领 | 能在电子税务局进行各种发票申领 | |
| 发票开具 | 能在开票系统进行各种发票开具 | |

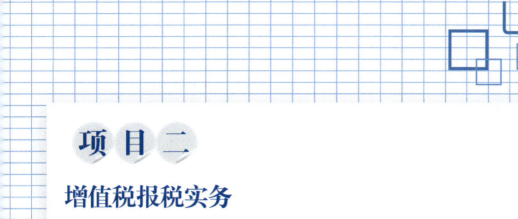

# 项目二

## 增值税报税实务

### 知识目标

- 掌握增值税纳税人、征税范围及税率等税法要素的规定。
- 掌握一般纳税人应纳税额计算的相关法律规定。
- 掌握小规模纳税人应纳税额计算的相关法律规定。
- 熟悉进口业务应纳增值税的计算。
- 了解出口退税的政策及退（免）税额的计算。

### 技能目标

- 能根据纳税人的经营业务情况进行增值税纳税人身份、适用税率的判定。
- 能根据具体业务情况判定增值税的纳税义务发生时间、纳税期限和纳税地点。
- 能根据相关业务资料计算一般计税方法下的应纳税额和简易计税方法下的应纳税额。
- 能够在智能化操作平台完成发票开具、票据采集、智能制单和增值税的纳税申报工作。

### 素养目标

- 增值税是我国第一大税种，不同的纳税人身份有不同的计税方法、适用税率，计税依据和应纳税额计算也相对复杂。通过学习重点培养严谨认真、一丝不苟的职业态度，不断学习进取的精神和遵循准则、依法纳税的意识。

## 任务一　增值税认知

### 任务情境

北京成康电子商贸有限公司（以下简称成康公司）是一家从事电子设备批发与零售的企业，主要销售服务器设备。成康公司将财务核算外包给北京紫林财税共享服务中心，每月末将本月业务相关票据交给共享中心，由共享中心对该外包业务进行财务核算及增值税纳税申报。

成康公司12月3日与江苏智能设备有限公司签订购销合同，销售服务器MF100设备1 000台，不含税价格21 000元／台。

## 任务布置

判断成康公司是增值税一般纳税人还是小规模纳税人。

判断成康公司的应税业务属于增值税征税范围的哪一类行为。

判断成康公司的应税业务适用的增值税税率或者征收率是多少。

## 任务准备

### 一、知识准备

增值税是以商品和劳务在流转过程中产生的增值额作为征税对象而征收的一种流转税。

企业无论生产经营范围是什么，都涉及商品、货物或服务的流转，如果直接对流转额征税势必会造成上一环节流转额的重复征税，而只对每一环节产生的增值部分征税则不会发生这类问题。

我国增值税采用的是间接扣税法进行应纳税额的计算。先对流转额征税（销项税额），再对外购环节承担的增值税税款（进项税额）予以抵扣，从而实现间接对增值额征税，即应纳税额＝销项税额－进项税额；税款由买方承担，随销售环节逐环节转移，最终消费者是税款的承担者。

#### 1. 增值税的征税范围

增值税的征税范围包括在境内发生应税销售行为以及进口货物等。具体规定如下：

（1）销售货物。销售货物是指在中华人民共和国境内（以下简称中国境内）有偿转让货物的所有权。中国境内是指所销售货物的起运地或所在地在中国境内。货物是指除土地、房屋和其他建筑物等不动产外的有形动产，包括电力、热力、气体在内。

（2）提供加工修理修配劳务。提供加工修理修配劳务是指在中国境内有偿提供加工、修理修配劳务。其中，加工是指受托加工货物，即委托方提供原料及主要材料，受托方按照委托方要求制造货物并收取加工费的业务；修理修配劳务是指受托对损伤和丧失功能的货物进行修复，使其恢复原状和功能的业务。但是，单位或者个体工商户聘用的员工为本单位或雇主提供加工、修理修配劳务不包括在内。

（3）进口货物。凡进入我国关境的货物，在报关进口时除依法缴纳关税外，还必须向我国海关缴纳增值税。

（4）销售服务。销售服务是指提供交通运输服务、邮政服务、电信服务、建筑服务、金融服务、现代服务和生活服务等。其中：

1）交通运输服务是指利用运输工具将货物或者旅客送达目的地，使其空间位置得到转移的业务活动，包括陆路运输服务、水路运输服务、航空运输服务和管道运输服务。

出租车公司向使用本公司自有出租车的司机收取的管理费用，按照"陆路运输服务"缴纳增值税。

水路运输的程租、期租业务，属于水路运输服务。程租业务是指运输企业为租船人完成某一次特定航次的运输任务并收取租赁费的业务；期租业务是指运输企业将配备有操作人员的船舶承租给他人使用一定期限，承租期内听候承租方调遣，不论是否经营，均按天向承租方收取租赁费，发生的固定费用均由船东负担的业务。

航空运输的湿租业务属于航空运输服务。湿租业务是指航空运输企业将配备有机组人员的飞机承租给他人使用一定期限，承租期内听候承租方调遣，不论是否经营，均按一定标准向承租方收取租赁费，发生的固定费用均由承租方承担的业务。

无运输工具承运业务按照"交通运输服务"缴纳增值税。无运输工具承运业务是指经营者以承运人身份与托运人签订运输服务合同，收取运费并承担承运人责任，然后委托实际承运人完成运输服务的经营活动。

2）邮政服务是指中国邮政集团公司及其所属邮政企业提供邮件寄递、邮政汇兑、机要通信和邮政代理等邮政基本服务的业务活动，包括邮政普遍服务、邮政特殊服务和其他邮政服务（不包括邮政储蓄业务）。

3）电信服务是指利用有线、无线的电磁系统或者光电系统等各种通信网络资源，提供语音通话服务，传送、发射、接收或者应用图像、短信等电子数据和信息的业务活动，包括基础电信服务和增值电信服务。

基础电信服务是指利用固网、移动网、卫星、互联网提供语音通话服务的业务活动，以及出租或者出售带宽、波长等网络元素的业务活动。

增值电信服务是指利用固网、移动网、卫星、互联网、有线电视网络，提供短信和彩信服务、电子数据和信息的传输及应用服务、互联网接入服务等业务活动。

4）建筑服务是指各类建筑物、构筑物及其附属设施的建造、修缮、装饰，线路、管道、设备、设施等的安装以及其他工程作业的业务活动，包括工程服务、安装服务、修缮服务、装饰服务和其他建筑服务。

纳税人将建筑施工设备出租给他人使用并配备操作人员的，按照"建筑服务"缴纳增值税。

5）金融服务是指经营金融保险的业务活动，包括贷款服务、直接收费金融服务、保险服务和金融商品转让。

各种占用、拆借资金取得的收入，包括金融商品持有期间（含到期）利息（保本收益、报酬、资金占用费、补偿金等）收入、信用卡透支利息收入、买入返售金融商品利息收入、融资融券收取的利息收入，以及融资性售后回租、押汇、罚息、票据贴现、转贷等业务取得的利息及利息性质的收入，按照"贷款服务"缴纳增值税。

6）现代服务是指围绕制造业、文化产业、现代物流产业等提供技术性、知识性服务的业务活动，包括研发和技术服务、信息技术服务、文化创意服务、物流辅助服务、租赁服务、鉴证咨询服务、广播影视服务、商务辅助服务和其他现代服务。

① 研发和技术服务包括研发服务、合同能源管理服务、工程勘察勘探服务、专业技术服务。

② 信息技术服务包括软件服务、电路设计及测试服务、信息系统服务、业务流程管理服务和信息系统增值服务。

③ 文化创意服务包括设计服务、知识产权服务、广告服务和会议展览服务。其中，宾馆、旅馆、旅社、度假村和其他经营性住宿场所提供会议场地及配套服务的活动，按照"会议展览服务"缴纳增值税。

④ 物流辅助服务包括航空服务、港口码头服务、货运客运场站服务、打捞救助服务、装卸搬运服务、仓储服务和收派服务。

⑤ 租赁服务包括融资租赁服务和经营租赁服务。

将建筑物、构筑物等不动产或飞机、车辆等有形动产的广告位出租给其他单位或个人用于发布广告，按照"经营租赁服务"缴纳增值税。

水路运输的光租业务、航空运输的干租业务，属于经营租赁。光租业务是指运输企业将船舶在约定的时间内出租给他人使用，不配备操作人员，不承担运输过程中发生的各项费用，只收取固定租赁费的业务活动；干租业务是指航空运输企业将飞机在约定时间内出租给他人使用，不配备机组人员，不承担运输过程中发生的各项费用，只收取固定租赁费用的业务活动。

⑥ 鉴证咨询服务包括认证服务、鉴证服务和咨询服务。

⑦ 广播影视服务包括广播影视节目（作品）的制作服务、发行服务和播映（含放映）服务。

⑧ 商务辅助服务包括企业管理服务、经纪代理服务、人力资源服务、安全保护服务。

⑨ 其他现代服务是指除研发技术服务、信息技术服务、文化创意服务、物流辅助服务、租赁服务、鉴证咨询服务、广播影视服务和商务辅助服务以外的现代服务。

7）生活服务是指为满足城乡居民日常生活需求提供的各类服务活动，包括文化体育服务、教育医疗服务、旅游娱乐服务、餐饮住宿服务、居民日常服务和其他生活服务。

提供餐饮服务的纳税人销售的外卖食品，按照"餐饮服务"缴纳增值税。

纳税人现场制作食品并直接销售给消费者，按照"餐饮服务"缴纳增值税。

纳税人提供植物养护服务，按照"其他生活服务"缴纳增值税。

（5）销售无形资产。销售无形资产是指转让无形资产所有权或者使用权的业务活动。无形资产是指不具实物形态，但能带来经济利益的资产，包括技术、商标、著作权、商誉、自然资源使用权和其他权益性无形资产。自然资源使用权包括土地使用权、海域使用权、探矿权、采矿权、取水权和其他自然资源使用权。其他权益性无形资产包括基础设施资产经营权、公共事业特许权、配额、经营权（包括特许经营权、连锁经营权、其他经营权）、经销权、分销权、代理权、会员权、席位权、网络游戏虚拟道具、域名、名称权、肖像权、冠名权、转会费等。

（6）销售不动产。销售不动产是指转让不动产所有权的业务活动。不动产是指不能移动或者移动后会引起性质、形状改变的财产，包括建筑物、构筑物等。建筑物包括住宅、商业营业用房、办公楼等可供居住、工作或者进行其他活动的建造物。构筑物包括道路、桥梁、隧道、水坝等建造物。

转让建筑物有限产权或者永久使用权的，转让在建的建筑物或者构筑物所有权的，以及在转让建筑物或者构筑物时一并转让其所占土地的使用权的，按照"销售不动产"缴纳增值税。

## 2. 纳税义务人

根据《增值税暂行条例》和"营改增"的规定，凡在我国境内销售货物、提供加工修理修配劳务、进口货物以及销售服务、无形资产、不动产的企业单位及个人，均为增值税的纳税人。其中，单位是指企业、行政单位、事业单位、军事单位、社会团体及其他单位。个人是指个体工商户和其他个人。

增值税实行凭增值税专用发票抵扣税款的制度，客观上要求纳税人具备健全的会计核算制度和能力。在实际经济活动中，我国增值税纳税人众多，会计核算水平差异较大，大量的小企业和个人还不具备用增值税发票抵扣税款的条件，为了既简化增值税的计算和征收，又有利于减少税收征管漏洞，将增值税纳税人按会计核算水平和经营规模分为一般纳税人和小规模纳税人两类纳税人，对其分别采取不同的增值税计税方法。

（1）增值税一般纳税人是指年应征增值税销售额超过 500 万元的企业或企业性单位。

（2）增值税小规模纳税人的认定标准为年应征增值税销售额为 500 万元及以下。不过年应税销售额超过小规模纳税人标准的其他个人按小规模纳税人纳税；非企业性单位可选择按小规模纳税人纳税。

增值税一般纳税人和小规模纳税人的判定见表 2–1。

表 2–1 增值税纳税人身份判定表

| 纳税人性质 | 判 断 标 准 | 纳税人身份 | 计 税 方 法 |
| --- | --- | --- | --- |
| 企业和企业性单位 | 年应税销售额 > 500 万元 | 一般纳税人 | 进项抵扣制 |
|  | 年应税销售额 ≤ 500 万元 | 小规模纳税人 | 销售额 × 征收率 |
| 非企业性单位 | 年应税销售额 ≤ 500 万元 | 小规模纳税人 | 销售额 × 征收率 |
|  | 年应税销售额 > 500 万元 | 可选择做一般纳税人或小规模纳税人 | 进项抵扣制或销售额 × 征收率 |
| 个人（不含个体户） | 无论年销售额多少 | 小规模纳税人 | 销售额 × 征收率 |

### 思考 2–1

中国慈善总会是不是增值税纳税人？某市政府机关进行搬迁，原办公楼出售取得销售收入 12 000 万元，则该政府机关是增值税一般纳税人吗？

**解析**：中国慈善总会是从事募集与分发慈善财物的非营利性单位，而非从事销售、进口货物，销售服务，转让无形资产及不动产，不属于增值税纳税人。

政府机关通常不是增值税纳税人，偶尔发生增值税应税行为，即使年应税销售额超额 500 万元的标准，也可以自行选择按一般纳税人或小规模纳税人进行增值税纳税申报。

## 3. 增值税税率与征收率

我国增值税采用比例税率形式。因为增值税一般纳税人和小规模纳税人所采用的计税方法不同，故对这两类不同的纳税人采用了不同的税率和征收率。具体税率和征收率见表 2–2。

增值税税率与征收率

表 2-2 增值税税率（征收率）表

| 纳税人身份 | 适用行业 | 税率/征收率 |
| --- | --- | --- |
| 小规模纳税人 | 销售、出租不动产；劳务派遣差额纳税的 | 5% |
| | 除上述情形外 | 3% |
| 一般纳税人 | 销售或者进口一般货物、提供加工和修理修配劳务、有形动产租赁服务 | 13% |
| | 销售或者进口下列货物：<br>① 粮食等农产品、食用植物油、食用盐；<br>② 自来水、暖气、冷气、热水、煤气、石油液化气、天然气、二甲醚、沼气、居民用煤炭制品；<br>③ 图书、报纸、杂志、音像制品、电子出版物；<br>④ 饲料、化肥、农药、农机、农膜；<br>⑤ 国务院规定的其他货物 | 9% |
| | 销售交通运输、邮政、基础电信、建筑、不动产租赁服务，销售不动产，转让土地使用权 | 9% |
| | 销售其他服务：生活服务、金融服务（含邮政储蓄服务）、增值电信服务、现代服务<br>销售无形资产（土地使用权、跨境销售无形资产除外） | 6% |
| | 进口抗癌药物 | 3% |
| | 简易计税法下销售、出租不动产；劳务派遣选用差额纳税的 | 5% |
| | 简易计税法下其他情形 | 3% |
| 所有纳税人 | 出口货物、部分跨境服务、转让无形资产 | 0 |

其中，一般纳税人可采用简易计税法计算应纳税款的情形见表 2-3。

表 2-3 简易计税情形

| 类 别 | 情 形 | 征收率 | 备 注 |
| --- | --- | --- | --- |
| 销售货物 | 寄售商店代销寄售物品（包括居民个人寄售的物品） | 3% | |
| | 典当业销售死当物品 | 3% | |
| | 销售使用过的不得抵扣且未抵扣进项税额的固定资产 | 3% | 减按 2% 计税 |
| | 旧货经营单位销售旧货 | 3% | 减按 2% 计税 |
| 销售自产货物 | 县级及县级以下小型水力发电单位销售自产电力 | 3% | |
| | 建筑用和生产建筑材料所用的砂、土、石料 | 3% | |
| | 以自己采掘的砂、土、石料或其他矿物连续生产的砖、瓦、石灰（不含黏土实心砖、瓦） | 3% | |
| | 用微生物、微生物代谢产物、动物毒素、人或动物的血液或组织制成的生物制品 | 3% | |
| | 自来水公司销售自来水 | 3% | 可开具专用发票 |
| | 商品混凝土（以水泥为原料生产的水泥混凝土） | 3% | |
| 销售服务 | 公共交通运输服务 | 3% | |
| | 经认定的动漫企业开发动漫产品提供的动漫脚本编撰、形象设计、背景设计、分镜、动画制作、动画制作、摄制、描线、上色、画面合成、配音配乐、音效合成、剪辑、字幕制作、压缩转码等服务 | 3% | |
| | 电影放映服务、仓储服务、装卸搬运服务、收派服务和文化体育服务 | 3% | |
| 建筑服务 | 以清包工方式提供的建筑服务、为甲供工程提供的建筑服务，可选择简易计税 | 3% | |
| | 为建筑工程老项目（即建筑施工许可证或建筑工程承包合同注明的合同开工日期为 2016 年 5 月 1 日前的工程项目）提供的建筑服务 | 3% | |
| 销售不动产 | 销售其 2016 年 5 月 1 日前取得（不含自建）的不动产，可选择简易计税 | 5% | 差额纳税 |
| | 销售其 2016 年 5 月 1 日前自建的不动产，可选择简易计税 | 5% | 全额计税 |
| | 房地产开发企业销售自行开发的房地产老项目，可选择简易计税 | 5% | |
| 不动产经营租赁 | 出租 2016 年 5 月 1 日前取得的不动产，可选择简易计税 | 5% | |
| | 收取营改增前开工的高速公路车辆通行费，可选择简易计税 | 3% | |

### 4. 视同销售行为

视同销售行为是税法上的概念，即没有直接发生销售，但也要按照正常的销售行为征税。

单位或者个体工商户的下列行为，视同发生应税销售行为，征收增值税：

（1）将货物交付其他单位或者个人代销。

（2）销售代销货物。

（3）设有两个以上机构并实行统一核算的纳税人，将货物从一个机构移送至其他机构用于销售，但相关机构设在同一县（市）的除外。

"用于销售"是指受货机构发生以下情形之一的经营行为：向购货方开具发票；向购货方收取货款。受货机构的货物移送行为有上述情形之一的，应当向所在地税务机关缴纳增值税；未发生上述两种情形的，则应由总机构统一缴纳增值税。如果受货机构只就部分货物向购买方开具发票或收取货款，则应当区别不同情况计算并分别向总机构所在地或分支机构所在地缴纳税款。

（4）将自产或者委托加工的货物用于非增值税应税项目。

（5）将自产、委托加工的货物用于集体福利或者个人消费。

集体福利是指企业内部设置的供职工使用的食堂、浴室、理发室、宿舍、幼儿园等福利设施及其设备、物品。个人消费是指以福利、奖励、津贴等形式发给职工的个人物品，也包括纳税人的交际应酬消费。

（6）将自产、委托加工或者购进的货物作为投资，提供给其他单位或者个体工商户。

（7）将自产、委托加工或者购进的货物分配给股东或者投资者。

（8）将自产、委托加工或者购进的货物无偿赠送其他单位或者个人。

（9）单位或个体工商户向其他单位或个人无偿销售应税服务、无偿转让无形资产或不动产，但用于公益事业或者以社会公众为对象的除外。

这里要注意视同销售货物和视同销售服务、无形资产、不动产的区别。例如，同样是对养老院进行捐赠，如果捐赠的是自产或外购的货物，则视同销售货物缴纳增值税；但如果无偿捐赠的是房屋，因为是用于公益事业则不属于销售不动产，不缴纳增值税。

### 5. 混合销售

一项销售行为如果既涉及货物又涉及服务，则称为混合销售。

混合销售中，货物和服务捆绑销售，向同一个接收方提供；货物和服务的价款打包在一起，向同一个接收方收取；货物和服务有因果关系或内在的关联关系。

从事货物的生产、批发或者零售的单位和个体工商户的混合销售，货物和服务价款合计按照销售货物缴纳增值税；其他单位和个体工商户的混合销售，货物和服务的价款合计按照销售服务缴纳增值税。

上述从事货物的生产、批发或者零售的单位和个体工商户，包括以从事货物的生产、批发或零售为主，并兼营销售服务的企业和个体工商户在内。

### 思考 2-2　如果纳税人同时提供多种服务，该如何选择适用税率计算纳税呢？

**解析：**

（1）纳税人销售货物、加工修理修配劳务、服务、无形资产或者不动产适用不同税率或者征收率的，应当分别核算适用不同税率或者征收率的销售额，未分别核算销售额的，按照以下方法适用税率或者征收率：

1）兼有不同税率的销售货物、加工修理修配劳务、服务、无形资产或者不动产，从高适用税率。

2）兼有不同征收率的销售货物、加工修理修配劳务、服务、无形资产或者不动产，从高适用征收率。

3）兼有不同税率和征收率的销售货物、加工修理修配劳务、服务、无形资产或者不动产，从高适用税率。

（2）一项销售行为如果既涉及服务又涉及货物，为混合销售行为。从事货物的生产、批发或者零售的单位和个体工商户的混合销售行为，按照销售货物缴纳增值税；其他单位和个体工商户的混合销售行为，按照销售服务缴纳增值税。

（3）纳税人兼营免税、减税项目的，应当分别核算免税、减税项目的销售额；未分别核算的，不得免税、减税。

#### 6. 《增值税暂行条例》规定的免税政策

（1）农业生产者销售自产农产品。

（2）避孕药品和用具。

（3）古旧图书（指向社会收购的古书和旧书）。

（4）直接用于科学研究、科学试验和教学的进口仪器、设备。

（5）外国政府、国际组织无偿援助的进口物资和设备。

（6）由残疾人的组织直接进口供残疾人专用的物品。

（7）销售的自己使用过的物品。

#### 7. "营改增通知"规定的免税政策

"营改增通知"（即《财政部　国家税务总局关于全面推开营业税改征增值税试点的通知》，财税[2016]36号）中规定的免税政策比较多，这里仅介绍主要的几种。

（1）托儿所、幼儿园提供的保育和教育服务。

（2）养老机构提供的养老服务。

（3）残疾人福利机构提供的育养服务。

（4）婚姻介绍服务。

（5）殡葬服务。

（6）残疾人员本人为社会提供的服务。

（7）医疗机构提供的医疗服务。

（8）从事学历教育的学校提供的教育服务。

（9）学生勤工俭学提供的服务。

（10）农业机耕、排灌、病虫害防治、植物保护、农牧保险以及相关技术培训业务，家禽、牲畜、水生动物的配种和疾病防治。

（11）纪念馆、博物馆、文化馆、文物保护单位管理机构、美术馆、展览馆、书画院、图书馆在自己的场所提供文化体育服务取得的第一道门票收入。

（12）寺院、宫观、清真寺和教堂举办文化、宗教活动的门票收入。

（13）行政单位之外的其他单位收取的符合《试点实施办法》第十条规定条件的政府性基金和行政事业性收费。

（14）个人转让著作权。

（15）个人销售自建自用住房。

（16）符合条件的利息收入。

（17）符合条件的金融商品转让收入。

（18）纳税人提供技术转让、技术开发和与之相关的技术咨询、技术服务。

（19）家政服务企业由员工制家政服务员提供家政服务取得的收入。

（20）福利彩票、体育彩票的发行收入。

### 二、操作准备

（1）熟练掌握增值税纳税人、征税范围及税率的规定。

（2）掌握视同销售行为、混合销售行为的税务处理。

（3）熟悉增值税的减免税规定。

## 任务实施

（1）认真审阅平台有关成康公司的基础资料，根据其经营范围判断是否是增值税纳税人：成康公司销售电子设备，属于销售货物，是增值税纳税人。

（2）根据成康公司的销售情况判断其增值税纳税人身份、所适用的税率：成康公司的销售额为2 100万元，远超小规模纳税人年应税销售额500万元的规定，是一般纳税人，适用一般计税方法计算应纳增值税，适用税率13%。

## 任务评价

| 评价内容 | 评价标准 | 完成情况（0～10分） |
| --- | --- | --- |
| 增值税纳税人 | 掌握增值税纳税人的概念，能正确区分一般纳税人和小规模纳税人 | |
| 增值税征税范围 | 掌握增值税的征税范围规定，能根据企业经营业务进行是否纳税的判断 | |
| 增值税征税范围的特殊规定 | 能正确进行视同销售、混合销售业务的判断和税务处理 | |
| 增值税税率和征收率 | 能根据企业经营业务正确选择适用税率 | |

## 任务二　一般纳税人销项税额计算

### 任务情境

2022年12月3日成康公司销售部与江苏智能设备有限公司签订购销合同，销售服务器MF100设备1 000台，不含税价格21 000元/台，当日仓管部发出该批货物，款项尚未收到。

共享中心涉税服务岗根据合同开具不含税增值税专用发票（分三张开具，数量分别为350台、350台、300台）。

开票信息如下：

公司名称：江苏智能设备有限公司；

纳税人类型：一般纳税人；

纳税人识别号：913200633987561245；

地址及电话：南京市鼓楼大街78号 025-58896331；

开户行及账号：工商银行南京鼓楼大街支行6002003520001002；

商品和服务税收分类：电子计算机整机；

商品名称：服务器MF100

### 任务布置

在智能化操作平台完成客户信息和商品信息的基础设置。

根据成康公司的销售业务开具增值税专用发票。

根据销售发票信息编制记账凭证并审核。

根据销售业务情况填报"增值税及附加税费申报表（一般纳税人适用）"（附列资料一）。

### 任务准备

#### 一、知识准备

销项税额是纳税人发生应税销售行为，按照销售额和适用税率计算收取的增值税税额。销项税额计算公式为

$$当期销项税额 = 当期不含税销售额 \times 增值税税率$$

计算销项税额的销售额为不含税销售额，如果是含税销售额，需要换算为不含税销售额。换算公式为

$$当期不含税销售额 = 当期含税销售额 \div (1 + 增值税税率)$$

> **思考2-3** 哪些情况需要进行含税销售额与不含税销售额换算？
>
> **解析**：常见的需要进行含税销售额与不含税销售额换算的情况包括商业企业零售价，普通发票上注明的销售额，价税合并收取的金额，价外费用一般为含税销售额，包装物的押金一般为含税销售额。

1. 一般销售方式下销售额的确定

销售额为纳税人发生应税销售行为收取的全部价款和价外费用。价外费用是指纳税人收取的价款以外的各种费用、租金、补贴等，包括手续费、补贴、基金、集资费、返还利润、奖励费、违约金（延期付款利息）、包装费、包装物租金、储备费、优质费、运输装卸费、代收款项、代垫款项及其他各种性质的价外费用。

但下列项目不包括在内：

（1）受托加工应征消费税的消费品所代收代缴的消费税。

（2）同时符合以下条件的代垫运输费用：

1）承运部门的运输费用发票开具给购买方的。

2）纳税人将该项发票转交给购买方的。

（3）同时符合以下条件代为收取的政府性基金或者行政事业性收费：

1）由国务院或者财政部批准设立的政府性基金，由国务院或者省级人民政府及其财政、价格主管部门批准设立的行政事业性收费。

2）收取时开具省级以上财政部门印制的财政票据。

3）所收款项全额上缴财政。

（4）销售货物的同时代办保险等而向购买方收取的保险费，以及向购买方收取的代购买方缴纳的车辆购置税、车辆牌照费。

### 案例 2-1

中选公司（一般纳税人）承建了一项建筑施工任务，建筑合同约定：建筑施工费 21 000 万元（不含税）；另外规定每提前 1 天竣工则奖励 20 万元。中选公司实际竣工期提前了 12 天，共获取提前竣工奖 240 万元。分析中选公司该建筑项目的应税销售额。

**分析**：中选公司获得的提前竣工奖属于价外费用，应并入施工项目的销售额一起计算增值税。另外价外费用为含税销售额，需要进行不含税销售额的换算。

销售额 =210 000 000 ＋ 2 400 000 ÷（1+9%）=212 201 834.86（元）

2. 特殊销售方式下销售额的确定

销售活动中，为了达到及时收回货款、促销等目的，会有多种销售方式。在不同销售方式下，销售者取得的销售额会有所不同。对不同销售方式如何确定其计征增值税的销售额，既是纳税人关心的问题，也是税法必须分别予以明确规定的事情。

**特殊销售方式下销售额的确定**

（1）折扣销售方式。日常经营活动中，企业常常会采取折扣方式销售。折扣销售方式又包括商业折扣、现金折扣和销售折让三种。

1）商业折扣是指销货方在销售货物或提供应税劳务时，因购货方购货数量较大等而给予购货方的价格优惠。例如，购买 5 件货物，销售价格折扣为 10%；购买 10 件货物，销售价格折扣为 20% 等。其特点是折扣在前，销售实现在后。对于商业折扣，如果销售额和折扣额在同一张发票上分别注明的，可按折扣后的余额计算销项税额。

2）现金折扣是指债权人为鼓励债务人在规定的付款期内付款，而向债务人提供的债务扣除。例如，10 天内付款，折扣为 2%；20 天内付款，折扣为 1%；30 天内全价付款。现金折扣是销售方的一种理财手段，发生在销售之后。所以对于现金折扣，折扣额不得从销售额中减除。

3）销售折让是指企业因售出商品的质量或规格不符合合约规定而在价格上给予的减让。销售折让虽然也是在货物销售之后发生的，但其实质却是原销售额的减少。销售折让可按规定开具红字增值税发票，可冲减折让当期的销售额。

折扣销售方式下销售额的确定见表2-4。

**表2-4 折扣销售方式下销售额的确定**

| 折扣销售 | 商业折扣 | ①销售额和折扣额在同一张发票上的"金额"栏分别注明的，按折扣后的销售额计税 |
|---|---|---|
| | | ②将折扣额另开发票，不论其在财务上如何处理，均不得从销售额中减除折扣额 |
| | 现金折扣 | 折扣额不得从销售额中减除 |
| | 销售折让 | 可按规定开具红字增值税专用发票 |

### 案例2-2

鸿坤公司生产销售集成设备，单位不含税定价80万元。当期向某客户销售10台设备，因购买量大给予客户10%的折扣优惠。另外合同规定，如客户20天内付款则享受不含税价款2%的优惠。分析鸿坤公司该笔业务的应税销售额。

**分析：** 因购货量大给予的优惠属于商业折扣，按折扣后的余额计税；而销售发生之后的应收款催收优惠属于现金折扣，具有不确定性，不得从销售额中扣减。

鸿坤公司应税销售额=10×800 000×（1-10%）=7 200 000（元）

（2）以旧换新销售。以旧换新是指纳税人在销售自己的货物时，有偿收回旧货物的行为。根据税法规定，采取以旧换新方式销售货物的，应按新货物的同期销售价格确定销售额，不得扣减旧货物的收购价格。之所以这样规定，既是因为销售货物与收购货物是两个不同的业务活动，销售额与收购额不能相互抵减，又是为了严格增值税的计算征收，防止出现销售额不实、减少纳税的现象。考虑到金银首饰以旧换新业务的特殊情况，对金银首饰以旧换新业务，可以按销售方实际收取的不含增值税的全部价款征收增值税。

（3）还本销售。还本销售是指纳税人在销售货物后，到一定期限由销售方一次或分次退还给购货方全部或部分价款。这种方式实际上是一种筹资行为，是以货物换取资金的使用价值，到期还本不付息的方法。税法规定，采取还本销售方式销售货物，其销售额就是货物的销售价格，不得从销售额中减除还本支出。

（4）以物易物销售。以物易物是一种较为特殊的购销活动，是指购销双方不是以货币结算，而是以同等价款的货物相互结算，实现货物购销的一种方式。在实务中，有的纳税人以为以物易物不是购销行为，销货方收到购货方抵顶货款的货物，认为自己不是购货；购货方发出抵顶货款的货物，认为自己不是销货。这两种认识都是错误的。正确的处理方法应当是，以物易物双方都应做购销处理，以各自发出的货物核算销售额并计算销项税额，以各自收到的货物核算购货额并计算进项税额。需要注意的是，在以物易物活动中，应分别开具合法的票据，如收到的货物不能取得相应的增值税专用发票或其他合法票据的，不能抵扣进项税额。

（5）收取包装物押金。包装物是指纳税人包装本单位货物的各种物品。纳税人销售货物时另收取包装物押金，目的是促使购货方及早退回包装物以便周转使用。根据税法规定，纳税人为销售货物而出租、出借包装物收取的押金，单独记账核算的，时间在1年以内，又未过期的，不并入销售额征税，但对因逾期未收回包装物不再退还的押金，应按所包装货物的适用税率计算销项税额。

在上述规定中,"逾期"是指按合同约定实际逾期或以 1 年为期限,对收取 1 年以上的押金,无论是否退还均并入销售额征税。当然,在将包装物押金并入销售额征税时,需要先将该押金换算为不含税价,再并入销售额征税。

对销售除啤酒、黄酒以外的其他酒类产品而收取的包装物押金,无论是否返还,以及会计上如何核算,均应并入当期销售额征税。对销售啤酒、黄酒所收取的押金,按上述一般押金的规定处理。另外,包装物押金不应混同于包装物租金,包装物租金在销货时作为价外费用并入销售额计算销项税额。包装物租金和押金的税务处理见表 2-5。

表 2-5 包装物租金和押金的税务处理

| 包装物 | 租金 | 属于价外费用,在销售货物时随同货款一并计算增值税款 |
|---|---|---|
| | 押金 | 收取的 1 年以内的押金并且未超过合同规定期限(未逾期),单独核算的,不并入销售额 |
| | | 按约定逾期或收取 1 年以上的押金,无论是否退还均并入销售额征税(视为含税收入需换算处理) |
| | | 对销售除"啤酒、黄酒"外的其他酒类产品而收取的包装物押金,无论是否返还以及会计上如何核算,均应并入当期销售额中征税 |

(6)销售自己使用过的固定资产。已使用过的固定资产是指纳税人根据财务会计制度已经计提折旧的固定资产。增值税一般纳税人销售自己使用过的固定资产,应采用一般计税方法按照适用税率计税。但是如果该项固定资产未抵扣过进项税额,可选择简易计税方法,按照 3% 的征收率减按 2% 征收增值税,计算公式为

$$销售额 = 含税销售额 \div (1+3\%)$$

$$应纳税额 = 销售额 \times 2\%$$

#### 3. 按差额确定销售额

为彻底避免重复征税,在营改增过程中引入了差额纳税,以解决纳税人可能存在的重复征税问题。以下项目属于按差额确定销售额。

(1)金融商品转让。金融商品转让按照卖出价扣除买入价后的余额为销售额。转让金融商品出现的正负差,按盈亏相抵后的余额为销售额。若相抵后出现负差,可结转下一纳税期与下期转让金融商品销售额相抵,但年末时仍出现负差的,不得转入下一个会计年度。

金融商品的买入价,可以选择按照加权平均法或移动加权平均法进行核算,选择后 36 个月不得变更。金融商品转让不得开具增值税专用发票。

#### 案例 2-3

华农公司为一般纳税人,3 月份以每股 2.5 元的价格购买 A 公司流通在外的股票 50 万股。7 月份以每股 1.9 元的价格售出 20 万股,12 月份以 4 元价格售出其余股份。计算华农公司 7 月和 12 月的金融商品转让的销售额。以上金额均为含税金额。

**分析:**

7 月份:含税销售额 =(1.9-2.5)× 200 000=-120 000(元),出现负差,7 月份不缴纳金融商品转让的增值税,负差可结转至下一期。

12 月份:含税销售额 =(4-2.5)× 300 000-120 000=330 000(元)

应税销售额 =330 000 ÷(1+6%)=311 320.75(元)

销项税额 =311 320.75 × 6%=18 679.25(元)

（2）经纪代理服务的销售额。经纪代理服务以取得的全部价款和价外费用，扣除向委托方收取并代为支付的政府性基金或者行政事业性收费后的余额为销售额。

（3）纳税人提供旅游服务，可以选择以取得的全部价款和价外费用，扣除向旅游服务购买方收取并支付给其他单位或个人的住宿费、餐饮费、交通费、签证费、门票费和支付给其他接团旅游企业的旅游费用后的余额为销售额。

（4）纳税人提供建筑服务适用简易计税方法的，以取得的全部价款和价外费用扣除支付的分包款后的余额为销售额。分包款是指支付给分包方的全部价款和价外费用。

（5）房地产开发企业中的一般纳税人销售其开发的房地产项目（选择简易计税方法的房地产老项目除外），以取得的全部价款和价外费用，扣除受让土地时向政府部门支付的土地价款后的余额为销售额。"向政府部门支付的土地价款"包括土地受让人向政府部门支付的征地和拆迁补偿费用、土地前期开发费用和土地出让收益等。

### 4. 需要核定销售额的确定

纳税人发生应税销售行为价格明显偏低且无正当理由，或者发生视同销售行为无销售额的，在计算税款时，其销售额按照以下顺序确定：

（1）按纳税人最近时期销售同类货物、劳务、服务、无形资产、不动产的平均销售价格确定。

（2）按其他纳税人最近时期销售同类货物、劳务、服务、无形资产、不动产的平均销售价格确定。

（3）按组成计税价格确定。

核定销售额时，必须严格按照上述顺序进行，而非直接按照组成计税价格进行计算。其中，组成计税价格公式根据应税销售行为是否涉及消费税分别计算：

不涉及应税消费品的：

$$组成计税价格 = 成本 \times (1+ 成本利润率)$$

涉及应税消费品的：

$$组成计税价格 = 成本 + 利润 + 消费税税额$$

其中消费税税额相关计算见项目三。所售货物如果是自制的，式中成本则为生产成本；如果为外购的，式中成本则为实际采购成本。

成本利润率由国家税务总局确定。

## 二、操作准备

（1）确定开票收入金额和相应的销项税额。在开票系统打印抄税清单，包括增值税专用发票汇总统计表、增值税普通发票汇总统计表和增值税电子普通发票汇总统计表，核对销售额和销项税额。

（2）确定未开票收入金额和相应的销项税额。仔细核对经济业务，确认未开票收入金额和适用税率及相应的销项税额；核查是否有视同销售业务，并确定是否是开票收入，如为未开票的视同销售,则确定其销售额和销项税额。

(3)确定开具发票的票据来源,纸质票据核对票据信息,将核对无误的票据进行扫描或者拍照,转成电子影像文件进行采集。

(4)票天下中自行开具的销售发票会自动采集到"票据——销项发票"中,无须审核并自动进行会计制单;采集到的销售发票影像文件会归类到"票据——销项发票"中,需要进行审核。凡是开具发票收入和销项税额会自动带入到金税师模块中的"增值税及附加税费申报表(一般纳税人适用)"中,未开票收入及相应销项税额在申报表中需要手动输入。

### 三、任务要领

(1)首先确定票据的来源,是代开的销售发票还是自行开具的销售发票;核对客户信息和商品信息,对销售类发票的完整性和正确性进行核查并与实际业务核对一致。

(2)认真核对经济业务,不得漏记未开票收入和视同销售业务收入。

(3)认真核对票据所属会计期间,如果票据所属会计期间和系统时间不一致,注意调整票据采集时间和做账时间。

## 任务实施

成康公司本期开具三张销售发票,此外没有其他销售业务和销项税发票,销售额合计2 100万元,适用税率13%,销项税额273万元。票天下开具的发票自动传递到财天下并自动制单。

业务流程:

(1)进入票天下,依次单击"云开票""发票开具",如图2-1所示。

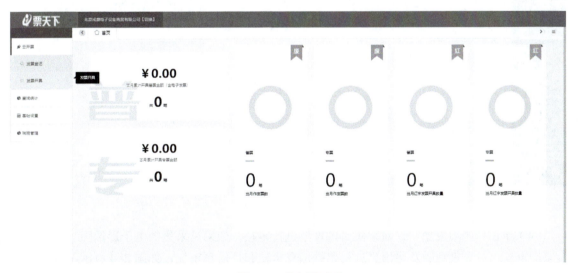

图2-1 进入票天下

(2)根据销售业务信息开具增值税专用发票,注意选择正确的票据类型,注意开票金额是否是含税金额,如图2-2所示。

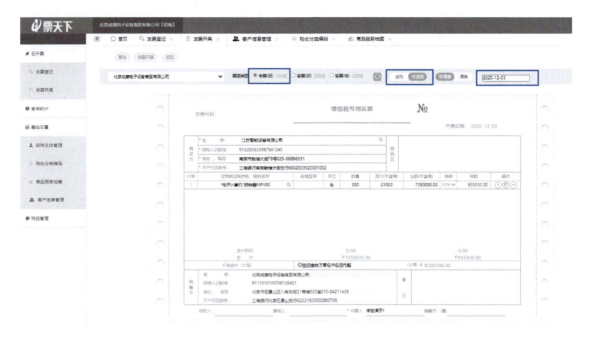

图 2-2　开具发票

（3）进入"财天下"，单击"票据"进行票据采集。票天下开具的发票会自动采集至"销项发票"并自动进行会计制单，如图 2-3 所示。

图 2-3　票据采集

（4）单击"销项发票"，对采集到的发票进行审核。如果是采集的电子影像图片，需要进行票据审核，对采集到的发票信息进行票据信息审核和行信息审核，如图 2-4 所示，审核后的销项发票会自动进行会计制单。

（5）在"财天下"对生成的会计凭证进行查看与修改。依次单击"票据""票据制单"，对自动生成的会计凭证进行查看与修改，如图 2-5 所示。

图 2-4 票据审核

图 2-5 查看凭证

## 任务评价

| 评价内容 | 评价标准 | 完成情况（0～10分） |
| --- | --- | --- |
| 一般销售额的确定 | 能正确计算一般业务的销售额和销项税额 | |
| 特殊销售额的确定 | 能正确确定特殊业务的销售额和销项税额 | |
| 发票开具 | 能正确核对客户信息和商品信息，准确开具增值税专用发票 | |
| 发票采集与审核 | 能正确进行票据采集并进行分类，能正确审核采集到的电子影像票据 | |
| 销售业务的会计处理 | 能利用票据制单和人工制单编制记账凭证并审核 | |

## 任务三　一般纳税人进项税额计算

### 任务情境

共享中心员工为完成成康公司12月份的增值税纳税申报任务，进行企业信息核对和进项发票票据采集。12月成康公司发生外购业务及取得的相关票据如下：

（1）5日，采购部采购MF100设备800台，不含税单价15 500元，取得增值税专用发票，货款尚未支付，商品尚未到货。

（2）8日，销售部报销招待客户的餐饮费850元，取得增值税普通发票。

（3）10日，办公室购买打印纸，取得增值税专用发票，价税合计金额400元。

（4）12日，销售部员工报销差旅费总计3 550元。其中住宿费取得增值税专用发票注明金额1 273.58元，税款76.42元；广州至北京电子客票行程单一张，注明票价1 150元，燃油附加费50元；北京至广州客票行程单注明票价950元，燃油附加费50元。

（5）14日，采购部购入易损服务器CF设备12台，不含税单价10 000元，双方约定运输过程中合理损耗为3台。公司实际收到商品10台，已办理入库手续，取得增值税专用发票。

（6）后勤部结算水电费和通讯费，分别取得增值税专用发票注明水费金额6 085.18元，税款547.67元；电费金额9 105.31元，税额1 183.69元；通讯费金额4 828.44元，税额434.56元。

（7）18日，支付仓库叉车维修费用，取得增值税专用发票注明金额4 424.78元，税额575.22元。

（8）25日，销售部购买100台电子阅读器赠送客户，取得增值税普通发票注明金额97 087.38元，税额2 912.62元。

（9）29日，支付下一年第一季度仓库租金，取得增值税专用发票注明金额45 871.56元，税额4 128.44元。

（10）30日，行政部购买多媒体会议设备1台，不含税价款80 000元，取得增值税专用发票注明税额10 400元。

（11）31日，支付平面广告费150 000元，取得增值税专用发票注明金额141 509.43元，税额8 490.57元。

### 任务布置

根据成康公司的外购业务进行增值税进项发票的归类整理。

判断外购业务的进项税额能否抵扣。

确定成康公司当期可抵扣进项税额和不可抵扣进项税额。

在智能化操作平台进行外购业务的票据采集与制单。

根据进项税额情况填报"增值税及附加税费申报表（一般纳税人适用）"（附列资料二：本期进项税额明细）。

## 任务准备

### 一、知识准备

纳税人购进货物，接受应税劳务、应税服务、无形资产或不动产支付或者负担的增值税额为进项税额。进项税额是与销项税额相对应的一个概念。同一项销售行为中，销售方收取的增值税和购买方支付的增值税是同一笔税款，分别称之为销售方的销项税额和购买方的进项税额。

#### 1. 准予从销项税额中抵扣的进项税额

根据《增值税暂行条例》和"营改增"的规定，准予从销项税额中抵扣的进项税额，限于凭票抵扣和计算扣除两种方法确定。

（1）凭票抵扣。这种方法确认的进项税额必须取得国家规定的合法票据，根据票据上所载的税额确定为进项税额。这些票据和进项税额主要指：

1）从销售方或者提供方取得的增值税专用发票（含机动车销售统一发票，下同）上注明的增值税税额。

2）从海关取得的海关进口增值税专用缴款书上注明的增值税税额。

3）接受境外单位或者个人提供的应税服务，从税务机关或者境内代理人取得的税收缴款凭证（以下简称税收缴款凭证）上注明的增值税税额。

4）国内旅客在境内乘坐各类交通工具取得的增值税专用发票或者增值税电子普通发票上注明的增值税额。

国内旅客是指与纳税人签订了劳动合同的员工，以及纳税人作为用工单位接受的劳务派遣用工，其接受境内旅客运输服务所取得的法定扣税凭证才可以抵扣进项税额（下同）。

5）取得的收费公路通行费增值税电子普通发票上注明的增值税额。

（2）计算抵扣。这种方法确认的进项税额，需要根据相关票据计算扣除进项税额。

1）购进农产品，除取得增值税专用发票或者海关进口增值税专用缴款书外，按照农产品收购发票或者销售发票上注明的农产品买价和9%的扣除率计算进项税额。其计算公式为

$$进项税额 = 买价 \times 扣除率$$

式中，买价是指纳税人购进农产品在农产品收购发票或者销售发票上注明的价款和按照规定缴纳的烟叶税。

纳税人购进用于生产销售或委托加工13%税率货物的农产品，按照10%的扣除率计算进项税额。

### 案例 2-4

华农公司是一般纳税人，以生产销售方便类食品为主营产品。5月从农户手中收购高筋小麦100 000公斤，开具的收购票据上注明买价为300 000元。计算华农公司该凭证可计算抵扣的进项税额。

**分析：** 华农公司该项购进可计算扣除的进项税额 =300 000×9%=27 000（元）

华农公司生产销售的方便类食品适用税率13%，可根据外购小麦的生产领用情况计算扣除，即按10%的扣除率计算可抵扣的进项税额。

2）国内旅客出差乘坐航空交通工具（境内），取得注明旅客身份信息的客票，如航空运输电子客票行程单，按下列公式计算进项税额：

$$航空运输的进项税额 = （票价 + 燃油附加费） \div （1+9\%） \times 9\%$$

3）乘坐铁路交通工具（高铁、普通火车等）取得注明旅客身份信息的铁路车票，按下列公式计算进项税额：

$$铁路旅客运输的进项税额 = 票面金额 \div （1+9\%） \times 9\%$$

4）公路或者水路运输取得的注明旅客身份信息的车票，按下列公式计算进项税额：

$$陆路或水路工具运输的进项税额 = 票面金额 \div （1+3\%） \times 3\%$$

5）纳税人支付的桥、闸通行费，取得的为纸质票据的，暂按下列公式计算进项税额：

$$桥、闸通行费可抵扣进项税额 = 桥、闸通行费发票上注明的金额 \div （1+5\%） \times 5\%$$

### 案例 2-5

华农公司职员小刘出差，取得航空运输电子行程单的票价和燃油附加费一共 2 090 元，火车票 1 045 元，注明小刘身份信息的长途客运车票为 103 元，滴滴打车取得的电子发票税额为 53.59 元，那么小刘这次出差可以抵扣的进项税额是多少元？

**分析：**

航空运输客票行程单可计算进项税额 = 2 090 ÷ （1+9%）× 9% = 172.57（元）

火车票可计算抵扣进项税额 = 1 045 ÷ （1+9%）× 9% = 86.28（元）

长途客运车票可计算进项税额 = 103 ÷ （1+3%）× 3% = 3（元）

滴滴打车取得的客运电子发票可直接按注明的税额计算可抵扣的进项税额，进项税额为 53.59 元。

合计可抵扣的进项税额 = 172.57+86.28+3+53.59 = 315.44（元）

#### 2. 不得从销项税额中抵扣的进项税额

按照《增值税暂行条例》和"营改增"的规定，对于一般纳税人，下列项目的进项税额不得从销项税额中抵扣。

（1）纳税人取得的增值税扣税凭证不符合法律、行政法规或国家税务总局有关规定的。

不得抵扣的进项税额

（2）用于简易计税方法计税项目、免征增值税项目、集体福利或者个人消费的购进货物、应税劳务、服务、无形资产和不动产。其中涉及的固定资产、无形资产、不动产，仅指专门用于上述项目的固定资产、无形资产、不动产。

（3）非正常损失的购进货物及相关的应税劳务和交通运输服务。

（4）非正常损失的在产品、产成品所耗用的购进货物（不包括固定资产）、应税劳务和交通运输服务。

（5）非正常损失的不动产，以及该不动产所耗用的购进货物、设计服务和建筑服务。

（6）非正常损失的不动产在建工程所耗用的购进货物、设计服务和建筑服务。纳税人新建、改建、扩建、修缮、装饰不动产，均属于不动产在建工程。

上面所说的非正常损失，是指因管理不善造成货物被盗、丢失、霉烂变质，以及因违反法律法规造成货物或不动产被依法没收、销毁、拆除的情形。这些非正常损失是由纳税人自身原因造成的，其损失不应由国家承担，因而所涉及的相关进项税额不得从销项税额中申报抵扣。

### 案例2-6

华农公司7月份外购业务发生的符合抵扣条件的进项税额合计250 000元，仓库盘点发现有一批上期外购的食品添加剂因受潮变质予以报废处理，该食品添加剂账面金额为5 000元。计算华农公司7月份可抵扣的进项税额。

**分析**：食品添加剂受潮变质为非正常损失，涉及的进项税额不得抵扣，因其进项税额上期已抵扣，所以本期做进项税额转出。

进项税额转出额 = 5 000 × 13% = 650（元）

7月份可抵扣进项税额 = 250 000 − 650 = 249 350（元）

（7）购进的贷款服务、餐饮服务、居民日常服务和娱乐服务。

（8）财政部和国家税务总局规定的其他情形。

#### 3. 无法划分不得抵扣的进项税额

适用一般计税方法的纳税人，兼营简易计税方法项目、免税项目而无法划分不得抵扣的进项税额，按照下列公式计算不得抵扣的进项税额：

不得抵扣的进项税额 = 当期无法划分的全部进项税额 ×（当期简易计税项目的销售额 + 免税项目销售额）÷ 当期全部销售额

#### 4. 已抵扣进项税额后发生了不得抵扣情形

（1）已抵扣进项税额的购进货物（不含固定资产）、劳务、服务，之后发生了不得抵扣的情形，应当将该进项税额从当期进项税额中扣减（即进项税额转出）。

（2）已抵扣进项税额的固定资产、无形资产或不动产，之后发生了不得抵扣的情形，按照下列公式计算不得抵扣的进项税额：

不得抵扣的进项税额 = 固定资产、无形资产或不动产净值 × 适用税率

固定资产、无形资产或不动产净值，是指纳税人根据财务会计制度规定计提折旧或摊销后的余额。

### 职业提示

#### 金税四期与纳税申报表预填报

目前增值税纳税申报的销项税数据主要来源于开票系统推送数据，进项税数据来源于发票服务平台的勾选数据，纳税人在纳税申报时主要填报非开票业务的销项税、计算抵扣类凭证的进项税、减免税优惠等。但随着金税四期的即将上线，未来的纳税申报将可能只需要四步走：纳税人提出申报申请，税务部门推送数据，纳税人审核补充、申报缴款。现在个人所得税综合所得汇算清缴基本已按此进行，以后所有税种包括增值税、企业所得税在内的复杂的纳税申报将变得非常简单。金税四期以纳税人端、税务人端和决策治理端为主体，将非税业务纳入监管范围，实现多部委的信息共享，云化打通全业务、全流程的数据关联。税务部门将进行纳税人、缴费人"一人式""一户式"信息画像。未来最了解你的人就是税务部门，而纳税申报工作也会前移至业务工作中，转为风险管控与税务优化管理。

## 二、操作准备

（1）核对供货商信息和商品或者服务信息，对各类发票的完整性和正确性进行核查并与实际业务核对一致。

（2）对企业取得的各类发票进行整理，分类计算能抵扣的进项税额和不能抵扣的进项税额。

（3）对外购项目的用途和去向进行分析，确定外购项目的进项税额是否可以从销项税额中抵扣，不能抵扣的进项税额是否需要做进项税额转出。

（4）将所有取得的购进发票进行拍照或扫描，转化为影像文件以便进行采集。

## 三、任务要领

进项税额及进项税额转出需填写"增值税及附加税费申报表"（附列资料二：本期进项税额明细）（以下简称"附列资料二"）。

（1）勾选确认凭票抵扣的进项税额。在电子税务局中的"增值税发票综合服务平台"对外购项目取得的凭票抵扣的票据进行勾选确认。此类票据包括增值税专用发票、机动车销售统一发票、通行费电子普通发票、旅客运输电子普通发票以及海关进口专用缴款书。勾选确认过的进项税额会自动带入到"附列资料二"，其中购建不动产的增值税专用发票需要再在第9栏次列示。

（2）计算其他进项税额。对于计算抵扣的扣税凭证，需要分别计算票据金额和相应的进项税额，并手动填入到"附列资料二"的"其他扣税凭证"相应栏次中。此类票据包括农产品销售发票或农产品收购凭证、航空运输客票行程单、铁路车票、桥闸通行费纸质票据、注明旅客身份信息的公路和水路运输车票等。其中旅客运输取得的扣税凭证需再在第10栏次列示。

（3）确认是否需要进项税额转出。对于需要做进项税额转出的购进项目，按照购进项目的用途和去向相应填写"附列资料二"第14～23栏次。

## 任务实施

（1）采集购进发票。在"财天下"依次点击"票据""票据采集""采集"，如图2-6所示，采集购进发票及相关票据；购进的增值税专用发票自动归集到"进项发票"中。

图2-6 票据采集

（2）审核票据。审核采集到的发票信息，"进项发票"中的增值税专用发票需要进行票据信息和行信息审核，确定购进发票种类，核对供货商信息和商品或服务信息，对购进发票的完整性和正确性进行核查，并与实际业务核对一致，如图2-7所示。

图 2-7 票据审核

（3）确认进项税额是否可抵扣。确认进项税额扣税凭证票面是否符合开具要求，有无税收分类编码、发票专用章是否规范、备注栏是否符合规定、纳税人名称、税号等要素填写是否规范、用途是否符合抵扣范围等。

（4）确认进项税额转出。审核购进发票对应的用途，如果用于集体福利、个人消费、简易计税项目、免税项目、购进贷款服务、餐饮服务等都不得抵扣，如已抵扣需要做进项税额转出，具体见表2-6。

表 2-6 成康公司 12 月份进项税额计算表

| 业　　务 | 票据类型 | 金额（元） | 税额（元） | 用　　途 | 是否可抵扣 |
| --- | --- | --- | --- | --- | --- |
| 1. 采购商品 | 专用发票 | 12 400 000 | 1 612 000 | 库存商品 | 是 |
| 2. 报销招待费 | 普通发票 | 850 | | 餐饮费 | 否 |
| 3. 购买打印纸 | 专用发票 | 353.98 | 46.02 | 办公用品 | 是 |
| 4. 销售部报销差旅费 | 专用发票 | 1 273.58 | 76.42 | 员工出差住宿费 | 是 |
| | 客票行程单 | 2 200 | 181.65 | 员工出差交通费 | 是 |
| 5. 采购商品 | 专用发票 | 120 000 | 15 600 | 库存商品 | 是 |
| 6. 支付水电及通讯费 | 专用发票 | 6 085.18 | 547.67 | 生产经营用水电费及通讯费 | 是 |
| | 专用发票 | 9 105.31 | 1 183.69 | | |
| | 专用发票 | 4 828.44 | 434.56 | | |
| 7. 叉车维修 | 专用发票 | 4 424.78 | 575.22 | 仓库叉车维修 | 是 |
| 8. 购买电子阅读器 | 普通发票 | 97 087.38 | | 业务招待 | 否 |
| 9. 支付租金 | 专用发票 | 45 871.56 | 4 128.44 | 仓库租金 | 是 |
| 10. 购买会议设备 | 专用发票 | 80 000 | 10 400 | 办公设备 | 是 |
| 11. 广告费 | 专用发票 | 141 509.43 | 8 490.57 | 广告费 | 是 |
| 合　　计 | | | 1 653 664.24 | | |

其中，取得的增值税专用发票 11 份，税额合计 1 653 482.59 元，航空运输电子客票行程单 2 份，税额 181.65 元。成康公司 12 月份可抵扣的进项税额合计为 1 653 664.24 元。

业务 4 中，电子客票行程单进项税额 =（1000+1200）÷（1+9%）× 9% = 181.65 元。

业务 5 中外购商品发生的合理损耗不属于非正常损失，进项税额允许抵扣。2 件破损的服务器的购进成本计入入库的库存商品成本。

成康公司本期无进项税额转出事项。

（5）审核自动生成的记账凭证或手动生成凭证并审核。对自动生成的记账凭证进行记账时间、附件、业务摘要、科目和金额等信息进行审核与修改，如图 2-8 所示。

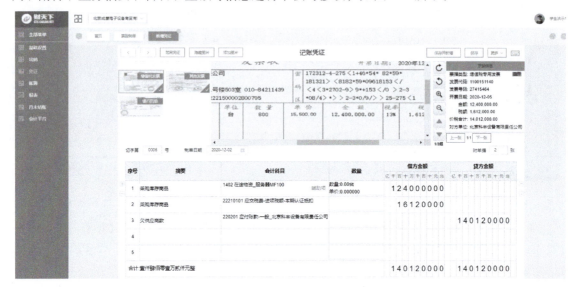

图 2-8　审核凭证

**本任务操作注意事项：**

（1）采集票据时注意业务所属会计期间是否正确。

（2）采集的票据分类要准确。采集到"进项发票"的票据审核后可自动生成记账凭证；采集到其他分类的票据可选择"费用报销单"生成凭证或通过"新增凭证"来生成凭证。

（3）要认真审核生成的记账凭证和附件内容是否匹配，所用科目及金额是否正确。

（4）对于可抵扣的进项税额，注意选择正确的税目分类。平台上"应交税费——应交增值税——进项税额"下的税目分类有四种，分别是"本期认证抵扣""本期认证抵扣——旅客运输"核算取得的增值税专用发票等凭票抵扣的进项税额，另外两种"旅客运输"和"桥闸通行费"，则核算需要计算抵扣的进项税额。这样分类方便纳税申报表中的进项税额明细表的填报。

## 任务评价

| 评价内容 | 评价标准 | 完成情况（0～10分） |
| --- | --- | --- |
| 可抵扣进项税额 | 能根据不同的扣税凭证计算可抵扣的进项税额 | |
| 不得抵扣的进项税额 | 能正确判断进项税额是否可抵扣，并正确处理不得抵扣的进项税额 | |
| 票据采集与审核 | 能在平台进行票据采集并正确进行分类和审核 | |
| 购进业务会计处理 | 能在平台对采集的票据进行自动制单或手动制单并审核 | |

## 任务四　一般纳税人应纳税额的计算与申报

### 任务情境

共享中心员工对成康公司的增值税进行月度纳税申报。

### 任务布置

判断成康公司是否享受增值税减免税优惠。

计算成康公司当期应纳增值税税额。

在智能化操作平台完成成康公司 12 月份业务的增值税纳税申报。

### 任务准备

#### 一、知识准备

1. 应纳税额计算

应纳增值税 = 一般计税方法下的应纳税额 + 简易计税方法下的应纳税额 − 应纳税额减征额

一般计税方法下的应纳税额 = 当期销项税额 −（当期进项税额 − 进项税额转出额）− 期初留抵税额

简易计税方法下的应纳税额 = 当期应税销售额 × 征收率

增值税一般计税方法实行购进扣税法，有时纳税人当期购进的货物、劳务、服务、无形资产、不动产很多，在计算应纳税额时会出现当期销项税额小于当期可抵扣的进项税额而不足抵扣的情况，根据税法规定，当期未抵扣完的进项税额形成留抵税额，可结转下期继续抵扣。上期期末的留抵税额即为下期期初的留抵税额。

一般纳税人应纳税额的计算与申报（一）

**案例 2-7**

华农公司 3 月份和 4 月份的销项税额和进项税额分别如下：

3 月份的销项税额合计 120 000 元，可抵扣的进项税额合计 156 000 元；

4 月份的销项税额合计 250 000 元，可抵扣的进项税额合计 185 000 元。

分别计税 3 月和 4 月华农公司应缴纳的增值税。

分析：

3 月份销项税额小于进项税额，应纳税额 =0，留抵税额 =156 000−120 000=36 000 元，留作下期继续抵扣；

4 月应纳税额 =250 000−185 000−36 000=29 000（元）

## 2. 增值税税额抵减

增值税纳税人初次购买增值税税控系统专用设备所支付的费用，可凭购买增值税税控系统专用设备取得的增值税专用发票，在增值税应纳税额中全额抵减（抵减额为价税合计金额），不足抵减的可结转下期继续抵减。

增值税纳税人缴纳的技术维护费，可凭技术维护服务单位开具的技术维护费发票，在增值税应纳税额中全额抵减（抵减额为价税合计金额），不足抵减的可结转下期继续抵减。

## 3. 纳税义务发生时间

《增值税暂行条例》规定增值税纳税义务发生时间为："发生应税销售行为，为收讫销售款项或者取得索取销售款项凭据的当天；先开具发票的，为开具发票的当天。进口货物，为报关进口的当天。增值税扣缴义务发生时间为纳税人增值税纳税义务发生的当天。"

其中，纳税人销售货物的，收讫销售款项或者取得索取销售款项凭据的当天，根据销售结算方式的不同可分为：

（1）采取直接收款方式销售货物，不论货物是否发出，均为收到销售款项或者取得索取销售款项凭据的当天。

（2）采取托收承付和委托银行收款方式销售货物，为发出货物并办妥托收手续的当天。

（3）采取赊销和分期收款方式销售货物，为书面合同约定的收款日期的当天，无书面合同或者书面合同没有约定收款日期的，为货物发出的当天。

（4）采取预收货款方式销售货物，为货物发出的当天，但生产销售生产工期超过12个月的大型机械设备、船舶、飞机等货物，为收到预收款或者书面合同约定的收款日期的当天。

（5）委托其他纳税人代销货物，为收到代销单位的代销清单或者收到全部或者部分货款的当天。未收到代销清单及货款的，为发出代销货物满180天的当天。

（6）销售应税劳务，为提供劳务同时收讫销售款项或者取得索取销售款项凭据的当天。

（7）纳税人发生其他视同销售货物行为，为货物移送的当天。

纳税人销售服务、无形资产或不动产的，上述所谓的收讫销售款项，是指纳税人销售服务、无形资产、不动产过程中或者完成后收到的款项。所谓取得索取销售款项凭据的当天，是指书面合同确定的付款日期；未签订书面合同或者书面合同未确定付款日期的，为服务、无形资产转让完成的当天或者不动产权属变更的当天。

纳税人提供建筑服务、租赁服务采取预收款方式的，其纳税义务发生时间为收到预收款的当天。

纳税人从事金融商品转让的，为金融商品所有权转移的当天。

## 4. 纳税期限

根据《增值税暂行条例》和"营改增通知"，增值税的纳税期限分别为1日、3日、5日、10日、15日、1个月或者1个季度。纳税人的具体纳税期限，由主管税务机关根据纳税人应纳税额的大小分别核定。不能按照固定期限纳税的，可以按次纳税。

纳税人以1个月或者1个季度为1个纳税期的，自期满之日起15日内申报纳税；以1日、3日、5日、10日或者15日为1个纳税期的，自期满之日起5日内预缴税款，于次月1日起15日内申报纳税并结清上月应纳税款。

扣缴义务人解缴税款的期限，依照前两款规定执行。

纳税人进口货物，应当自海关填发进口增值税专用缴款书之日起 15 日内缴纳税款。

5. 纳税地点

（1）固定业户应当向其机构所在地主管税务机关申报纳税。总机构和分支机构不在同一县（市）的，应当分别向各自所在地的主管税务机关申报纳税；经国务院财政税务主管部门或者其授权的财政和税务机关批准，可以由总机构汇总向总机构所在地的主管税务机关申报纳税。

固定业户到外县（市）销售货物或者劳务，应当向其机构所在地的主管税务机关报告外出经营事项，并向其机构所在地的主管税务机关申报纳税；未报告的，应当向销售地或者劳务发生地的主管税务机关申报纳税；未向销售地或者劳务发生地的主管税务机关申报纳税的，由其机构所在地的主管税务机关补征税款。

（2）非固定业户应当向应税行为发生地主管税务机关申报纳税；未申报纳税的，由其机构所在地或居住地主管税务机关补征税款。

（3）进口货物，应当向报关地海关申报纳税。

扣缴义务人应当向其机构所在地或者居住地主管税务机关申报缴纳扣缴的税款。

6. 一般纳税人增值税申报的注意事项

（1）纳税人对报送材料的真实性和合法性承担责任。

（2）纳税人在资料完整且符合法定受理条件的前提下，最多只需要到税务机关办理一次。资料齐全、符合法定形式、填写内容完整的，税务机关受理后即时办结。

（3）应征增值税销售额，包括纳税申报销售额、稽查查补销售额、纳税评估调整销售额。纳税申报销售额是指纳税人自行申报的全部应征增值税销售额，其中包括免税销售额和税务机关代开发票销售额。稽查查补销售额和纳税评估调整销售额计入查补税款申报当月（或当季）的销售额，不计入税款所属期销售额。

（4）纳税人应征增值税销售额已超过规定标准，未按规定时限办理的，应在收到"税务事项通知书"后 5 日内向税务机关办理增值税一般纳税人登记手续或者选择按照小规模纳税人纳税的手续；逾期未办理的，自通知时限期满的次月起按销售额依照增值税税率计算应纳税额，不得抵扣进项税额，直至纳税人办理相关手续为止。

二、操作准备

（1）汇总成康公司开票收入和未开票收入。

（2）进行成康公司增值税进项税额勾选确认并打印勾选认证汇总表。

（3）计算成康公司应纳增值税税额。

三、任务要领

（1）注意区分税款所属期和纳税申报期，在纳税工作台选择正确的纳税申报期。

（2）增值税纳税申报表与"应交增值税"进行表账核对。一般情况下，纳税申报表中的应纳税额和"应交增值税"余额应该一致。

（3）注意一些未开票收入（如视同销售等）也应该进行纳税申报，税务岗应认真核对纳税人的经营业务，做到诚信纳税。

（4）认真核查纳税人是否有进项税额转出业务，审核外购项目的用途，去向，清点财产物资是否有非正常损失发生。

## 任务实施

### 一、任务流程

（1）计算应纳增值税额。
（2）在智能化操作平台进行纳税申报表填报与审核，并与计算结果核对。
（3）进行税款申报与缴纳。

一般纳税人应纳税额的计算与申报（二）

### 二、任务操作

（1）计算成康公司 12 月份的应纳增值税：

应纳增值税 = 销项税额 − 进项税额 =2 730 000−1 653 664.24=1 076 335.76（元）

成康公司当期无进项税额转出，无增值税优惠项目，则 12 月应纳增值税为 1 076 335.76 元。

（2）进入金税师平台，单击"纳税工作台"如图 2-9 所示。

图 2-9　进入纳税工作台

（3）确认申报日期无误后，单击"增值税纳税申报表（适用于增值税一般纳税人）"，如图 2-10 所示。

（4）填写纳税申报表。进入纳税申报表后可以看到申报表已预填报，如图 2-11 所示，对纳税申报表进行查看与完善。

其中票天下的开票数据已自动根据发票类型、发票金额和税额带入到"增值税纳税申报表附列资料（一）（本期销售情况明细表）"中，而"增值税纳税申报表附列资料（二）（本期进项税额明细表)"则是根据财天下的"应交税费——应交增值税(进项税额)"下的税目列示金额自动带入。

图 2-10 增值税申报

图 2-11 纳税申报表填报

(5)审核"增值税纳税申报表附列资料(一)(本期销售情况明细表)""增值税纳税申报表附列资料(二)(本期进项税额明细表)"及主表"增值税纳税申报表(适用于增值税一般纳税人)",核对申报表上的数据和应交税费——应交增值税账户的销项、进项、进项税额转出等三级明细账是否一致。有税收优惠事项的可根据情况填写"增值税纳税申报表附列资料(四)(税额抵减情况表)"和"增值税减免税申报明细表"并将数据过入主表。有差额征收业务的纳税人需要填写"增值税纳税申报表附列资料(三)(服务、不动产和无形资产扣除项目)"。

（6）将计算结果与申报表及账务处理结果进行比对，若审核无误，单击"保存"，待主管审核通过后，单击"申报"，完成增值税纳税申报如图2-12所示。

图 2-12　完成增值税纳税申报

## 任务评价

| 评价内容 | 评价标准 | 完成情况（0～10分） |
| --- | --- | --- |
| 应纳税额计算 | 能正确计算增值税应纳税额 | |
| 附列资料一和附列资料三的填报 | 能在平台进行增值税纳税申报表附列资料一和附列资料三的审核与完善，明确票、财、税三个模块间的数据互通和钩稽关系 | |
| 附列资料二的填报 | 能在平台进行增值税纳税申报表附列资料二的审核与完善，明确财天下中"应交增值税（进项税额）"下各税目设置和金税师中申报表项目的钩稽关系 | |
| 增值税申报 | 能在平台完成其他申报表附列资料的审核和完善，并正确进行纳税申报 | |

## 任务五　小规模纳税人应纳税额的计算与申报

## 任务情境

北京飞扬数码科技有限公司（以下简称飞扬公司）成立于2020年11月，主要销售平板电脑、移动硬盘等商品。

飞扬公司于12月建账，开业初期不具备开票能力，先进行委托开票。2020年12月飞扬公司发生如下业务：

（1）3日，销售平板电脑10台，不含税单价3 000元。申请代开3%征收率的增值税专用发票，同时预缴了增值税及附加税费。

（2）5日，销售平板电脑5台、移动硬盘40台。平板电脑不含税销售额15 000元，移动硬盘不含税销售额32 000元。自行开具增值税普通发票。

（3）12月19日，销售平板电脑15台，不含税单价3 000元，自行开具增值税普通发票。

（4）12月18日，采购平板电脑20台，价款40 000元；采购移动硬盘50台，价款25 000元。取得增值税普通发票。

（5）3日，支付房屋租金1 050元（含税），取得增值税普通发票注明的金额为1 000元，税额50元。

（6）5日，购买办公用品取得增值税普通发票注明的金额为240元，税额7.2元。

小规模纳税人应纳税额的计算与申报

## 任务布置

判断飞扬公司是否是小规模纳税人。

判断飞扬公司的增值税减免税额。

计算飞扬公司12月份应缴纳的增值税税额，在智能化操作平台生成并补充填写增值税纳税申报表。

根据检查无误的增值税季度申报表进行纳税申报及税款缴纳。

## 任务准备

### 一、知识准备

#### 1. 小规模纳税人应纳增值税税额计算

小规模纳税人发生应税销售行为适用简易计税方法计税，简易计税方法的公式为

$$当期应纳增值税额 = 当期销售额（不含税）\times 征收率$$

小规模纳税人（除其他个人外）销售自己使用过的固定资产，减按2%征收率征收增值税。自2020年5月1日至2023年12月31日，改为减按0.5%征收增值税。

#### 2. 纳税期限

对于小规模纳税人，一般是以1个季度为1个纳税期限申报增值税，申报的时间是自每季度结束日起15日内申报纳税，特殊情况下，小规模纳税人也可以按月申报增值税。

#### 3. 小规模纳税人税收优惠

为进一步提升市场活力，促进小微企业发展，国家出台了一系列对小规模纳税人的税收优惠政策。

自2021年4月1日起，小规模纳税人发生应税销售行为，合计月销售额未超过15万元（以1个季度为一纳税期的，季度销售额未超过45万元）的，免征增值税。其中的销售额不包括本

期销售不动产取得的销售额；适用增值税差额征收的，以差额后的销售额确定是否可以享受该项免税政策。

## 延伸阅读

**真金白银助力中小微企业发展**

中小微企业关系就业和民生，同时面临发展过程中特有的困难，受新冠疫情影响，资金困难和市场动荡使许多企业陷入了发展的困境。而减税降费是助企纾困的关键性举措。2022年3月份召开的全国人民代表大会又一次把减税降费的大礼包送给了中小微企业：小规模纳税人免征增值税、小型微利企业所得税减免政策、生产、生活性服务业增值税加计抵减政策延迟至2022年12月31日……一系列"输血""活血"措施为市场主体纾难解困，有效提振了信心，激发了活力。

国家税务总局数据显示，2021年，全国新增减税累计10 088亿元，支持小微企业发展税收优惠政策新增减税2 951亿元，占全国新增减税的29.3%。2022年3月国务院常务会议决定，对所有行业的小微企业、按一般计税方式纳税的个体工商户退税近1万亿元，同时财政部下达2022年支持小微企业留抵退税有关专项转移支付财力补助4 000亿元，用于地方保障小微企业增值税留抵退税。

一项项减税降费政策相继落地，受益的是1.5亿户市场主体，能真正为企业雪中送炭、助企业焕发生机，让小微企业税费负担更轻、发展步伐更稳、信心更足。进一步激发企业发展活力、改善就业市场，促进宏观经济平稳有序运行。

### 案例2-8

某企业为增值税小规模纳税人，按季度缴纳增值税，2022年第一季度销售建材，开具征收率3%的增值税专用发票，取得含税收入61 800元；提供建筑安装服务，取得含税收入51 500元；当月签订合同出租一间办公室，预收1年租金126 000元，开具增值税普通发票。已知纳税人未放弃减税优惠，计算该企业上述业务应缴纳增值税。（不考虑3%征收率减按1%的规定）

**分析：**

纳税人的货物销售收入、建筑服务收入和经营租赁服务收入均应作为应税销售额。

季度销售额=（61 800+51 500）÷（1+3%）+126 000÷（1+5%）=230 000（元）

季度销售额未超过45万元，可享受小规模纳税人的减免税优惠。

但企业开具的增值税专用发票因下游环节抵扣进项税，则本环节不得免税。该企业其余销售额可免征增值税。

应缴纳增值税=61 800÷（1+3%）×3%=1 800（元）

## 二、操作准备

（1）审核飞扬公司销售收入记账凭证。

（2）审核飞扬公司科目余额表及资产负债表、利润表。

（3）准备飞扬公司销售发票汇总表。

### 三、任务要领

（1）小规模纳税人开票数据可能有两个来源，一是企业自己开具发票的金额，二是在税务机关代开的发票金额，申报时不可遗漏。

（2）小规模纳税人申报增值税时要结合最新政策，检查本期是否符合免税条件，是否将金额填入正确的免税栏次。

（3）注意小规模纳税人开具的增值税专用发票不能享受小微企业免税优惠。

## 任务实施

### 一、任务流程

北京飞扬公司开业初期，可以选择为小规模纳税人，后期如果连续 12 个月销售额超过 500 万元，再转登记为一般纳税人。飞扬公司开业的月度销售额只有 120 000 元，应作为小规模纳税人，销售货物适用 3% 的征收率。

飞扬公司是小规模纳税人，增值税计算与采购业务无关。

飞扬公司 2020 年度实际经营期不满一个季度，可按一个季度计算缴纳增值税；

飞扬公司 2020 年第四季度销售额 =30 000+47 000+45 000=122 000 元，未超过季度销售额 30 万元（2021 年 4 月 1 日后为 45 万元）的规定，可免征增值税，但开具专票收入不得享受免税优惠。

应纳增值税 =30 000×3%=900 元，代开专用发票时已预缴增值税，所以应补（退）税额 0 元。

### 二、任务操作

（1）选择工作领域四中的"任务一增值税纳税申报"，单击"开始练习"，进入金税师界面，如图 2-13 所示。

图 2-13　选择增值税纳税申报

（2）单击"纳税工作台"，确认申报日期，单击"增值税纳税申报表（适用于增值税小规模纳税人）"，如图2-14所示。

图2-14　选择申报表

（3）审核申报表。核对和检查自动填报的数据与开票数据是否一致，与记账数据是否一致，如图2-15所示。

图2-15　审核申报表

（4）检查是否须开具增值税专用发票。当期飞扬公司代开了增值税专用发票，金额30 000元不得享受小微企业免税优惠，填写在申报表第2栏次。

（5）结合政策，检查是否享受免征增值税。飞扬公司第四季度销售额122 000元，享受免税优惠。扣除增值税专用发票开票金额30 000元，其余销售额92 000元填写在"免税销售额"下的第10栏次"小微企业免税销售额"。代开专票预缴的税款900元填写第21栏次。本期应补（退）税额为0。

（6）纳税申报表检查无误后，依次单击"保存""审核""申报"，完成申报。

## 任务评价

| 评价内容 | 评价标准 | 完成情况（0～10分） |
|---|---|---|
| 纳税人身份认定 | 能正确进行纳税人身份划分与认定 | |
| 小规模纳税人税收优惠 | 能根据小规模纳税人的销售规模判断其是否享受小微企业起征点的税收优惠 | |
| 应纳税额计算 | 能正确计算应纳税额 | |
| 纳税申报 | 能在平台完成申报表填写和申报 | |

## 任务六　进口货物应纳税额计算

### 任务情境

北京市云飞贸易有限公司当月进口移动电源500个，单价20美元/个，完税价格10 000美元。已知移动电源进口环节关税税率为2%，假设汇率为1美元=7.1元人民币、不考虑消费税。

共享中心员工为北京市云飞贸易有限公司的进口货物进行报税。

### 任务布置

判断进口移动电源是否需要进行申报缴纳增值税。

计算移动电源进口环节应缴纳的增值税。

### 任务准备

#### 一、知识准备

对进口货物征税是国际通行的惯例。根据《增值税暂行条例》的规定，中国境内进口货物的单位和个人均应按规定缴纳增值税，在进口环节，由海关代征。

根据规定，进口货物增值税纳税义务人为进口货物的收货人或办理报关手续的单位和个人。

进口货物增值税税率与一般纳税人在国内销售同类货物税率相同。

纳税人进口货物，按规定的组成价格和税率计算应纳增值税税额，不得抵扣任何税额，即在计算进口环节的应纳增值税税额时，不得抵扣发生在我国境外的任何税金。相关计算公式如下：

$$组成计税价格 = 关税完税价格 + 关税 + 消费税$$

$$应纳税额 = 组成计税价格 \times 税率$$

## 二、操作准备

取得进口环节海关报关单，了解适用汇率。

## 三、任务要领

正确判定进口货物的纳税人。

确定进口货物关税完税价格。关税完税价格的确定见项目七中任务九。

正确计算进口货物组成计税价格。进口的货物如果涉及消费税，组成计税价格应包括进口环节应纳的消费税，消费税的具体计算见项目三。

正确计算进口货物应纳增值税税额。进口环节不区分一般纳税人和小规模纳税人，通常按进口货物适用税率计算增值税。

## 任务实施

北京市云飞贸易有限公司进口移动电源，属于进口货物，应缴纳增值税。进口环节增值税由进口海关代征。

进口环节应纳增值税税额计算：

关税完税价格 =10 000×7.1=71 000（元）

应纳关税 =71 000×2%=1 420（元）

组成计税价格 = 关税完税价格 + 关税 =71 000+1 420=72 420（元）

应纳增值税税额 = 组成计税价格 × 税率 =72 420×13%=9 414.6（元）

## 任务评价

| 评价内容 | 评价标准 | 完成情况（0～10分） |
| --- | --- | --- |
| 组成计税价格 | 能根据具体业务正确计算进口环节的组成计税价格 | |
| 税额计算 | 能正确计算进口环节应纳税额 | |
| 进口增值税专用缴款书 | 明确海关填发的增值税专用缴款书是增值税扣税凭证之一，并在平台进行稽核比对 | |

## 任务七　出口退税计算

## 任务情境

北京腾飞玩具制造有限公司作为增值税一般纳税人，主要从事玩具生产和出口业务。6月出口一批商品，适用增值税税率13%、出口退税率9%。6月购入材料价值400万元，取得增值专用发票注明税款 52 万元。出口商品 50 万美元，当日外汇汇率为 1 美元 =6.25 元人民币。内销货物取得销售额 200 万元。

## 任务布置

判断出口货物适用的退（免）税政策。
计算出口货物应退增值税额。

## 任务准备

### 一、知识准备

出口货物、劳务退（免）税是指在国际贸易中，对出口的货物、劳务或者服务退还在国内流转环节已经缴纳的增值税等税款。

根据《增值税暂行条例》规定，纳税人出口货物，税率为零，但国务院另有规定的除外。即纳税人出口货物、劳务或者服务适用税率为零，不但出口环节不纳税，而且要将以前环节已纳税款退还，这就是出口货物、劳务或者服务的退（免）税。

#### 1. 出口免税并退税

出口免税是指对货物在出口销售环节不征增值税、消费税，这是把货物出口环节和出口前的销售环节都同样视为一个征税环节；出口退税是指对货物在出口前实际承担的税收负担，按规定的退税率计算后予以退还。

下列出口货物、劳务或者服务，除规定外，给予免税并退税。

（1）出口企业出口货物。出口企业是指依法办理工商登记、税务登记以及对外贸易经营者备案登记，自营或者委托出口货物的单位或者个体工商户，以及依法办理工商登记、税务登记但是未办理对外贸易经营者备案登记，委托出口货物的生产企业。

出口货物是指向海关报关后实际离境并销售给境外单位或者个人的货物，分为自营出口货物和委托出口货物两大类。

生产企业是指具有生产能力的单位或者个体工商户。

（2）出口企业或其他单位视同出口货物。

1）出口企业对外援助、承包以及境外投资的出口货物。

2）出口企业经海关报关进入国家批准的出口加工区、保税物流园区、保税港区、综合保税区、珠澳跨境工业区、中哈霍尔果斯国际边境合作中心（中方配套区域）、保税物流中心（B 型）并销售给特殊区域内单位或者境外单位、个人的货物。

3）免税品经营企业销售的货物。

4）出口企业或者其他单位销售给用于国际金融组织或外国政府贷款国际招标建设项目的中标机电产品。

5）生产企业向海上石油天然气开采企业销售的自产的海洋工程结构物。

6）出口企业或其他单位销售给国际运输企业用于国际运输工具上的货物。

7）出口企业或其他单位销售给特殊区域内生产企业生产耗用且不向海关报关而输入的特殊区域的水、电力、燃气。

（3）出口企业对外提供加工修理修配劳务。对外提供加工修理修配劳务是指对进境复出口货物或从事国际运输的运输工具进行的加工修理修配。

#### 2. 出口免税但不退税

出口免税不退税是指出口的货物因前一道流转环节是免税的，出口时该货物价格中不含税款，因此，无须退税。

下列出口货物免交增值税，但是不办理退税。

（1）来料加工复出口的货物。

（2）古旧图书、避孕药和用具。

（3）国家计划内出口卷烟。

（4）国家规定免税的货物出口。

#### 3. 出口不免税也不退税

出口不免税是指对国家限制或禁止出口的某些货物的出口环节视同内销环节，照常征税；出口不退税是指对这些货物出口不退还出口前其所负担的税款。

下列出口货物、劳务，不免税也不退税。

（1）出口企业出口或者视同出口财政部和国家税务总局根据国务院决定明确取消出口退（免）税的货物。

（2）出口企业或者其他单位销售给特殊区域内的生活消费用品和交通运输工具。

（3）出口企业或者其他单位因骗取出口退税政策被税务机关停止办理增值税退（免）税期间出口货物。

（4）出口企业或者其他单位提供虚假备案单证的货物。

#### 4. 出口货物退税率

除财政部和国家税务总局根据国务院决定而明确的增值税出口退税率外，一般出口货物、服务和无形资产的退税率为其适用税率。国家会根据对外贸易的实际情况对退税率做出及时调整，在申报出口退税时应查询国家税务总局发布的出口退税率文件，按照当时的有关规定执行。

目前，我国增值税出口退税率分为五档：13%、10%、9%、6%、零税率。

适用不同退税率的货物和劳务，应当分开报关、核算并申报退（免）税，未分开报关、核算或者划分不清的，从低适用退税率。

#### 5. 出口货物增值税退税额的计算

增值税出口退（免）税的计算主要有两种方法，一种是自营出口或者委托外贸企业出口自产后尾灯生产企业，适用"免、抵、退"办法；另一种是外贸企业，适用"免、退"税办法。

（1）"免、抵、退"计算方法。

1）当期应纳税额的计算：

当期应纳税额 = 当期销项税额 –（当期进项税额 – 当期不得免征和抵扣税额）– 期初留抵税额

当期不得免征和抵扣税额 = 当期出口货物离岸价格 × 外汇人民币折合率 ×（出口货物适用税率 – 出口货物退税率）– 当期不得免征和抵扣税额抵减额

当期不得免征和抵扣税额抵减额 = 当期免税购进原材料价格 ×（出口货物适用税率 − 出口货物退税率）

2）当期免抵退税额的计算：

当期免抵退税额 = 当期出口货物离岸价格 × 外汇人民币折合率 × 出口货物退税率 − 当期免抵退税抵减额

当期免抵退税抵减额 = 当期免税购进原材料价格 × 出口货物退税率

3）当期应退税额和免抵税额的计算：

当期期末留抵税额 ≤ 当期免抵退税额，则

当期应退税额 = 当期期末留抵税额

当期免抵税额 = 当期免抵退税额 − 当期应退税额

当期期末留抵税额 > 当期免抵退税额，则

当期应退税额 = 当期免抵退税额

当期免抵税额 = 0

当期期末留抵税额为当期增值税及附加税费申报表中"期末留抵税额"。

（2）"免、退"税计算方法。

外贸企业出口货物应退还增值税采取"免、退"税的办法计算，依据购进出口货物增值税专用发票上所注明的进项税额和出口货物所适用的退税率计算：

增值税应退税额 = 增值税退（免）税计税依据 × 出口货物适用税率

### 案例 2-9

北京市振兴贸易有限公司是增值税一般纳税人。6月报关出口一批商品，适用增值税退税率 13%。已知购进该商品取得增值税专用发票上注明金额为 600 万美元，当时外汇汇率为 1 美元 = 6.25 元人民币。

**分析：**

确定振兴公司出口退税方法：外贸企业，适用"免、退"税方法。

确定退税额 = 600 × 6.25 × 13% = 487.5（万元）

## 二、操作准备

根据出口报关单以及外购商品、材料等增值税专用发票，确定纳税人适用出口退（免）税计算方法，正确计算退免税。

## 三、任务要领

准确判定出口货物的纳税人。

准确确定出口货物适用退免税的计算方法。

准确计算出口货物应退（免）增值税税额。

# 任务实施

（1）确定腾飞公司出口退税方法：生产企业，适用"免、抵、退"税方法。

（2）确定不得免征和抵扣税额：

当期不得免征和抵扣税额 =50×6.25×（13%−9%）=12.5（万元）

（3）确定当期应纳税额：

当期应纳税额 =200×13%−（52−12.5）=−13.5（万元）（期末留抵税额）

（4）确定免抵退税额：

当期免抵退税额 =50×6.25×9%=28.125（万元）

（5）确定应退税额：

13.5<28.125，即当期留抵税额 < 当期免抵退税额

当期应退税额 = 期末留抵税额 =13.5（万元）

（6）确定当期免抵税额：

当期免抵税额 = 当期免抵退税额 − 当期应退税额 =28.125−13.5=14.625（万元）

## 任务评价

| 评 价 内 容 | 评 价 标 准 | 完成情况（0～10分） |
| --- | --- | --- |
| 出口退（免）税 | 能正确理解不同出口退（免）税政策的含义，并能区分其适用范围 | |
| 免、抵、退计算法 | 明确免、抵、退税办法的适用范围，能正确计算免抵税额和应退税额 | |

# 项目三

## 消费税报税实务

### 知识目标

- 掌握消费税纳税人、税目、税率及征税环节等税法要素的规定。
- 掌握生产销售应税消费品的应纳税额计算及相关法律规定。
- 掌握委托加工应税消费品的应纳税额计算及相关法律规定。
- 熟悉进口业务应纳税额的计算。

### 技能目标

- 能够界定应税消费品范围、正确判断消费税纳税人及纳税环节、适用税率。
- 能根据相关业务计算生产环节直接销售、自产自用应税消费品的应纳消费税税额。
- 能根据相关业务计算委托加工环节和进口环节应纳消费税税额。
- 能完成消费税纳税申报表的填写和申报工作。

### 素养目标

- 通过学习消费税的税目，可以了解国家绿色税收、节能环保的政策引导作用，进一步理解税收对经济、对消费的调节职能，培养节能环保意识。

## 任务一　消费税认知

### 任务情境

利达酒业有限责任公司（以下简称利达公司）为增值税一般纳税人，是一家主要从事酒类产品生产销售的企业，其业务范围有白酒、黄酒、葡萄酒的生产加工与销售。有时也会提供原材料，指定工艺要求，委托其他单位加工黄酒用于销售。节假日期间，利达公司会将自产产品作为福利分发给职工。利达公司会计核算健全，对于生产的产品进行分别核算。

## 任务布置

分析利达公司是否应缴纳消费税，确定利达公司的消费税适用税目、税率。
确定利达公司消费税纳税环节。

## 任务准备

### 一、知识准备

消费税作为国际上普遍开征的一种流转税，从世界各国的情况看，一般都是选择对某些特定的消费品和消费行为征税。我国目前开征的消费税属于特种消费税。

#### 1. 纳税义务人

在中华人民共和国境内销售、委托加工和进口应税消费品的单位和个人，以及税法规定的在特定环节销售应税消费品的单位和个人，为消费税的纳税人，应当依照《中华人民共和国消费税暂行条例》（以下简称《消费税暂行条例》）规定缴纳消费税。在中华人民共和国境内是指生产、委托加工和进口属于应税消费品的起运地或所在地在境内。单位是指企业、行政单位、事业单位、军事单位、社会团体及其他单位。个人是指个体工商户及其他个人。

具体包括：

（1）生产应税消费品的单位和个人（包括自产用于销售和自产自用）。

（2）进口应税消费品的单位和个人。

（3）委托加工应税消费品的单位和个人。

（4）零售金银首饰、钻石饰品、超豪华小汽车的单位和个人。

（5）卷烟、电子烟批发业务的单位和个人。

其中委托加工应税消费品是指由委托方提供主要原材料，受托方受托加工，代垫辅助材料，收取加工费，加工完的应税消费品归委托方所有的一种行为。

为确保源泉扣税，税法同时规定，受托加工应税消费品的单位（除个体经营者外）负有扣缴消费税义务；海关负有扣缴进口环节消费税的义务。

#### 2. 消费税税目、税率

根据《消费税暂行条例》的规定，现行消费税按产品类别共设置了15个税目，其中烟、酒、成品油及小汽车四个税目下又设置了若干个子目。

消费税实行从价定率的比例税率、从量定额的定额税率和从价定率与从量定额相结合的复合计税三种形式。实行定额税率的税目和子目有黄酒、啤酒和成品油；实行比例税率和定额税率相结合的税目和子目有卷烟和白酒；其余应税消费品均适用比例税率。具体税目及税率规定见表3-1。

表 3-1 消费税税目税率表

| 税　目 | 税　率 | 备　注 |
|---|---|---|
| 一、烟 | | 1. 卷烟征税范围包括进口卷烟、白包卷烟、手工卷烟和未经国务院批准纳入计划的企业及个人生产的卷烟<br>2. 甲类卷烟：每标准条（200 支，下同）调拨价 70 元（含 70 元，不含增值税，下同）以上<br>乙类卷烟：每标准条调拨价 70 元以下 |
| 　1. 卷烟 | | |
| 　（1）甲类卷烟 | 56% 加 0.003 元 / 支 | |
| 　（2）乙类卷烟 | 36% 加 0.003 元 / 支 | |
| 　（3）商业批发环节 | 11% 加 0.005 元 / 支 | |
| 　2. 雪茄烟 | 36% | |
| 　3. 烟丝 | 30% | |
| 　4. 电子烟 | | |
| 　（1）工业 | 36% | |
| 　（2）商业批发 | 11% | |
| 二、酒 | | 1. 酒是指酒精度在 1 度以上的各种酒类饮料；酒精包括各种工业酒精、医用酒精和食用酒精<br>2. 甲类啤酒：出厂价（含包装物及押金）3 000 元（含 3000 元，不含增值税，下同）以上<br>乙类啤酒：出厂价 3 000 元以下<br>3. 娱乐业、饮食业自制啤酒，一律按 250 元 / 吨征税<br>4. 调味料酒不属于本税目征税范围 |
| 　1. 白酒 | 20% 加 0.5 元 /500 克（或者 500 毫升） | |
| 　2. 黄酒 | 240 元 / 吨 | |
| 　3. 啤酒 | | |
| 　（1）甲类啤酒 | 250 元 / 吨 | |
| 　（2）乙类啤酒 | 220 元 / 吨 | |
| 　4. 其他酒 | 10% | |
| 三、高档化妆品 | 15% | 1. 高档化妆品是指生产（进口）环节销售（免税）价格（不含增值税）在 10 元 / 毫升（克）或 15 元 / 片（张）及以上的美容修饰类化妆品和护肤类化妆品<br>2. 舞台、戏剧、影视演员化妆用的上妆油、卸妆油和油彩，不属于本税目征税范围 |
| 四、贵重首饰及珠宝玉石 | | 特指零售环节的金银首饰、铂金首饰和钻石及钻石饰品 |
| 　1. 金银首饰、铂金首饰和钻石及钻石饰品 | 5%（零售环节） | |
| 　2. 其他贵重首饰和珠宝玉石 | 10% | |
| 五、鞭炮、焰火 | 15% | 体育上用的发令纸、鞭炮药引线不属于本税目征税范围 |
| 六、成品油 | | 1. 汽油包括甲醛汽油和乙醛汽油<br>2. 柴油包括生物柴油<br>3. 溶剂油包括橡胶填充油溶剂油原料<br>4. 燃料油包括蜡油、船用重油、常压重油、减压重油 |
| 　1. 汽油 | 1.52 元 / 升 | |
| 　2. 柴油 | 1.20 元 / 升 | |
| 　3. 石脑油 | 1.52 元 / 升 | |
| 　4. 溶剂油 | 1.52 元 / 升 | |
| 　5. 润滑油 | 1.52 元 / 升 | |
| 　6. 燃料油 | 1.20 元 / 升 | |
| 　7. 航空煤油 | 1.20 元 / 升（暂缓征收） | |
| 七、摩托车 | | 对最大设计车速不超过 50 千米 / 小时，发动机气缸总工作容量不超过 50 毫升的三轮摩托车不征收消费税 |
| 　1. 气缸容量（排气量，下同）为 250 毫升的 | 3% | |
| 　2. 气缸容量在 250 毫升以上的 | 10% | |
| 八、小汽车 | | 1. 用中轻型商用客车底盘改装、改制的车辆属于本税目<br>2. 电动汽车、沙滩车、雪地车、卡丁车、高尔夫车不属于消费税征税范围 |
| 　1. 乘用车 | | |
| 　（1）气缸容量（排气量，下同）在 1.0 升（含 1.0 升）以下的 | 1% | |
| 　（2）气缸容量在 1.0 升以上至 1.5 升（含 1.5 升）的 | 3% | |
| 　（3）气缸容量在 1.5 升以上至 2.0 升（含 2.0 升）的 | 5% | |
| 　（4）气缸容量在 2.0 升以上至 2.5 升（含 2.5 升）的 | 9% | |

(续)

| 税　目 | 税　率 | 备　注 |
|---|---|---|
| （5）气缸容量在 2.5 升以上至 3.0 升（含 3.0 升）的 | 12% | 3. 2016 年 12 月 1 日起，在生产（进口）环节按现行税率征收消费税基础上，超豪华小汽车在零售环节加征一道消费税，税率 10%（每辆不含增值税的零售价 130 万元及以上的乘用车和中轻型商用客车） |
| （6）气缸容量在 3.0 升以上至 4.0 升（含 4.0 升）的 | 25% | |
| （7）气缸容量在 4.0 升以上的 | 40% | |
| 2. 中轻型商用客车 | 5% | |
| 3. 超豪华小汽车 | 10% | |
| 九、高尔夫球及球具 | 10% | 包括高尔夫球、高尔夫球杆（杆头、杆身和握把）、高尔夫球包（袋） |
| 十、高档手表 | 20% | 每只不含增值税价格 1 万元（含）以上 |
| 十一、游艇 | 10% | |
| 十二、木制一次性筷子 | 5% | 包括未经打磨、倒角的一次性筷子 |
| 十三、实木地板 | 5% | 包括实木复合地板、未经涂饰的素板 |
| 十四、电池 | 4% | |
| 十五、涂料 | 4% | |

### 职业提示

#### 消费税的税目税率变化

1994 年开始实施的《消费税暂行条例》中，消费税的税目只有 11 个，包括汽车轮胎、护肤护发品等，2009 年开始实施的《消费税暂行条例》中取消了护肤护发品，新增了高尔夫球及球具、高档手表、游艇、木制一次性筷子、实木地板。之后，国务院财税部门继续调整优化消费税的征税范围、税率和征税环节。例如：2014 年取消了汽车轮胎税目，取消了车用含铅汽油和酒精的消费税；2015 年将卷烟批发环节、成品油消费税税率提高，对电池和涂料开征消费税；2016 年将"化妆品"税目更名为"高档化妆品"，取消对普通美容、修饰类化妆品征收消费税，另外对超豪华小汽车在零售环节加征 10% 的消费税。

可见，消费税改革的基本思路是"调整消费税征收范围、环节、税率，把高耗能、高污染产品及部分高档消费品纳入征收范围"，目的是发挥消费税引导消费、促进节能减排、推动经济健康可持续发展的作用。

纳税人兼营不同税率的应税消费品，应当分别核算不同税率的应税消费品的销售额、销售数量。未分别核算销售额、销售数量，或者将不同税率的应税消费品组成成套消费品销售的，从高适用税率。

**3. 消费税的纳税环节**

根据《消费税暂行条例》的规定，消费税纳税环节具体规定为：

（1）纳税人生产的应税消费品，于纳税人销售时纳税。纳税人自产自用的应税消费品，用于连续生产应税消费品的不纳税；用于其他方面的，于移送使用时纳税。

（2）委托加工的应税消费品，除受托方为个人外，由受托方在向委托方交货时代收代缴税款。

（3）进口的应税消费品，于报关进口时纳税。

（4）仅在零售环节征收消费税的有金银首饰、钻石及钻石饰品、铂金；超豪华小汽车除在生产环节或进口环节正常征收消费税外，在零售环节再征收一道消费税。

（5）卷烟、电子烟消费税在生产和批发两个环节征收。纳税人兼营卷烟批发和零售业务的，应当分别核算批发和零售业务的销售额、销售数量；未分别核算的，按照全部销售额、销售数量计征批发环节消费税。

### 二、操作准备

认真核对利达公司的经营范围，分析其适用的税目及税率，确定其纳税环节及计税方法。

### 三、任务要领

对加工业务，注意判断是委托加工业务还是订单式生产业务。

另外要区分委托方和受托方各自的纳税义务，委托加工应税消费品的委托方是消费税纳税人，受托方提供加工劳务、收取加工费属于增值税纳税人。

## 任务实施

（1）分析利达公司的经营范围，判断其纳税人身份：

1）利达公司生产的白酒、黄酒及葡萄酒均属于消费税的征税范围，适用税目为酒。利达公司是消费税纳税义务人。

2）委托加工黄酒：利达公司提供原材料，委托他人加工黄酒，应就加工收回的黄酒缴纳消费税，在利达公司提货环节由受托方代扣代缴。

（2）判断利达公司的纳税环节及计税方法：

利达公司生产的白酒、黄酒和葡萄酒，于销售时纳税；委托其他单位加工的黄酒，在提货时由受托方代收代缴消费税，加工收回的黄酒再销售不再缴纳消费税。

用于其他方面的，于移送使用时纳税。委托加工的应税消费品，除受托方为个人外，由受托方在向委托方交货时代收代缴税款。

白酒采用复合计税方式，葡萄酒属于其他酒，适用比例税率，黄酒为从量定额计征消费税。

## 任务评价

| 评价内容 | 评价标准 | 完成情况（0～10分） |
| --- | --- | --- |
| 纳税人 | 能正确判断消费税纳税人身份 | |
| 税目 | 能正确界定消费税的税目 | |
| 税率 | 能划分不同税目的适用税率形式 | |
| 纳税环节 | 能根据具体业务正确判断消费税的纳税环节 | |

## 任务二　消费税应纳税额计算

### 任务情境

利达公司 5 月份发生如下业务：

（1）销售白酒 30 吨，取得不含税的销售额 900 000 元，成本为 500 000 元；销售葡萄酒 37.5 吨，取得不含税销售额 100 万元；销售自产黄酒 10 吨，取得不含税销售额 65 000 元。款项已通过银行转账结算，利达公司开具增值税专用发票。

（2）将自产的葡萄酒 300 千克作为福利品发放给员工，成本为 28 000 元，其不含增值税的市场价格为 30 000 元（已知葡萄酒的消费税率为 10%）。

（3）客户甲公司所借盛装葡萄酒用的包装物损坏不能归还，没收其押金 2 000 元。

（4）将自产的白酒 50 千克提供给消费者免费品尝，市场价格为 100 元 / 千克，成本为 80 元 / 千克。

（5）以前期间委托乙公司加工的黄酒当期收回，总计加工黄酒 2 吨。为加工该批黄酒，利达公司提供了稻谷 3 000 元，已支付加工费 1 500 元（不含增值税）。

### 任务布置

整理业务凭证并与实际业务核对一致。
确定利达公司应税消费品的销售数量和销售额。
计算利达公司当期应缴纳的消费税税额。

### 任务准备

#### 一、知识准备

**1. 一般销售情况下应纳税额的计算**

（1）应税消费品销售额的确定。销售额为纳税人销售应税消费品向购买方收取的全部价款和价外费用。其中，价外费用是指价外向购买方收取的手续费、补贴、基金、集资费、返还利润、奖励费、违约金、滞纳金、延期付款利息、赔偿金、代收款项、代垫款项、包装费、包装物租金、储备费、优质费、运输装卸费以及其他各种性质的价外收费。

销售额为不含增值税的销售额，如销售额含增值税，则用下列公式换算为不含增值税的销售额：

$$不含增值税销售额 = 含增值税销售额 \div (1+ 增值税税率或征收率)$$

应税消费品连同包装物销售的，无论包装物是否单独计价以及在会计上如何核算，均应并入应税消费品的销售额中缴纳消费税。对于收取包装物押金的，押金不计入销售额计税；但对因逾期未收回的包装物不再退还的或已收取时间超过12个月的押金，应并入应税消费品的销售额，按照应税消费品适用税率计征消费税。

对酒类（黄酒、啤酒除外）生产企业销售酒类产品而收取的包装物押金，无论押金是否返还及在会计上如何核算，均须并入应税消费品的销售额计算缴纳消费税。

纳税人通过自设非独立核算门市部销售自产应税消费品的，应当按照门市部对外销售额计算消费税。

纳税人用于换取生产资料和消费资料、投资入股和抵偿债务的应税消费品，应当以纳税人同类应税消费品的最高销售价格作为计税依据。

纳税人销售的应税消费品，以人民币计算销售额。纳税人以人民币以外的货币结算销售额的，应当折合成人民币计算，其折合率可以选择销售额发生的当天或者当月1日的人民币汇率中间价。纳税人应在事先确定采用何种折合率，确定后1年内不得变更。

### 案例 3-1

达美化妆品公司为一般纳税人，当期销售一批化妆品取得不含增值税销售额为80 000元，另单独收取包装物价税合计3 000元。已知该化妆品消费税税率为15%，则该批化妆品的计税价格为多少？

**分析**：计税价格 =80 000+3 000÷（1+13%）=82 654.87（元）

（2）应税消费品销售数量的确定。销售应税消费品的，为应税消费品的销售数量。

自产自用应税消费品的（用于连续生产应税消费品的除外），为应税消费品的移送使用数量。

委托加工应税消费品的，为纳税人收回的应税消费品数量。

进口应税消费品的，为海关核定的应税消费品进口征税数量。

实行从量定额办法计算应纳税额的应税消费品，计量单位的换算标准见表3-2。

表 3-2　计量单位的换算标准

| 应税消费品名称 | 计量单位的换算标准 |
| --- | --- |
| 黄酒 | 1 吨 =962 升 |
| 啤酒 | 1 吨 =988 升 |
| 汽油 | 1 吨 =1 388 升 |
| 柴油 | 1 吨 =1 716 升 |
| 航空柴油 | 1 吨 =1 246 升 |
| 石脑油 | 1 吨 =1 385 升 |
| 溶剂油 | 1 吨 =1 282 升 |
| 润滑油 | 1 吨 =1 126 升 |
| 燃料油 | 1 吨 =1 015 升 |

（3）应纳税额的计算。消费税实行从价定率、从量定额，或者从价定率与从量定额相结合的复合计税的办法计算应纳税额。应纳税额计算公式如下：

从价定率法下的应纳税额 = 应税消费品销售额 × 比例税率

从量定额法下的应纳税额 = 应税消费品销售数量 × 定额税率

复合计税法下的应纳税额 = 应税消费品销售额 × 比例税率 + 应税消费品销售数量 × 定额税率

### 案例 3-2

江南汽车生产公司生产销售某型号小汽车，当期销售小汽车 50 辆，每辆不含增值税单价为 8.5 万元，消费税税率 5%。

延安卷烟生产公司（一般纳税人）当期生产卷烟 1 000 标准箱，销售 800 箱，不含增值税销售额 1 600 万元，消费税税率 56%，加每箱 150 元。

醇鲜啤酒公司当期生产啤酒 20 000 吨，销售 19 500 吨，销售额 3 000 万元（不含增值税），消费税税率 220 元/吨。

计算上述企业当期应纳的消费税税额。

**分析：**

江南汽车生产公司应纳税额 =50×85 000×5%=212 500（元）

延安卷烟生产公司应纳税额 =16 000 000×56%+800×150=9 080 000（元）

醇鲜啤酒公司应纳税额 =19 500×220=4 290 000（元）

（4）外购已税消费品已纳消费税的扣除。为了避免重复征税，税法规定，纳税人用外购的已税消费品连续生产应税消费品的，已纳消费税税款准予从应纳的消费税税额中按当期生产领用数量计算扣除原料已缴纳的消费税税款。

1）扣除范围。

外购已税烟丝为原料生产的卷烟。

外购已税高档化妆品为原料生产的高档化妆品。

外购已税珠宝玉石生产的贵重首饰及珠宝玉石。

外购已税鞭炮、焰火为原料生产的鞭炮、焰火。

外购已税杆头、杆身和握把为原料生产的高尔夫球杆。

外购已税实木地板为原料生产的实木地板。

外购已税木制一次性筷子为原料生产的木制一次性筷子。

外购已税石脑油为原料生产的应税消费品。

外购已税汽油、柴油、石脑油、燃料油、润滑油为原料生产的应税成品油。

2）扣除方法。

当期准予扣除的应税消费品的已纳消费税税款，应按当期生产领用量计算。对于外购已税消费品，当期准予扣除的已纳消费税税款的计算公式为

当期准予扣除的外购应税消费品的已纳税款 = 当期准予扣除的外购应税消费品的买价 × 外购应税消费品适用税率

当期准予扣除外购应税消费品买价 = 期初库存的外购应税消费品的买价 + 当期购进的应税消费品的买价 − 期末库存的外购应税消费品买价

外购已税消费品的买价是指购货发票上注明的销售额（不包括增值税税款）。

上述允许扣除税额的项目，从大类上看不包括酒类、小汽车、高档手表、游艇、电池、涂料。

允许扣除的已纳税款的应收消费品仅限于从工业企业购进的应税消费品和进口环节已缴纳消费税的应税消费品,对从境内商业企业购进应税消费品的已纳税款一律不得扣除。

纳税人用外购的已税珠宝玉石生产的改在零售环节征收消费税的金银首饰(镶嵌首饰),在计税时一律不得扣除外购珠宝玉石的已纳税款。

自 2015 年 5 月 1 日起,从葡萄酒生产企业购进、进口葡萄酒连续生产应税葡萄酒的,准予从葡萄酒消费税应纳税额中扣除所耗用应税葡萄酒已纳消费税税款。

### 案例 3-3

云山烟草公司从烟丝厂购进已税烟丝 20 吨,取得烟丝厂开具的增值税专用发票,注明货款 40 万元、增值税 5.2 万元,烟丝已验收入库;当期用外购烟丝生产甲类卷烟 2 000 标准箱,销售甲类卷烟 100 箱,取得不含税销售额 200 万元;卷烟厂期初库存外购烟丝为 30 吨,期末库存外购烟丝 35 吨(烟丝每吨不含税单价 2 万元)。

**分析:**

当期准予扣除外购已税烟丝买价 = 期初库存的外购烟丝的买价 + 当期购进的外购烟丝的买价 − 期末库存的外购烟丝买价 =(30+20−35)×2=30(万元)

当期准予扣除的外购烟丝的已纳税款 =30×30%=9(万元)

应纳税额 = 卷烟应纳税 − 准予扣除税款 =200×56%+100×0.015−9=104.5(万元)

**2. 自产自用应税消费品应纳税额的计算**

(1)自产自用应税消费品的确定。自产自用应税消费品是指纳税人生产应税消费品后,用于自己连续生产应税消费品或其他方面。纳税人用于连续生产应税消费品的,自产自用环节不缴纳消费税;用于其他方面的,于移送时缴纳消费税。

用于其他方面是指纳税人将自产自用的应税消费品用于生产非应税消费品、在建工程、管理部门、非生产机构、提供劳务、馈赠、赞助、集资、广告、样品、职工福利、奖励等方面。

(2)自产自用应税消费品计税依据的确定。

1)纳税人自产自用的应税消费品,凡用于其他方面应缴纳消费税的,应当按照纳税人生产的同类消费品的销售价格计算纳税。

同类消费品的销售价格是指纳税人当月销售的同类消费品的销售价格,如果当月同类消费品销售价格高低不同,应按销售数量加权平均计算。

2)没有同类消费品销售价格的,按照组成计税价格计算纳税。组成计税价格的公式如下:

实行从价定率办法的:

$$组成计税价格 =(成本 + 利润)\div(1- 比例税率)$$

实行复合计税办法的:

$$组成计税价格 =(成本 + 利润 + 自用数量 \times 定额税率)\div(1- 比例税率)$$

公式中的成本是指应税消费品的生产成本。利润是指根据应税消费品的全国平均成本利润率计算的利润。应税消费品全国平均成本利润率由国家税务总局确定,见表 3-3。

表 3-3  应税消费品全国平均成本利润率

| 序号 | 种类 | 成本利润率（%） | 序号 | 种类 | 成本利润率（%） |
|---|---|---|---|---|---|
| 1 | 甲类卷烟 | 10 | 11 | 摩托车 | 6 |
| 2 | 乙类卷烟 | 5 | 12 | 乘用车 | 8 |
| 3 | 雪茄烟 | 5 | 13 | 中轻型商用客车 | 5 |
| 4 | 烟丝 | 5 | 14 | 高尔夫球及球具 | 10 |
| 5 | 粮食白酒 | 10 | 15 | 高档手表 | 20 |
| 6 | 薯类白酒 | 5 | 16 | 游艇 | 10 |
| 7 | 其他酒 | 5 | 17 | 木制一次性筷子 | 5 |
| 8 | 化妆品 | 5 | 18 | 实木地板 | 5 |
| 9 | 鞭炮、焰火 | 5 | 19 | 电池 | 4 |
| 10 | 贵重首饰及珠宝玉石 | 6 | 20 | 涂料 | 7 |

（3）自产自用应税消费品应纳税额的计算。

从价定率法下：

$$应纳税额 = 同类应税消费品的销售价格 \times 自产自用数量 \times 比例税率$$

从量定额法下：

$$应纳税额 = 自产自用应税消费品数量 \times 定额税率$$

复合计税法下：

$$应纳税额 = 同类应税消费品销售价格 \times 自产自用数量 \times 比例税率 \\ + 应税消费品自产自用数量 \times 定额税率$$

若纳税人无同类应税消费品的销售价格，上述公式中的同类应税消费品销售价格可采用组成计税价格计算应纳税额。

### 案例 3-4

捷运汽车生产公司生产销售某型号小汽车（消费税税率5%），当期销售情况如下：

销售小汽车50辆，每辆不含增值税单价为8.5万元；将自产同型号小汽车2辆移作管理部门使用；单位生产成本为7万元。

计算该公司当期应纳消费税。

**分析：**

移作管理部门使用的小汽车应缴纳消费税；纳税人同期有同类小汽车市场价格，用同类小汽车价格作为自产自用的销售价格计税。

应纳税额 =（50+2）×8.5×5%=22.1（万元）

#### 3. 委托加工应税消费品应纳税额计算

（1）委托加工应税消费品计税依据的确定。委托加工的应税消费品，除受托方为个人外，由受托方在向委托方交货时代收代缴消费税。

对于从价计征的，按照受托方同类消费品的销售价格计算纳税；受托方没有同类消费品销售价格的，按照组成计税价格计算纳税；对于从量计征的，按照委托方收回的应税消费品数量计算纳税。

组成计税价格公式如下:

实行从价定率办法的:

$$组成计税价格=（材料成本+加工费）÷（1-比例税率）$$

实行复合计税办法的:

$$组成计税价格=（材料成本+加工费+委托加工收回的数量×定额税率）÷（1-比例税率）$$

（2）委托加工应税消费品应纳消费税计算。

从价定率法下:

$$应纳税额=受托方同类应税消费品的销售价格×自产自用数量×比例税率$$

从量定额法下:

$$应纳税额=委托加工收回应税消费品数量×定额税率$$

复合计税法下:

$$应纳税额=受托方同类应税消费品销售价格×自产自用数量×比例税率+委托加工应税消费品数量×定额税率$$

若受托方无同类应税消费品的销售价格,上述公式中的同类应税消费品销售价格可采用委托加工环节的组成计税价格计算应纳税额。

委托方收回的应税消费品,用于连续生产应税消费品的,所纳税款准予按规定扣除。委托加工的应税消费品收回后直接出售的,不再缴纳消费税。委托方将收回的应税消费品以不高于受托方的计税价格出售的,为直接出售,不再缴纳消费税;委托方以高于受托方计税价格出售的,不属于直接销售,需按照规定缴纳消费税,委托加工环节已纳消费税在计税时准予扣除。

（3）委托加工收回的应税消费品已纳税款的扣除。委托加工的应税消费品在提货环节已由受托方代收代缴消费税,因此为避免重复征税,对于委托方收回后用于连续生产应税消费品的,其委托加工环节已纳税款准予按照当期生产领用数量从最终应税消费品应纳税额中扣除。

1）扣除范围包括:

以委托加工收回的已税烟丝为原料生产的卷烟。

以委托加工收回的已税高档化妆品为原料生产的高档化妆品。

以委托加工收回的已税珠宝玉石生产的贵重首饰及珠宝玉石。

以委托加工收回的已税鞭炮、焰火为原料生产的鞭炮、焰火。

以委托加工收回的已税杆头、杆身和握把为原料生产的高尔夫球杆。

以委托加工收回的已税实木地板为原料生产的实木地板。

以委托加工收回的已税木制一次性筷子为原料生产的木制一次性筷子。

以委托加工收回的已税石脑油为原料生产的应税消费品。

以委托加工收回的已税汽油、柴油、石脑油、燃料油、润滑油为原料生产的应税成品油。

2）扣除方法。当期准予扣除的已纳消费税税款的计算公式为

当期准予扣除的委托加工应税消费品的已纳税款=期初库存的委托加工应税消费品的已纳税款+当期收回的委托加工应税消费品的已纳税款-期末库存的委托加工应税消费品的已纳税款

### 案例 3-5

红岩公司（一般纳税人）是卷烟生产单位，主要利用委托加工收回的烟丝生产销售卷烟。会计核算健全，当期主要业务如下：

（1）期初库存委托加工收回的烟丝 20 000 元，已缴纳消费税 7 000 元。

（2）本期收回前期委托加工的烟丝。该批烟丝的原材料成本 250 000 元，已支付加工费 100 000 元，提货时按组成计税价格计算并支付应缴纳的消费税。收回后全部用于生产卷烟。

（3）本期销售卷烟 50 标准箱，不含税销售额 1 000 000 元（甲类卷烟）。期末无库存烟丝。

计算红岩公司当期应纳消费税税额。

**分析：**

（1）红岩公司委托加工收回的烟丝于提货环节由受托方代收代缴消费税，收回后用于连续生产卷烟的，烟丝已纳税款可扣除。

（2）计算红岩公司本期委托加工烟丝应纳消费税：

组成计税价格 =（250 000+100 000）÷（1-30%）=500 000（元）

委托加工环节应纳消费税 =500 000×30%=150 000（元）

（3）计算当期准予扣除的委托加工环节已纳消费税税额：

准予扣除税款 =7 000+150 000-0=157 000（元）

（4）计算红岩公司当期应纳消费税：

卷烟应纳消费税 =1 000 000×56%+50×150=567 500（元）

实际应纳税额 =567 500-157 000=410 500（元）

#### 4. 进口应税消费品应纳税额的计算

纳税人进口应税消费品，于海关进口时缴纳消费税，进口环节缴纳的消费税由海关核定代征，其数量为海关核定的数量。从价部分，按照组成计税价格计算纳税。组成计税价格的公式为

实行从价计税办法：

$$组成计税价格 =（关税完税价格 + 关税）÷（1-消费税比例税率）$$

实行复合计税办法：

$$组成计税价格 =（关税完税价格 + 关税 + 进口数量 × 消费税定额税率）÷（1-消费税比例税率）$$

公式中的关税完税价格为海关核定的关税计税价格；关税的计算公式为

$$关税 = 关税完税价格 × 关税税率$$

### 案例 3-6

东方进出口贸易公司当期进口一批高档化妆品，海关核定的关税完税价格为 200 000 元，关税税率 20%。计算进口化妆品应纳的消费税。

**分析：**

组成计税价格 =（200 000+200 000×20%）÷（1-15%）=282 352.94（元）

应纳消费税 =282 352.94 元 ×15%=42 352.94（元）

## 二、操作准备

查阅利达公司相关业务及业务合同，明确其应纳消费税业务。

认真分析利达公司业务，明确应税销售额和销售数量。
核对相关票据，对票据的合法性、合规性等进行审核。

### 三、任务要领

对于纳税人自产自用应税消费品的，核对移送使用数量，明确计税价格。将自产的应税消费品用于换取生产和消费资料、投资入股或抵偿债务的，注意取最高销售价格计税。

将外购或委托加工收回的应税消费品用于连续生产应税消费品准予扣除已纳税额的，核对实际生产领用数量，确定准予扣除的消费税税额。

## 任务实施

（1）利达公司生产白酒、葡萄酒和黄酒，适用不同税率，能分开核算，则分别计算各产品的消费税税额。

（2）白酒应纳税额的计算：

利达公司将自产白酒给顾客免费品尝，属于自产自用应税消费品，应缴纳消费税。有同类消费品销售价格，按市场价格和移送数量计算应纳的消费税。

白酒应纳消费税 =（900 000+100×50）×20%+（30×2 000+50×2）×0.5=211 050（元）

（3）葡萄酒应纳税额的计算：

葡萄酒属于"酒"税目下的"其他酒"，适用税率10%。

酒类包装物押金于收到时即并入销售额计算消费税，所以在逾期包装物未归还而没收的押金不再在没收期计税。没收甲公司的押金2 000元仅在会计上将"其他应付款"做结转即可。

自产的葡萄酒给职工发福利，应缴纳消费税。有参考市场价格的，按市场价格作为计税依据计算税款。

葡萄酒应纳消费税 =（1 000 000+30 000）×10%=103 000（元）

（4）黄酒应纳税额计算：

自产黄酒应纳消费税 =10×240=2 400（元）

委托加工收回的黄酒由受托方代收代缴消费税。

委托加工黄酒已纳消费税480元（2×240），由受托方申报纳税。

## 任务评价

| 评价内容 | 评价标准 | 完成情况（0～10分） |
| --- | --- | --- |
| 生产销售应税消费品消费税计算 | 能正确确定生产销售应税消费品的销售额和销售数量，并正确计算应缴纳的消费税 | |
| 自产自用应税消费品消费税计算 | 能正确判断自产自用应税消费品应纳税的情形，并正确选择计税价格 | |
| 委托加工环节消费税计算 | 能正确选择委托加工应税消费品的计税价格，并正确计算应纳消费税 | |
| 进口应税消费品消费税计算 | 能正确计算进口环节应纳的消费税 | |

# 任务三　消费税纳税申报

### 任务情境

利达公司月度终了，需要申报缴纳消费税。

### 任务布置

填写消费税及附加税费纳税申报表。

消费税纳税申报

### 任务准备

#### 一、知识准备

##### 1. 纳税义务发生时间

消费税纳税义务发生的时间，以货款结算方式或行为发生时间分别确定，具体为：

（1）纳税人销售应税消费品的，按不同的销售结算方式分为：

1）采取赊销和分期收款结算方式的，为书面合同约定的收款日期的当天，书面合同没有约定收款日期或者无书面合同的，为发出应税消费品的当天。

2）采取预收货款结算方式的，为发出应税消费品的当天。

3）采取托收承付和委托银行收款方式的，为发出应税消费品并办妥托收手续的当天。

4）采取其他结算方式的，为收讫销售款或者取得索取销售款凭据的当天。

（2）纳税人自产自用应税消费品的，为移送使用的当天。

（3）纳税人委托加工应税消费品的，为纳税人提货的当天。

（4）纳税人进口应税消费品的，为报关进口的当天。

##### 2. 纳税期限

消费税的纳税期限分别为 1 日、3 日、5 日、10 日、15 日、1 个月或者 1 个季度。纳税人的具体纳税期限，由主管税务机关根据纳税人应纳税额的大小分别核定；不能按照固定期限纳税的，可以按次纳税。

纳税人以 1 个月或者 1 个季度为 1 个纳税期的，自期满之日起 15 日内申报纳税；以 1 日、3 日、5 日、10 日或者 15 日为 1 个纳税期的，自期满之日起 5 日内预缴税款，于次月 1 日起至 15 日内申报纳税并结清上月应纳税款。纳税人进口应税消费品的，应当自海关填发海关进口消费税专用缴款书之日起 15 日内缴纳税款。

##### 3. 纳税地点

消费税的纳税地点是指纳税人申报缴纳消费税税款的地点，具体规定如下：

（1）纳税人销售的应税消费品，以及自产自用的应税消费品，除国家另有规定外，应当向纳税人机构所在地或居住地的主管税务机关申报纳税。

（2）委托加工的应税消费品，除受托方为个人外，由受托方向机构所在地或居住地的主管税务机关解缴消费税税款。

（3）进口的应税消费品，由进口人或者其代理人向报关地海关申报纳税。

（4）纳税人到外县（市）销售或委托外县（市）代销自产应税消费品的，于应税消费品销售后，向机构所在地或居住地的主管税务机关缴纳消费税。

（5）纳税人的总机构与分支机构不在同一县（市）的，应在生产应税消费品的分支机构所在地缴纳消费税。但经国家税务总局及所属税务分局批准，纳税人分支机构应纳消费税税款也可由总机构汇总向总机构所在地主管税务机关缴纳。

（6）纳税人销售的应税消费品，如因质量等原因由购买者退回时，经所在地主管税务机关审核批准后，可退还已征收的消费税税款，但不能自行直接抵减应纳税款。

## 二、操作准备

熟悉消费税及附加税费申报表。

整理汇总各应税消费品的销售数量和销售金额。

## 三、任务要领

纳税人自产自用的应税消费品根据其出库单、公司规定等进行纳税申报，不得遗漏。

对有已纳税款准予扣除的情况，要仔细核对相关凭证，如受托方的缴款书、加工收回的已税消费品的领用存资料等，认真填报附表资料。

注意实际业务中应税消费品的计量单位和纳税申报表的计量单位的一致性。如实际业务中卷烟通常用标准箱来计量，而申报表中的计量单位为万只，定额税率为30元/万只。

## 任务实施

（1）登录国家税务总局北京市电子税务局。

（2）单击"我要办税"→"税费申报及缴纳"，如图3-1所示。

图3-1 进入税费申报及缴纳

（3）单击"消费税2021"，进入申报表，如图3-2所示。

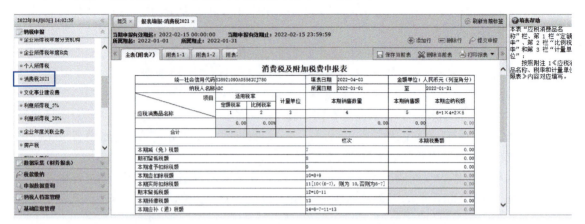

图3-2　选择消费税2021

（4）填写消费税申报表主表（如果有扣除税款等情况，则先选择相应附表填写），可通过下拉菜单选择消费税税目，通过"添加行""删除行"等操作增加税目或删除某填写错误行，审核无误后单击"提交申报"完成申报，如图3-3所示。

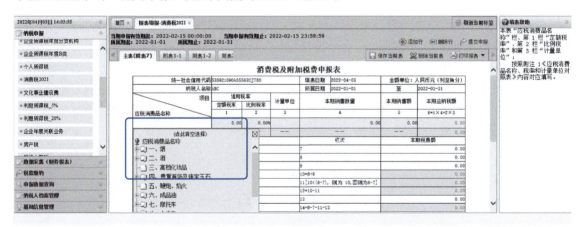

图3-3　填写申报表并提交

## 任务评价

| 评价内容 | 评价标准 | 完成情况（0～10分） |
| --- | --- | --- |
| 消费税及附加税费申报表 | 了解申报表体系，能根据具体经营情况在电子税务局正确选择相应的附表 | |
| 纳税申报 | 能在电子税务局正确填报纳税申报表，完成纳税申报 | |

# 项目四

## 城市维护建设税及教育费附加报税实务

### 知识目标

- 掌握城市维护建设税和教育费附加的纳税人、适用税率等要素的规定。
- 掌握城市维护建设税和教育费附加的应纳税额计算及相关法律规定。

### 技能目标

- 能根据增值税、消费税的纳税申报表填写相应附加税费申报部分。

### 素养目标

- 通过城市维护建设税和教育费附加的学习，进一步理解税收取之于民、用之于民的道理；了解我国教育强国的重要战略，并积极为之努力奋斗。

### 任务情境

共享中心员工对北京利纯制酒厂（简称北京利纯）5月份的城市维护建设税和教育费附加等附加税进行申报。相关信息：北京利纯制酒厂是一家酿酒企业，是一家上市股份公司的分公司，为小规模纳税人，纳税人识别号为91110888888888888P，电话为01069401234。5月计算出企业当期应缴增值税85 000元，应缴消费税32 000元。该酒厂地处某小镇，城市维护建设税适用5%的税率。

### 任务布置

登录国家税务总局北京市电子税务局。

填写增值税及附加税费申报表、消费税及附加税费申报表，审核城市维护建设税和教育费附加部分。

审核无误后进行纳税申报。

### 任务准备

#### 一、知识准备

城市维护建设税（以下简称城建税）和教育费附加属于附加税费。因为城建税和教育费附加的计税依据、纳税义务发生时间以及税收征管等方面的规定基本相同，所以本书将两者放在一起介绍。

#### 1. 城市维护建设税的主要法律规定

城市维护建设税是对在中华人民共和国境内缴纳增值税、消费税（以下简称"两税"）的单位和个人征收的一种税，主要目的是筹集城镇设施建设和维护资金。

（1）纳税人。在中华人民共和国境内缴纳增值税、消费税的单位和个人，为城市维护建设税的纳税人。单位是指各类企业、行政单位、事业单位、军事单位、社会团体及其他单位；个人是指个体工商户和其他个人。一般情况下，只要缴纳了增值税、消费税，往往必须同时缴纳城市维护建设税。

（2）税率。城市维护建设税的税率实行地区差别比例税率，按照纳税人所在地的不同，税率分为7%、5%、1%三个档次。

1）纳税人所在地在市区的，税率为7%。
2）纳税人所在地在县城、镇的，税率为5%。
3）纳税人所在地不在市区、县城或者镇的，税率为1%。

所在地的确定以当地政府的行政区划为准。

#### 2. 城市维护建设税应纳税额的计算

（1）计税依据。城市维护建设税的计税依据是纳税人实际缴纳的增值税、消费税税额之和。

城建税是以"两税"税额为计税依据，这里的"两税"税额指的是"两税"的实缴税额，而非应缴税额，而且不包括加收的滞纳金和罚款，但可以扣除期末留抵退税退还的增值税税额。

对进口货物或者境外单位和个人向境内销售劳务、服务、无形资产缴纳的增值税、消费税税额，不征收城市维护建设税。

城建税是以增值税、消费税税额为计税依据并与"两税"同时征收的，所以如果要免征或者减征"两税"，也要同时免征或者减征城建税。但对因产品出口而退还增值税、消费税的，不退还已缴纳的城建税。

根据国民经济和社会发展的需要，国务院对重大公共基础设施建设、特殊产业和群体以及重大突发事件应对等情形可以规定减征或者免征城市维护建设税，报全国人民代表大会常务委员会备案。

（2）应纳税额的计算。城建税应纳税额的计算公式为

$$应纳税额 = 纳税人实际缴纳的"两税"税额 \times 适用税率$$

#### 3. 教育费附加的主要法律规定

教育费附加和地方教育附加是单位和个人以缴纳的增值税、消费税的税额为计税依据而计算缴纳的一种附加费。教育费附加和地方教育附加以从社会筹集教育经费为目的，其名义上是一种专项资金，但实际上具有税的性质。

（1）交费主体。教育费附加和地方教育附加的交费主体是缴纳增值税、消费税的单位和个人。

（2）征收率。教育费附加的征收率是3%；地方教育附加的征收率是2%。

#### 4. 教育费附加和地方教育附加应缴费额的计算

（1）计费依据。教育费附加和地方教育附加是以单位和个人实际缴纳的"两税"税额为计

费依据。这里的"两税"税额指的是"两税"的实缴税额,而非应缴税额,而且不包括加收的滞纳金和罚款,但可以扣除期末留抵退税退还的增值税税额。

对进口货物或者境外单位和个人向境内销售劳务、服务、无形资产需要缴纳增值税、消费税的,不征收教育费附加和地方教育附加。

教育费附加和地方教育附加是以增值税、消费税税额为计税依据并与"两税"同时征收的,所以如果要免征或者减征"两税",也要同时免征或者减征教育费附加和地方教育附加。但对因产品出口而退还增值税、消费税的,不退还已缴纳的教育费附加和地方教育附加。

(2)应纳费额的计算。教育费附加和地方教育附加的计算公式为

$$应纳附加费 = 实际缴纳的"两税"税额 \times 征收比例$$

 **职业提示**

**从资金投入看"教育这十年"**

教育是国之大计、党之大计。2022年9月27日,教育部召开新闻发布会,介绍党的十八大以来我国教育改革发展成效。十年来,教育普及水平实现历史性跨越,教育公平取得新成效,教育质量实现新提升,教育服务能力显著增强,教育条件保障达到新水平,教师队伍建设迈向新台阶,教育对外开放呈现新格局。

而教育事业取得的历史性成就,离不开全社会的关注与支出,离不开教育投入的不断增加。十年来,国家财政性教育经费累计支出33.5万亿元,年均增值9.4%,高于同期GDP年均名义增幅(8.9%),国家财政性教育经费支出占GDP比例一直保持在4%以上。除此之外,非财政性支出超过1万亿元。我国的财政收入占GDP比例低于世界平均水平,但支撑了世界最大规模的教育体系。这与我国以政府投入为主、多渠道筹集教育经费的体制优势有关。

## 二、操作准备

(1)准备好申报单位的一证通。

(2)准备好申报单位的增值税业务数据、消费税业务数据并完成主表信息的填写。

## 三、任务要领

(1)各地规定有所不同,应按照各地区的实际情况执行。

(2)城市维护建设税和教育费附加的纳税义务发生时间与增值税、消费税的纳税义务发生时间一致,分别与增值税、消费税同时缴纳。但由于城市维护建设税和教育费附加是按照纳税人实际缴纳的"两税"计算出来的,所以应先填写增值税、消费税的当期应缴税额,然后再申报城市维护建设税和教育费附加。

(3)城市维护建设税和教育费附加的纳税期限与"两税"相同,按月或按季申报,不能按月或者按季申报的,按次申报。

(4)自2021年8月1日起,城市维护建设税和教育费附加申报表与增值税和消费税的申报表合并,纳税人在主税申报时自动完成附加税费的申报。

城建税及教育费附加申报

## 延伸阅读

### 主附报表整合，营商环境优化

2021年7月9日，国家税务总局发布了《关于增值税 消费税与附加税费申报表整合有关事项的公告》，规定自2021年8月1日起，全面推行增值税、消费税分别与附加税费申报表整合工作。申报表整合后，附加税费随着主税使用同一张申报表，申报一次完成，不再单独使用各自的申报表申报纳税。

这是贯彻落实中办、国办印发的《关于进一步深化税收征管改革的意见》，深入推进税务领域"放管服"改革，优化营商环境，切实减轻纳税人、缴费人申报负担的一项重要举措，纳税人从中获得了实实在在的好处。

（1）优化了办税流程。附加税费是随增值税、消费税附加征收的，单独申报容易产生与增值税、消费税申报重复操作，数据不一致等问题，整合主税附加税费申报表，按照"一表申报、同征同管"的思路，将附加税费申报信息作为增值税、消费税申报表附列资料（附表），实现了增值税、消费税和附加税费信息共用，提高了申报效率，便利了纳税人的操作。

（2）减轻了办税负担。整合主税附加税费申报表，一方面对原有表单和数据项进行了全面梳理整合，减少了表单数量和数据项；另一方面，新申报表充分利用部门共享数据和其他征管环节数据，实现了已有数据自动预填，大幅减轻了纳税人、缴费人填报负担，降低了申报错误概率。

（3）提高了办税质效。整合主税附加税费申报表，利用信息化手段实现税额自动计算、数据关联比对、申报异常提示等功能，可有效避免漏报、错报，有利于确保申报质量，有利于优惠政策及时落实到位。通过整合各种税费申报表，实现多种税费"一张报表、一次申报、一次缴款、一张凭证"，提高了办税效率。

## 任务实施

### 一、任务流程

（1）北京利纯城市维护建设税和教育费附加的计税（费）依据为实际缴纳的增值税和消费税，即117 000元（85 000+32 000）。

应纳城市维护建设税 =117 000×5%=5 850（元）

应纳教育费附加 =117 000×3%=3 510（元）

应纳地方教育费附加 =117 000×2%=2 340（元）

（2）分别填写增值税纳税申报表和消费税纳税申报表。纳税人填写增值税、消费税相关申报信息后，自动带入附加税费附列资料（附表）；纳税人填写完附加税费其他申报信息后，回到增值税、消费税申报主表，形成纳税人本期应缴纳的增值税、消费税和附加税费数据。

### 二、任务操作（以增值税小规模纳税人为例）

（1）登录国家税务总局北京市电子税务局。

（2）单击"我要办税"→"税费申报及缴纳"如图4-1所示。

图 4-1　进入税费申报及缴纳

（3）单击"增值税及附加税费申报表（小规模纳税人适用）"进入申报表。自动带出纳税人名称、税款所属期、填表日期。自行填写相应栏次销售额本期数，如图 4-2 所示。

图 4-2　增值税申报表填报

（4）如果有差额征税或减免税项目，选填附表一和增值税减免税申报明细表，如图 4-3 所示。

图 4-3　增值税差额及减免税申报

（5）填报附表二——附加税费情况表。

1)"计税（费）依据""本期应纳税（费）额"根据主表"本期应补（退）税额"中数据自动生成。

2)纳税人可根据实际情况选择"减免性质代码"，选择后自动生成"减免税（费）额"。

3)核实数据无误后，单击"保存当前表"，如图4-4所示。

图4-4　附加税费附表申报

（6）回到主表，主表23、24、25栏附加税（费）额根据附表二中"本期应补（退）税（费）额"自动带出，如图4-5所示。

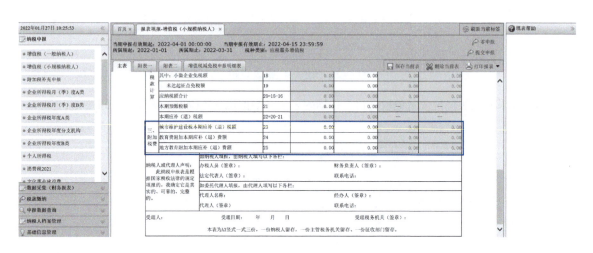

图4-5　主表附加税费部分

（7）所有申报信息填写完毕后，整体审核纳税申报表填写是否正确，审核无误后，单击"提交申报"，完成申报。

## 任务评价

| 评 价 内 容 | 评 价 标 准 | 完成情况（0～10分） |
| --- | --- | --- |
| 纳税人 | 能正确判断城市维护建设税和教育费附加的纳税人 | |
| 税（征收）率 | 能根据具体情况正确判断城市维护建设税税率，明确教育费附加征收率 | |
| 计税依据及应纳税额计算 | 能正确计算两项附加税费的计税依据，正确计算应纳税额 | |
| 平台操作 | 能在电子税务局完成城市维护建设税和教育费附加的纳税申报 | |

# 项目五

## 企业所得税报税实务

### 知识目标

- 掌握企业所得税纳税人、征税对象、税率等要素的规定。
- 掌握企业所得税收入总额的确定，明确不征税收入和免税收入的内容。
- 掌握企业所得税扣除项目的原则、准予扣除项目和不得扣除项目的相关规定。
- 熟悉企业所得税资产业务的税务处理。
- 掌握企业所得税中各种税收优惠政策的规定。
- 掌握企业所得税计税依据的计算方法。

### 技能目标

- 能根据具体情况界定纳税人身份，选择适用税率。
- 能根据具体业务资料进行税会差异分析及纳税调整。
- 能根据具体情况分析纳税人能享受的税收优惠并进行正确填报。
- 能对纳税人发生的亏损进行正确弥补并填报。
- 能根据税款征收方式进行企业所得税的月（季）度应纳税额计算及月（季）度预缴的纳税申报。
- 能进行企业所得税的年度汇算清缴的纳税申报。

### 素养目标

- 企业所得税在我国税收体系中地位重要，综合性强，其收入和扣除项目的确认与会计有许多差异，税收优惠多，计算复杂。学生在今后的学习、工作中应弘扬一丝不苟、精益求精的工匠精神；从税收优惠认识到国家在科技创新、智能制造、小微帮扶等方面的扶持，提升民族自信心；从公益捐赠中理解奉献的意义，树立社会责任意识和家国情怀。

## 任务一　企业所得税认知

### 任务情境

（1）在美国设立的甲公司，实际管理机构设在美国，且未在我国境内设立机构、场所，甲公司也没有来源于我国境内的所得。

（2）在美国设立的乙公司，实际管理机构设在我国北京。

（3）在美国设立的丙公司，实际管理机构设在美国，在我国境内未设立机构、场所，但有一笔来源于我国境内的所得（丙公司将一项专利的使用权转让给了境内的A公司）。

### 任务布置

判断上述甲、乙、丙公司是否为企业所得税纳税人。

判断上述甲、乙、丙公司为企业所得税纳税人哪种类型。

判断上述甲、乙、丙公司企业所得税的征税范围。

### 任务准备

#### 一、知识准备

**1. 纳税义务人**

在中华人民共和国境内，企业和其他取得收入的组织（以下统称为企业）为企业所得税的纳税义务人（纳税人）。企业所得税的纳税人包括各类企业、事业单位、社会团体、民办非企业单位和从事经营活动的其他组织。个人独资企业、合伙企业不属于企业所得税纳税义务人。

企业所得税采取收入来源地管辖权和居民管辖权相结合的双管辖权，根据注册地和实际管理经营机构两个标准把企业分为居民企业和非居民企业，分别确定不同纳税义务。

（1）居民企业是指依法在中国境内成立，或者依照外国（地区）法律成立但实际管理机构在中国境内的企业。

居民企业负有无限纳税义务，应当就其来源于中国境内、境外的所得缴纳企业所得税。

（2）非居民企业是指依照外国（地区）法律成立且实际管理机构不在中国境内，但在中国境内设立机构、场所的，或者在中国境内未设立机构、场所，但有来源于中国境内所得的企业。

非居民企业负有有限纳税义务，具体有以下两种情况：

1）非居民企业在中国境内设立机构、场所的，应当就其所设机构、场所取得的来源于中国境内的所得，以及发生在中国境外但与其所设机构、场所有实际联系的所得，缴纳企业所得税。

2）非居民企业在中国境内未设立机构、场所的，或者虽设立机构、场所但取得的所得与其所设机构、场所没有实际联系的，应当就其来源于中国境内的所得缴纳企业所得税。

居民企业和非居民企业的判断标准与纳税义务见表5-1。

表5-1 居民企业和非居民企业的判断标准与纳税义务

| 纳税人 | 判断标准 | 纳税义务 |
| --- | --- | --- |
| 居民企业 | （1）依照中国法律、法规在中国境内成立<br>（2）依照外国（地区）法律成立，但实际管理机构在中国境内 | 就来源于中国境内、境外的全部所得在中国纳税 |
| 非居民企业 | 依照外国（地位）法律成立且实际管理机构不在中国境内，但在中国境内设立机构、场所的 | 就其所设机构、场所取得的来源于中国境内所得或虽来源于境外但与所设机构、场所有实际联系的所得征税，适用税率25% |
| | 依照外国（地区）法律成立且实际管理机构不在中国境内，在中国境内未设立机构、场所但有来源于中国境内所得 | 仅就来源于中国境内所得征税；税率20%，减按10%征税 |

#### 2. 征税对象

企业所得税的征税对象即企业取得的生产经营所得、其他所得和清算所得。

其中居民企业应就来源于中国境内、境外所得作为征税对象，包括：销售货物所得，提供劳务所得，财产转让所得，股息、红利等权益性投资所得，利息所得，租金所得，特许权使用费所得，接受捐赠所得和其他所得。

#### 3. 所得来源地确定

《中华人民共和国企业所得税法》（以下简称《企业所得税法》）对所得来源地的确认原则规定如下：

（1）销售货物所得，为交易活动发生地。

（2）提供劳务所得，为劳务发生地。

（3）不动产转让所得，为不动产所在地；动产转让所得，为转让动产的企业或机构、场所所在地；权益性投资资产转让所得，为被投资企业所在地。

（4）股息、红利等权益性投资所得，为分配所得的企业所在地。

（5）利息、租金、特许权使用费所得，为负担、支付所得的企业或机构、场所所在地，或负担、支付所得的个人住所地。

（6）其他所得，由国务院财政、税务主管部门确定。

#### 4. 税率选择

我国现行企业所得税实行比例税率，具体有四档，其中第三和第四为优惠税率。

（1）基本税率25%。适用于居民企业和在中国境内设立机构、场所且其所得与机构、场所有关联的非居民企业。

（2）低税率20%，实际适用10%。适用于在中国境内未设立机构、场所，或虽设立机构、场所但其所得与其机构、场所没有实际联系的非居民企业。

（3）符合条件的小型微利企业，适用税率为20%。

（4）国家需要重点扶持的高新技术企业、技术先进型服务企业，适用税率为15%。

## 二、操作准备

对甲、乙、丙公司有关基础信息的资料、相关业务进行仔细审核，判断其纳税人身份、征税对象及纳税义务。

## 三、任务要领

居民企业就境内境外全部所得在中国缴纳企业所得税。

非居民企业仅就来源于中国境内所得缴纳企业所得税。

# 任务实施

### 1. 纳税人身份判定

甲公司的登记注册地在美国，实际管理机构所在地也在美国，并且没有在我国境内设立机构、场所，也没有来源于我国境内的所得，所以甲公司不属于企业所得税的纳税人。

乙公司在美国设立，登记注册地在美国，但是实际管理机构设在北京。根据居民企业的判定标准，乙公司属于居民企业。

丙公司在美国设立，实际管理机构设在美国，在我国境内未设立机构、场所，但有一笔来源于我国境内的所得，将一项专利的使用权转让给了我国境内的 A 公司，因此丙公司属于非居民企业。

### 2. 征税范围判定

乙公司和丙公司属于企业所得税的纳税人，因此要缴纳企业所得税。乙公司属于居民企业，要就来源于中国境内和境外的全部所得缴纳企业所得税。丙公司属于非居民企业，应当就其来源于中国境内的所得缴纳企业所得税。

# 任务评价

| 评价内容 | 评价标准 | 完成情况（0～10 分） |
| --- | --- | --- |
| 纳税人 | 能准确进行纳税人身份认定 | |
| 征税对象 | 能准确判断征税对象 | |
| 税率 | 能根据纳税人实际情况选择适用税率 | |

# 任务二 企业所得税应纳税所得额的计算

## 任务情境

北京成康电子商贸有限公司（以下简称成康公司）是一家从事电子设备的批发与零售企业，

主要销售服务器设备。成康公司将财务核算外包给北京紫林财税共享服务中心，每月末将本月业务相关票据交给共享中心，由共享中心对该外包业务进行财务核算及企业所得税纳税申报。共享中心员工为完成成康公司的企业所得税纳税申报任务，整理了成康公司的相关资料，进行企业所得税应纳税所得额的计算。

（1）成康公司2022年利润表见表5-2。

表 5-2 利润表 （单位：元）

| 项　目 | 本　期　金　额 | 本年累计金额 |
| --- | --- | --- |
| 一、营业收入 | 21 000 000.00 | 153 500 000.00 |
| 减：营业成本 | 15 250 000.00 | 121 886 250.00 |
| 　　税金及附加 | 129 160.29 | 310 522.03 |
| 　　销售费用 | 642 866.05 | 6 193 134.29 |
| 　　管理费用 | 1 236 098.52 | 15 267 577.68 |
| 　　研发费用 | | |
| 　　财务费用 | 125 000.00 | 500 000.00 |
| 　　　其中：利息费用 | 125 000.00 | 500 000.00 |
| 　　　　　　利息收入 | | |
| 加：其他收益 | | |
| 　　投资收益（损失以"-"号填列） | 1 750 000.00 | 1 794 116.59 |
| 　　其中：对联营企业和合营企业的投资收益 | | |
| 　　公允价值变动收益（损失以"-"号填列） | | |
| 　　资产减值损失（损失以"-"号填列） | -4 444 310.00 | -4 444 310.00 |
| 　　资产处置收益（损失以"-"号填列） | | |
| 二、营业利润（亏损以"-"号填列） | 922 565.14 | 6 692 322.59 |
| 加：营业外收入 | 125 200.00 | 125 200.00 |
| 减：营业外支出 | 200.00 | 200.00 |
| 三、利润总额（亏损以"-"号填列） | 1 047 565.14 | 6 817 322.59 |
| 减：所得税费用 | 261 891.29 | 1 704 330.65 |
| 四、净利润（净亏损以"-"号填列） | 785 673.85 | 5 112 991.94 |
| （一）持续经营净利润（净亏损以"-"号填列） | 785 673.85 | 5 112 991.94 |
| （二）终止经营净利润（净亏损以"-"号填列） | | |
| 五、其他综合收益的税后净额 | | |
| （一）以后不能重分类进损益的其他综合收益 | | |
| 　　1. 重新计量设定收益计划净负债或净资产的变动 | | |
| 　　2. 权益法下在被投资单位不能重分类进损益的其他综合收益中享有的份额 | | |
| （二）以后将重分类进损益的其他综合收益 | | |
| 　　1. 权益法下在被投资单位以后将重分类进损益的其他综合收益中享有的份额 | | |

（续）

| 项　　　目 | 本 期 金 额 | 本年累计金额 |
|---|---|---|
| 2. 可供出售金融资产公允价值变动损益 | | |
| 3. 将有至到期投资重分类可供出售金融资产损益 | | |
| 4. 现金流经套期损益的有效部分 | | |
| 5. 外币财务报表折算差额 | | |
| 六、综合收益总额 | 785 673.85 | 5 112 991.94 |
| 七、每股收益： | | |
| （一）基本每股收益 | | |
| （二）稀释每股收益 | | |

（2）成康公司 2022 年 1～11 月份科目余额表（部分）见表 5-3。

表 5-3　成康公司 2022 年 1～11 月份科目余额表（部分）

| 科目编码 | 科目名称 | 本年借方累计金额（元） | 本年贷方累计金额（元） |
|---|---|---|---|
| 660104 | 业务招待费 | 695 000.00 | 695 000.00 |
| 660105 | 广告费和业务宣传费 | 54 716.98 | 54 716.98 |

（3）职工薪酬信息。

职工工资由基本工资、岗位津贴、绩效奖金三项构成。由单位承担并缴纳的养老保险、医疗保险、失业保险、工伤保险、生育保险、住房公积金分别按上年度缴费职工月平均工资的 16%、10%、0.8%、0.3%、0.8%、12% 计算；由职工个人承担的养老保险、医疗保险、失业保险、住房公积金分别按本人上年月平均工资总额的 8%、2%、0.2%、12% 计算，职工薪酬通过智能工资进行核算处理。成康公司 2022 年 1～12 月每月应发工资及单位承担并缴纳的社会保险一致。工资薪金支出符合标准，五险一金按照国家规定进行缴纳。

12 月 31 日，计提 12 月员工工资、社会保险费及住房公积金，见表 5-4。

表 5-4　计提 12 月员工工资、社会保险费及住房公积金　　（单位：元）

| 部　门 | 应发工资 | 公司承担社保 | | | | 公司承担公积金 |
|---|---|---|---|---|---|---|
| | | 养老 16% | 医疗 10%+0.8% | 失业 0.8% | 工伤 0.3% | 公积金 12% |
| 总经办（5人） | 150 000 | 24 000 | 16 200 | 1 200 | 450 | 18 000 |
| 行政部（10人） | 150 000 | 24 000 | 16 200 | 1 200 | 450 | 18 000 |
| 销售部（20人） | 300 000 | 48 000 | 32 400 | 2 400 | 900 | 36 000 |
| 投资管理部（6人） | 150 000 | 24 000 | 16 200 | 1 200 | 450 | 18 000 |
| 采购部（8人） | 50 000 | 8 000 | 5 400 | 400 | 150 | 6 000 |
| 后勤部（8人） | 60 000 | 9 600 | 6 480 | 480 | 180 | 7 200 |
| 仓管部（15人） | 50 000 | 8 000 | 5 400 | 400 | 150 | 6 000 |
| 财务部（5人） | 120 000 | 19 200 | 12 960 | 960 | 360 | 14 400 |
| 合计 | 1 030 000 | 164 800 | 111 240 | 8 240 | 3 090 | 123 600 |
| 审核人：王威 | | | | | 制表人：李煜 | |

（4）期间费用信息。

1）12月8日，销售部报销招待客户餐费850元。

2）12月25日，销售部提交增值税普通发票，申请支付业务招待费用100 000元，出纳以银行转账支付。

3）12月31日，支付平面媒体广告费150 000元，取得增值税专用发票注明金额141 509.43元，增值税税额8 490.57元。

（5）营业外支出。12月16日，因财务人员延迟纳税，支付税务罚款200元。

（6）资产置换信息。

12月31日，公司董事会决定，和上海明宇科技公司签订一项资产置换合同，公司以持有的联营企业25%的股权作为对价，另以银行存款支付补价1 500 000元换取上海明宇科技公司生产的服务器LF001设备20台，该设备总价款10 000 000元。该联营企业25%的股权取得成本为5 000 000元，取得该股权时该联营企业可辨认净资产公允价值为15 000 000元。公司自取得该股权后至置换设备期间，该联营企业累计实现净利润8 000 000元，共分配现金股利1 000 000元。不考虑相关税费及其他因素。

（7）股权转让信息。

12月31日，公司董事会决定购买北京中路资产管理有限公司25%股权，支付3 000 000元。购买当日北京中路资产管理有限公司可辨认净资产公允价值为12 500 000元。

12月份其他经营业务见项目二中任务一和任务二的任务情境。

## 任务布置

确定成康公司的应税收入。

计算成康公司税前准予扣除项目金额。

进行收入类项目、扣除类项目的纳税调整。

计算成康公司年度应纳税所得额。

## 任务准备

### 一、知识准备

应纳税所得额是企业每一个纳税年度的收入总额，减除不征税收入、免税收入、各项扣除以及允许弥补的以前年度亏损后的余额。计算方法主要有直接计算法和间接计算法。

应纳税所得额的计算方法

直接计算法的应纳税所得额计算公式：

$$应纳税所得额 = 收入总额 - 不征税收入 - 免税收入 - 各项扣除金额 - 允许弥补的以前年度亏损$$

间接计算法的应纳税所得额计算公式：

$$应纳税所得额 = 会计利润总额 \pm 纳税调整项目金额$$

1. 收入总额

企业以货币形式和非货币形式从各种来源取得的收入，为收入总额。

货币形式的收入包括现金、存款、应收账款、应收票据、准备持有至到期的债券投资、债务的豁免等。

非货币形式的收入包括固定资产、生物资产、无形资产、股权投资、存货、不准备持有至到期的债券投资、劳务以及有关权益等。企业以非货币形式取得的收入，应当按照公允价值确定收入额，即按照市场价格确定价值。

（1）一般收入的确认。

1) 销售货物收入，使企业销售商品、产品、原材料、包装物、低值易耗品以及其他存货取得的收入。

2) 提供劳务收入。

3) 转让财产收入，是指企业转让固定资产、生物资产、无形资产、股权、债权等财产取得的收入。其中转让股权收入，与转让协议生效且完成股权变更手续时确认收入的实现。

4) 股息、红利等权益性投资收益。除国务院财政、税务主管部门另有规定外，按照被投资方做出利润分配决定的日期确认收入的实现。

5) 利息收入，按照合同约定的债务人应付利息的日期确认收入的实现。

6) 租金收入，按照合同约定的承租人应付租金的日期确认收入的实现，如果租赁期跨年度且租金提前一次性支付的，可根据收入与费用配比原则，在租赁期内，分期均匀将租金收入计入相关年度。

7) 特许权使用费收入，按照实际收到捐赠资产的日期确认收入的实现。

8) 接受捐赠收入，按照实际收到捐赠资产的日期确认收入的实现。

9) 其他收入，包括企业资产溢余收入、预期未退包装物押金收入、确实无法偿付的应付款项、已作坏账损失处理后又收回的应收款项、债务重组收入、补贴收入、违约金收入、汇兑收益等。

（2）特殊收入的确认。

1) 分期收款方式销售货物，按照合同约定的收款日期确认收入的实现。

2) 售后回购方式销售商品，一般销售的商品按售价确认收入，回购的商品作为购进商品处理。

3) 以旧换新销售商品，销售的商品应当按照销售商品收入确认条件确认收入，回收的商品作为购进商品处理。

4) 商业折扣条件销售，企业为促进商品销售而在商品价格上给予的价格扣除属于商业折扣，按照扣除商业折扣后的金额确认销售商品收入金额。

5) 现金折扣条件销售，为鼓励债务人在规定的期限内付款，而向债务人提供的债务扣除属于现金折扣，按照扣除现金折扣前的金额确认销售商品收入金额。

6) 折让方式销售，企业因售出商品的质量问题而在价格上给予的减让或销售退回，应当在发生当期冲减当期的销售收入金额。

7) 买一赠一方式组合销售的，应将总销售金额按各项商品的公允价值的比例来分摊确认各项的销售收入。

8) 持续时间超过12个月的劳务，按照纳税年度内完工进度或完成的工作量确认收入的实现。

9) 非货币性资产交换及货物、财产、劳务流出企业，除国务院财政、税务主管部门另有规定外,应视同销售货物、转让财产、提供劳务。

(3)资产处置收入的确认。企业发生下列情形的处置资产,除将资产转移至境外以外,由于资产所有权属在形式和实质上均未发生改变,可作为内部处置财产,不视同销售确认收入,相关资产的计税基础延续计算,包括:将资产用于生产、制造、加工另一产品;改变资产形状、结构或性能;改变资产用途;将资产在总机构及其分支机构之间转移;上述两种或两种以上情形的混合;其他不改变资产所有权属的用途。

企业将资产移送他人的下列情形,因资产所有权属已发生改变,不属于内部处置资产,应按规定视同销售确定收入,包括:用于市场推广或销售;用于交际应酬;用于职工奖励或福利;用于股息分配;用于对外捐赠;其他改变资产所有权属的用途。

### 2. 不征税收入

(1)财政拨款。财政拨款是指各级人民政府对纳入预算管理的事业单位、社会团体等组织拨付的财政资金,但国务院和国务院财政、税务主管部门另有规定的除外。

(2)依法收取并纳入财政管理的行政事业性收费、政府性基金。

(3)国务院规定的其他不征税收入,是指企业取得的、由国务院财政、税务主管部门规定专项用途并经国务院批准的财政性资金。

### 3. 免税收入

(1)国债利息收入。

(2)符合条件的居民企业之间的股息、红利等权益性投资收益。

(3)在中国境内设立机构、场所的非居民企业从居民企业取得与该机构、场所有实际联系的股息、红利等权益性投资收益。

(4)符合条件的非营利组织的收入(非营利组织的非营利收入)。

符合条件的非营利组织下列收入为免税收入:

1)接受其他单位或者个人捐赠的收入。

2)除《中华人民共和国企业所得税法》第七条规定的财政拨款以外的其他政府补助收入,但不包括因政府购买服务取得的收入。

3)按照省级以上民政、财政部门规定收取的会费。

4)不征税收入和免税收入孳生的银行存款利息收入。

5)财政部、国家税务总局规定的其他收入。

### 4. 税前扣除项目的原则和范围

(1)税前扣除项目的原则。税前扣除一般应遵循以下原则:

1)权责发生制原则,是指企业费用应在发生的所属期扣除,而不是在实际支付时确认扣除。

2)相关性原则,是指企业可扣除的费用从性质和根源上必须与取得应税收入直接相关。

3)确定性原则,是指企业可扣除的费用不论何时支付,其金额必须是确定的。

4)配比原则,是指企业发生的费用应当与收入配比扣除。除特殊规定外,企业发生的费用不得提前或滞后申报扣除。

5)合理性原则,是指符合生产经营活动常规,应当计入当期损益或者有关资产成本的必要和正常的支出。

### 案例 5-1

华勤会计师事务所对鸿坤公司进行企业所得税年度汇算清缴工作中发现以下事项：

① 将上一年度少计提的固定资产折旧 12 万元进行补提，并计入当期损益。

② 本期计提了应收账款坏账准备 20 万元。

③ 有一张建筑公司开具的装修发票，注明金额 32 万元，经查明是总经理家庭住房的装修费用。

分析以上事项是否符合企业所得税扣除原则。

**分析：**

① 将上一年度的折旧费用计入本年度损益，不符合配比原则。

② 计提坏账准备不符合确定性原则。

③ 总经理家庭住房的装修费用不得计入公司损益，不符合相关性原则。

所以，上述款项均不得在计算应纳税所得额时扣除。

（2）扣除项目的范围。企业实际发生的与取得收入有关的、合理的支出，包括成本、费用、税金、损失和其他支出，准予在计算应纳税所得额时扣除。

1) 成本是指企业销售商品（产品、材料、下脚料、废料、废旧物资等）、提供劳务、转让固定资产、无形资产（包括技术转让）的成本。

2) 费用是指企业每一个纳税年度在生产、经营商品及提供劳务等过程中发生的销售费用、管理费用和财务费用，已计入成本的有关费用除外。

3) 税金是指企业发生的除企业所得税和允许抵扣的增值税以外的各项税金及附加。

4) 损失是指企业在生产、经营过程中发生的固定资产和存货的盘亏、毁损、报废损失，转让财产损失、呆账损失、坏账损失、自然灾害等不可抗力因素造成的损失以及其他损失。

5) 其他支出是指除成本、费用、税金、损失外，企业经营活动中发生的与生产经营活动有关的、合理的支出，以及符合国务院财政、税务主管部门规定的其他支出。

5. 扣除项目及其标准

（1）工资、薪金支出。企业发生的合理的工资、薪金支出准予据实扣除。

工资、薪金支出是企业每一纳税年度支付给本企业任职或与其有雇佣关系的员工的所有现金或非现金形式的劳动报酬，包括基本工资、奖金、津贴、补贴、年终加薪、加班工资，以及与任职或者受雇有关的其他支出。

合理的工资、薪金是指企业按照股东大会、董事会、薪酬委员会或相关管理机构制定的工资、薪金制度规定，实际发放给员工的工资、薪金。

（2）职工福利费、工会经费、职工教育经费。

企业发生的职工福利费支出，不超过工资薪金总额 14% 的部分，准予扣除。

企业拨缴的工会经费支出，不超过工资薪金总额 2% 的部分，凭工会组织开具的"工会经费收入专用收据"在企业所得税税前扣除。

企业发生的职工教育经费支出，自 2018 年 1 月 1 日起不超过工资薪金总额 8% 的部分，准予在计算企业所得税应纳税所得额时扣除；超过部分，准予在以后纳税年度结转扣除。软件生产企业发生的职工培训费用、核电发电企业操纵员的培训费用，可以全额在企业所得税税前扣除。纳税人应准确划分全额扣除的培训培养费用和限额扣除的教育经费支出。

### 案例 5-2

鸿坤公司连续两年计入损益的工资薪金、职工福利费和职工教育经费情况见表 5-5。

表 5-5 连续两年计入损益的工资薪金、职工福利费和职工教育经费情况

| 年　度 | 工资总额（万元） | 职工福利费（万元） | 职工教育经费（万元） |
| --- | --- | --- | --- |
| 上一年度 | 1 000 | 150 | 100 |
| 本年度 | 1 000 | 100 | 70 |

假设上述工资薪金、职工福利费和职工教育经费均符合税法规定的条件，分析鸿坤公司两年的职工薪酬税前扣除情况。

分析：

上一年度工资无税法与会计差异，无须纳税调整。

职工福利费限额 =1 000×14%=140 万元，实际发生的福利费为 150 万元，当年允许税前扣除 140 万元，超过限额的 10 万元职工福利费支出当年不得税前扣除，以后年度也不得扣除，当年度纳税调增 10 万元。

职工教育经费限额 =1 000×8%=80 万元，实际发生的职工教育经费 100 万元，当年允许税前扣除 80 万元，超过限额的 20 万元职工教育经费允许结转以后年度扣除，当年度纳税调增 20 万元。

本年度工资无差异，无须纳税调整。

职工福利费实际发生数未超过限额，按 100 万元税前扣除，无须纳税调整。

职工教育经费限额 80 万元，实际发生数与以前年度结转额合计 =70+20=90 万元，按限额 80 万元税前扣除，税法与会计差异 10 万元，纳税调减。未扣除的职工教育经费 10 万元，结转以后年度扣除。

（3）社会保险费。

1）按照政府规定的范围和标准缴纳的基本养老保险费、基本医疗保险费、失业保险费、工伤保险费、生育保险费等基本社会保险费和住房公积金，准予扣除。

2）企业为投资者或者职工支付的补充养老保险费、补充医疗保险费，在国务院财政、税务主管部门规定的范围和标准内，准予扣除。

3）企业依照国家有关规定为特殊工种职工支付的人身安全保险费和符合国务院财政、税务主管部门规定可以扣除的商业保险费准予扣除。

4）企业参加财产保险，按照规定缴纳的保险费，准予扣除。企业为投资者或者职工支付的商业保险费，不得扣除。

（4）利息费用。企业在生产、经营活动中发生的合理的不需要资本化的借款费用，准予扣除。具体规定如下：

非金融企业向金融企业借款的利息支出、金融企业的各项存款利息支出和同业拆借利息支

出、企业经批准发行债券的利息支出，可据实扣除。

非金融企业向非金融企业借款的利息支出，不超过按照金融企业同期同类贷款利率计算的数额的部分可据实扣除，超过部分不许扣除。

企业从其关联方接受的债权性投资与权益性投资的比例超过规定标准而发生的利息支出，不得在计算应纳税所得额时扣除。

（5）借款费用。企业在生产经营活动中发生的合理的不需要资本化的借款费用，准予扣除。

企业为购置、建造固定资产、无形资产和经过 12 个月以上的建造才能达到预定可销售状态的存货发生借款的，在有关资产购置、建造期间发生的合理的借款费用，应当作为资本性支出计入有关资产的成本，并依照税法的规定扣除；有关资产交付使用后发生的借款利息，可在发生当期扣除。

企业通过发行债券、取得贷款、吸收保户储金等方式融资而发生的合理的费用支出，符合资本化条件的，应计入相关资产成本；不符合资本化条件的，应作为财务费用，准予在计算企业所得税前据实扣除。

（6）汇兑损失。汇率折算形成的汇兑损失，除已经计入有关资产成本以及与向所有者进行利润分配相关的部分外，准予扣除。

（7）业务招待费。企业发生的与生产经营活动有关的业务招待费支出，按照实际发生额的 60% 扣除，但最高不得超过当年销售（营业）收入的 5‰。当年销售（营业）收入包括主营业务收入、其他业务收入、视同销售收入。

（8）广告费和业务宣传费。企业每一纳税年度发生的符合条件的广告费和业务宣传费，除国务院财政、税务主管部门另有规定外，不超过当年销售（营业）收入 15% 的部分，准予扣除；超过部分，准予在以后纳税年度结转扣除。

自 2021 年 1 月 1 日起至 2025 年 12 月 31 日止，对化妆品制造或销售、医药制造和饮料制造（不含酒类制造）企业发生的广告费和业务宣传费支出，不超过当年销售（营业）收入 30% 的部分，准予扣除；超过部分，准予在以后纳税年度结转扣除。

烟草企业的烟草广告费和业务宣传费支出，一律不得在计算应纳税所得额时扣除。

企业申报的广告费支出，必须符合以下条件：

1）广告是通过工商部门批准的专门机构制作的。
2）已实际支付费用，并已取得相应发票。
3）通过一定的媒体传播。

## 案例 5-3

鸿坤公司当年营业收入 5 000 万元，计入损益的业务招待费总额 50 万元，发生的符合条件的广告费和业务宣传费合计 400 万元，另外上一年度结转广告费 100 万元。分析鸿坤公司可税前扣除的业务招待费、广告费和业务宣传费金额。

**分析：**

业务招待费限额 =5 000×5‰=25 万元，实际发生额的 60% 为 30 万元，二者取小值，即税法允许扣除金额 25 万元，则税法与会计差异 25 万元，纳税调增。

广告费和业务宣传费限额 =5 000×15%=750 万元，实际发生金额和上一年度结转合计金额 500 万元未超过限额，则税法允许税前扣除额 500 万元，税法与会计差异 100 万元，纳税调减。

（9）公益性捐赠支出。公益性捐赠是指企业通过公益性社会团体或者县级（含）以上人民政府及其部门，用于《中华人民共和国公益事业捐赠法》规定的公益事业的捐赠。

企业实际发生的公益性捐赠支出，在年度利润总额12%以内的部分，准予在计算应纳税所得额时扣除。2017年1月1日起，超过年度利润总额12%的部分，准予以后三年内在计算应纳税所得额时结转扣除。

这里的年度利润总额，是指企业按照国家统一会计制度的规定计算的年度会计利润。

所称的用于公益事业的捐赠支出，是指《中华人民共和国公益事业捐赠法》规定的向公益事业的捐赠支出，具体范围包括：救助灾害、救济贫困、扶助残疾人等困难的社会群体和个人的活动；教育、科学、文化、卫生、体育事业；环境保护、社会公共设施建设；促进社会发展和进步的其他社会公共和福利事业。

所称的公益性社会团体，是指符合国务院财政、税务主管部门、民政部门等登记管理部门规定的条件的基金会、慈善组织等社会团体及公益性群众团体，由财政、税务、民政部门联合确定名单，每年公布。

自2019年1月1日至2022年12月31日，企业通过公益性社会组织或者县级（含县级）以上人民政府及其组成部门和直属机构，用于目标脱贫地区的扶贫捐赠支出，准予在计算企业所得税应纳税所得额时据实扣除。在政策执行期限内，目标脱贫地区实现脱贫的，可继续适用上述政策。

### 案例 5-4

鸿坤公司当年利润总额800万元，当年计入"营业外支出"的捐赠支出共计120万元，其中直接向养老院捐赠20万元，符合条件的公益性捐赠支出100万元；另外上一年度结转的未税前扣除的捐赠支出10万元。

**分析：**

直接向养老院捐赠不得税前扣除，纳税调增20万元。

当年公益性捐赠限额=800×12%=96万元，当年限额扣除的捐赠支出与上一年度结转过来的捐赠支出合计110万元，超过限额，故按限额96万元税前扣除。

先扣除上一年度结转过来的公益捐赠10万元（纳税调减），本年度扣除捐赠86万元。

本年度有14万元的公益性捐赠结转以后年度税前扣除，纳税调增。

捐赠支出纳税调整合计：纳税调增34万元，纳税调减10万元。

**职业提示**

#### 捐赠支出的无关与相关

按照企业所得税扣除项目原则，捐赠支出不属于为取得收入而发生的费用，不具备相关性原则，不得税前扣除。但"一方有难，八方支援"是中华民族的优秀传承，为弘扬这种美德，《企业所得税法》规定了公益性捐赠支出可以税前限额扣除，超限额部分，准予以后三年内结转扣除。用税收政策助力公益事业，推动企业主动投身社会公益，开展慈善捐赠、救灾济困，承担社会责任，奉献爱心力量。而这种无私奉献，也会得到社会良性反馈，为企业带来良好的声誉乃至经济收益。

（10）环境保护专项资金。企业依照法律、行政法规有关规定提取的用于环境保护、生态恢复等方面的专项资金准予扣除；上述专项资金提取后改变用途的，不得扣除。

（11）租赁费。租入固定资产支付的租赁费，按照以下方法扣除：

1）属于经营性租赁发生的租入固定资产租赁费，根据租赁期限均匀扣除。

2）属于融资性租赁发生的租入固定资产租赁费，构成融资租入固定资产价值的部分应当提取折旧费用，分期扣除，而不能直接扣除。

（12）劳动保护费。企业发生的合理劳动保护支出，准予扣除。

（13）有关资产的费用。企业转让各类固定资产发生的费用允许扣除；企业按规定计算的固定资产折旧费、无形资产和递延资产的摊销费准予扣除。

（14）总机构分摊的费用。非居民企业在中国境内设立的机构、场所，就其中国境外总机构发生的与该机构、场所生产经营有关的费用，能够提供总机构出具的费用汇集范围、定额、分配依据和方法等证明文件，并合理分摊的，准予扣除。

（15）资产损失。企业当期发生的固定资产和流动资产盘亏、毁损净损失，由其提供清查盘存资料并经主管税务机关审核后，准予扣除。

企业因资产盘亏、毁损、报废等原因不得从销项税额中抵扣的进项税额，应视同企业资产损失，准予与资产损失一起在计算所得税前按规定扣除。

（16）其他项目。如会员费、合理的会议费、差旅费、违约金、诉讼费用等，准予扣除。

### 6. 不得扣除项目

计算应纳税所得额时不得扣除的项目：

（1）向投资者支付的股息、红利等权益性投资收益款项。

（2）企业所得税税款。

（3）税收滞纳金。

（4）罚金、罚款和被没收财物的损失。

（5）不符合税法规定的捐赠支出（含非公益性捐赠、超过规定标准的公益性捐赠）。

（6）赞助支出（指企业发生的与生产经营活动无关的各种非广告性质的赞助支出）。

（7）未经核定的准备金支出（指不符合国务院财政、税务主管部门规定的各项资产减值准备、风险准备等准备金）。

（8）企业之间支付的管理费、企业内营业机构之间支付的租金和特许权使用费，以及非银行企业内营业机构之间支付的利息。

（9）与取得收入无关的其他支出。

### 7. 亏损弥补

这里所指的亏损是指企业依照《企业所得税法》及其实施条例规定，将每一纳税年度的收入总额减去不征税收入、免税收入和各项扣除后小于零的数额。

企业某一纳税年度发生的亏损，可以用下一年度的所得弥补，下一年度的所得不足以弥补的，可以逐年延续弥补，但结转年限最长不得超过5年。

自2018年1月1日起，当年具备高新技术企业或科技型中小企业资格的企业，其具备资格年度之前的5个年度发生的尚未弥补完的亏损，准予结转以后年度弥补，最长结转年限由5年延长至 10 年。

### 二、操作准备

收集整理收入类和扣除类会计核算资料。

仔细核对经济业务，分析税法与会计在收入和扣除项目方面的差异。

对照经济业务和纳税申报表中的"纳税调整项目明细表"及其附表，选择正确的申报表并熟悉填报事项。

### 三、任务要领

对特殊收入的确认时间和确认金额要熟练掌握，不得提前或延后确认收入。

对各项扣除项目的扣除凭证进行仔细审核，不符合税法规定条件的扣除凭证涉及的项目不得在计算应纳税所得额时扣除。

## 任务实施

### 一、扣除类项目纳税调整

#### 1. 职工薪酬

成康公司工资、薪金总额 =1 030 000×12=12 360 000 万元，支出符合合理标准，允许税前扣除。基本社会保障性缴款和住房公积金按照国家规定标准进行缴纳，允许税前扣除。

#### 2. 广告费和业务宣传费

根据科目余额表和 2022 年 12 月份发生的相关业务，成康公司 2022 年广告费和业务宣传费合计发生额为 196 226.41 元（54 716.98+141 509.43）。

税前允许扣除的广告费和业务宣传费为 23 025 000 元（153 500 000×15%）。

196 226.41<23 025 000，实际发生额小于扣除限额，因此不需要进行纳税调整。

#### 3. 业务招待费

根据科目余额表和 2022 年 12 月份发生的相关业务，成康公司 2022 年业务招待费金额为 795 850 元（695 000+850+100 000）。

发生额的 60%=795 850×60%=477 510（元）

销售收入的 5‰=153 500 000×5‰=767 500（元）

477 510<767 500，准予扣除的金额为 477 510 元。

实际发生额 – 准予扣除金额 =795 850–477 510=318 340 元，做纳税调增处理。

#### 4. 罚金、罚款和被没收财物的损失

12 月 16 日，因财务人员延迟纳税，支付税务罚款 200 元，不得税前扣除，全额进行纳税调增处理。

### 二、收入类项目纳税调整

（1）成康公司支付 300 万元，持股 25%，被投资方可辨认净资产公允价值为 1 250 万元，享

有份额 1 250×25%=317.5 万元，纳税调减 17.5 万元，会计与税务处理见表 5-6。

表 5-6  会计与税务处理

| 业　务 | 会　计　处　理 | 税　务　处　理 | 税会差异 | 纳　税　调　整 |
|---|---|---|---|---|
| 初始投资成本确认 | 支付对价的公允价值 300 万元 | 支付对价的公允价值 300 万元 | 无 | 无 |
| 初始投资成本调整 | 初始投资成本＜被投资企业可辨认净资产公允价值时<br>借：长期股权投资——成本（差额）<br>　　贷：营业外收入（差额）<br>差额 =300–317.5=–17.5 万元 | 不确认 | 有 | 调减 17.5 万元 |

（2）公允价值 850 万元股权取得成本 500 万元，取得该股权时该联营企业可辨认净资产公允价值为 1 500 万元。持有期间，该联营企业累计实现净利润 800 万元，共分配现金股利 100 万元。会计与税务处理见表 5-7。

表 5-7  会计与税务处理

| 业　务 | 会　计　处　理 | 税　务　处　理 | 税会差异 | 纳　税　调　整 |
|---|---|---|---|---|
| 初始投资成本确认 | 支付对价的公允价值 500 万元 | 支付对价的公允价值 500 万元 | 0 | 0 |
| 初始投资成本调整 | 不调整<br>1 500×25%=375（万元），"赔了"不调整 | | | |
| 被投资企业获利 | 按比例已确认投资收益<br>800×25%=200（万元）<br>借：长期股权投资——损益调整 200 万<br>　　贷：投资收益 200 万 | | | |
| 收到现金股利 | 按比例冲减投资账面价值<br>借：银行存款 25 万<br>　　贷：长期股权投资——损益调整 25 万 | | | |
| 处置股权 | 公允价值 850 万元，账面价值 675 万元<br>应确认投资收益 175 万元 | 公允价值 850 万元，计税基础 500 万元<br>确认投资收益 350 万元 | 175 万元 | 调增 175 万元 |

### 三、应纳税所得额的计算

应纳税所得额的计算见表 5-8。

表 5-8  应纳税所得额的计算　　　　　　　　　　　　（单位：元）

| 调 整 项 目 | 账 载 金 额 | 税 收 金 额 | 调 增 金 额 | 调 减 金 额 |
|---|---|---|---|---|
| 投资收益 | 1 750 000 | 3 500 000 | 1 750 000 | |
| 权益法初始成本调整 | | | | 125 000 |

（续）

| 调整项目 | 账载金额 | 税收金额 | 调增金额 | 调减金额 |
|---|---|---|---|---|
| 业务招待费 | 795 850 | 477 510 | 318 340 | |
| 罚款 | 200 | | 200 | |
| 资产减值准备金 | 4 444 310 | | 4 444 310 | |
| 合计 | | | 6 512 850 | 125 000 |

根据纳税调整项目，统计如下：

成康公司利润总额为 6 817 322.59 元，纳税调增金额为 6 512 850 元，纳税调减金额 125 000 元，调整后应纳税所得额 13 205 172.59 元。

## 任务评价

| 评价内容 | 评价标准 | 完成情况（0～10分） |
|---|---|---|
| 收入总额 | 能对不同形式收入的实现时间和金额进行正确判定 | |
| 不征税收入和免税收入 | 能正确区分不征税收入和免税收入 | |
| 限额扣除项目 | 掌握限额扣除项目的税法规定，能正确进行扣除项目的税会差异调整 | |
| 不得扣除项目 | 掌握不得税前扣除的项目，能正确进行纳税调整 | |
| 应纳税所得额的计算 | 能正确计算应纳税所得额 | |

# 任务三　资产的税务处理

## 任务情境

12 月 31 日，成康公司计提 12 月份固定资产折旧 254 379.27 元，具体见表 5-9。

表 5-9　12 月份固定资产折旧明细表　　　　　　（单位：元）

| 固定资产类别 | 管理费用 | 销售费用 | 总计 |
|---|---|---|---|
| 固定资产——办公家具 | 25 947.5 | 11 316.67 | 37 264.17 |
| 固定资产——房屋建筑物 | 80 833.32 | | 80 833.32 |
| 固定资产——运输工具 | 130 950.01 | | 130 950.01 |
| 固定资产——电子设备 | 3 133.75 | 2 198.02 | 5 331.77 |
| 合计 | 240 864.58 | 13 514.69 | 254 379.27 |

共享中心员工对成康公司的固定资产明细资料进行核查得知，成康公司的固定资产均用于生产经营，在金额计量和折旧方面的账务处理与税务处理一致。

## 任务布置

确定成康公司固定资产计税基础、折旧范围和折旧方法。
确定成康公司无形资产的计税基础、摊销范围和摊销方法。
进行成康公司资产业务的纳税调整。

## 任务准备

### 一、知识准备

纳入税务处理范围的资产形式主要有固定资产、生物资产、无形资产、长期待摊费用、投资资产、存货等，均以历史成本为计税基础。历史成本是指企业取得该项资产时实际发生的支出。企业持有各项资产期间资产增值或减值，一般不得调整该资产的计税基础。

#### 1. 固定资产的税务处理

固定资产是指企业为生产产品、提供劳务、出租或者经营管理而持有的、使用时间超过12个月的非货币性资产，包括房屋、建筑物、机器、机械、运输工具以及其他与生产经营活动有关的设备、器具、工具等。固定资产的概念只强调使用时间，不强调使用价值。

（1）固定资产的计税基础。

1）外购的固定资产，以购买价款和支付的相关税费以及直接归属于使该资产达到预定用途发生的其他支出为计税基础。

2）自行建造的固定资产，以竣工结算前发生的支出为计税基础。

3）融资租入的固定资产，以租赁合同约定的付款总额和承租人在签订租赁合同过程中发生的相关费用为计税基础；租赁合同未约定付款总额的，以该资产的公允价值和承租人在签订租赁合同过程中发生的相关费用为计税基础。

4）盘盈的固定资产，以同类固定资产的"重置完全价值"为计税基础。

5）通过捐赠、投资、非货币性资产交换、债务重组等方式取得的固定资产，以该资产的公允价值和支付的相关税费为计税基础。

6）改建的固定资产，除法定的支出外，以改建过程中发生的改建支出增加计税基础。

（2）下列固定资产不得计算折旧扣除。

1）房屋、建筑物以外未投入使用的固定资产。

2）以经营租赁方式租入的固定资产。

3）以融资租赁方式租出的固定资产。

4）已足额提取折旧仍继续使用的固定资产。

5）与经营活动无关的固定资产。

6）单独估价作为固定资产入账的土地。

7）其他不得计算折旧扣除的固定资产。

（3）固定资产折旧的计提方法。企业应当自固定资产投入使用月份的次月起计算折旧；停止使用的固定资产，应当自停止使用月份的次月起停止计算折旧。

企业应当根据固定资产的性质和使用情况，合理确定固定资产的预计净残值。

固定资产的预计净残值一经确定，不得变更。

固定资产按照直线法计算的折旧，准予扣除，年折旧率计算公式为

$$年折旧率 =（1-预计净残值率）\div 预计使用年限$$

（4）固定资产折旧的计提年限。除国务院财政、税务主管部门另有规定外，固定资产计算折旧的最低年限如下：

1）房屋、建筑物，为 20 年。

2）飞机、火车、轮船、机器、机械和其他生产设备，为 10 年。

3）与生产经营活动有关的器具、工具、家具等，为 5 年。

4）飞机、火车、轮船以外的运输工具，为 4 年。

5）电子设备，为 3 年。

企业固定资产会计折旧年限如果短于税法规定的最低折旧年限，其按会计折旧年限计提的折旧高于按税法规定的最低折旧年限计提的折旧部分，应调增当期应纳税所得额。

企业固定资产会计折旧年限如果长于税法规定的最低折旧年限，其折旧应按会计折旧年限计算扣除，税法另有规定的除外。

企业按税法规定实行加速折旧的，其按加速折旧办法计提的折旧额可全额在税前扣除。

2. 生物资产的税务处理

生物资产是指有生命的动物和植物，分为消耗性生物资产、生产性生物资产和公益性生物资产。税法只对生产性生物资产做出了计税基础和折旧的规定。生产性生物资产是指为产出农产品、提供劳务或出租等目的而持有的生物资产，包括经济林、薪炭林、产畜和役畜等。

（1）生产性生物资产的计税基础。

1）外购的生产性生物资产，以购买价款和支付的相关税费为计税基础。

2）通过捐赠、投资、非货币性资产交换、债务重组等方式取得的生产性生物资产，以该资产的公允价值和支付的相关税费为计税基础。

（2）生产性生物资产的折旧方法和折旧年限。

生产性生物资产按照直线法计算的折旧，准予扣除。企业应当从生产性生物资产投入使用月份的次月起计算折旧；停止使用的生产性生物资产，应当从停止使用月份的次月起停止计算折旧。企业应当根据生产性生物资产的性质和使用情况，合理确定生产性生物资产的预计净残值。生产性生物资产的预计净残值一经确定，不得变更。

生产性生物资产计算折旧的最低年限如下：

1）林木类生产性生物资产，为 10 年。

2）畜类生产性生物资产，为 3 年。

3. 无形资产的税务处理

无形资产是指纳税人长期使用但是没有实物形态的资产，包括专利权、商标权、著作权、土地使用权、非专利技术、商誉等。

（1）无形资产的计税基础。

1）外购的无形资产，以购买价款和支付的相关税费及其直接归属于使该资产达到预定用途发生的其他支出为计税基础。

2）自主开发的无形资产，以开发过程中该资产符合资本化条件后至达到预定用途前发生的支出为计税基础。

3）通过捐赠、投资、非货币性资产交换、债务重组等方式获得的无形资产，以该资产的公允价值和支付的相关税费为计税基础。

（2）无形资产的摊销范围。在计算应纳税所得额时，企业按照规定计算的无形资产摊销费用，准予扣除。

下列无形资产不得计算摊销费用扣除：

1）自行开发的支出已在计算应纳税所得额时扣除的无形资产。

2）自创商誉。

3）与经营活动无关的无形资产。

4）其他不得计算摊销费用扣除的无形资产。

（3）无形资产的摊销方法和年限。

无形资产采用直线法进行摊销。摊销年限不得低 10 年；投资或者受让的无形资产，有关法律规定或者合同约定了使用年限的，可以按照规定或者约定的使用年限分期摊销；外购商誉的支出，在企业整体转让或者清算时，准予扣除。

#### 4. 长期待摊费用的税务处理

长期待摊费用是指企业发生的应在一个年度以上或几个年度进行摊销的费用。在计算应纳税所得额时，企业发生的下列支出作为长期待摊费用，按照规定摊销的，准予扣除。

1）已足额提取折旧的固定资产的改建支出，应按照固定资产预计尚可使用年限分期摊销。

2）租入固定资产的改建支出，按照合同约定的剩余租赁期限分期摊销。

3）固定资产的大修理支出，按照固定资产尚可使用年限分期摊销。

4）其他应当作为长期待摊费用的支出，自支出发生月份的次月起，分期摊销，摊销年限不得低于三年。

#### 5. 存货的税务处理

存货是指企业持有以备出售的产品或者商品、处在生产过程中的在产品、在生产或者提供劳务过程中耗用的材料和物料等。

（1）存货的计税基础。

1）通过支付现金方式取得的存货，以购买价款和支付的相关税费为成本。

2）通过支付现金以外的方式取得的存货，以该存货的公允价值和支付的相关税费为成本。

3）生产性生物资产收获的农产品，以产出或者采收过程中发生的材料费、人工费和分摊的间接费用等必要支出为成本。

（2）存货的成本计算方法。

企业使用或者销售的存货的成本计算方法，可以在"先进先出法、加权平均法、个别计价法"中选用一种。计价方法一经选用，不得随意变更。

### 二、操作准备

收集整理相关资产的会计资料和税收资料，确定资产的账面价值和计税基础、适用的折旧政策和折旧方法。

整理科目余额表，对各项资产的折旧、摊销的当年发生额和累计发生额进行会计和税法比对，分析有无税会差异。

对各资产计提的减值准备进行收集整理，分析因计提减值准备而造成的利润影响额。

熟悉纳税调整项目明细表及其附表的内容及结构，选择正确的申报表单。

### 三、任务要领

企业应当熟悉资产损失需要准备的相关资料，完整保存资产损失相关资料，保证资料的真实性、合法性。

## 任务实施

成康公司固定资产的折旧年限会计与税法一致，不需要进行纳税调整。

## 任务评价

| 评价内容 | 评价标准 | 完成情况（0～10分） |
| --- | --- | --- |
| 固定资产的计税基础 | 掌握不同购置方式下固定资产的计税基础和会计处理，能指出其中差异 | |
| 固定资产折旧的税务处理 | 掌握固定资产的折旧范围、折旧年限和折旧方法的税法规定，能进行税会差异调整 | |
| 无形资产的税务处理 | 明确无形资产的税务处理，能对无形资产的税会差异进行调整 | |

## 任务四　企业所得税的税收优惠

## 任务情境

某高新技术企业（非制造企业）适用企业所得税税率15%，当年收入总额5 600万元，实现利润总额2 300万元。共享中心员工进行企业所得税汇算清缴时发现该纳税人当年用于新产品的研发支出总计800万元。

假设无其他纳税调整事项，共享中心员工开始计算该高新技术企业当年的应纳税所得额和应纳税额。

## 任务布置

明确各种不同的税收优惠政策对应纳税所得额及应纳所得税额的影响。

进行税收优惠的纳税申报表单选择及填报。

## 任务准备

### 一、知识准备

企业所得税法的税收优惠方式包括免税、减税、加计扣除、加速折旧、减计收入、税额抵免等。

#### 1. 免征与减征优惠

企业所得税的免征与减征税收优惠见表 5-10。

**表 5-10 免征与减征税收优惠**

| 项　　目 | 企业所得税税收优惠政策 | 具　体　项　目 |
| --- | --- | --- |
| 从事农、林、牧、渔业项目的所得 | 免税 | 蔬菜、谷物、薯类、油料、豆类、棉花、麻类、糖料、水果、坚果的种植<br>农作物新品种的选育<br>中药材的种植<br>林木的培育和种植<br>牲畜、家禽的饲养<br>林产品的采集<br>灌溉、农产品初加工、兽医、农技推广、农机作业和维修等农、林、牧、渔服务业项目<br>远洋捕捞 |
| | 减半征收 | 花卉、茶以及其他饮料作物和香料作物的种植<br>海水养殖、内陆养殖 |
| 从事国家重点扶持的公共基础设施项目投资经营的所得 | 三免三减半 | 企业从事国家重点扶持的公共基础设施项目（包括港口码头、机场、铁路、公路、电力、水利等项目）的投资经营的所得，自项目取得第一笔生产经营收入所属纳税年度起，第一年至第三年免征企业所得税，第四年至第六年减半征收企业所得税 |
| 从事符合条件的环境保护、节能节水项目的所得 | 三免三减半 | 环境保护、节能节水项目的所得，自项目取得第一笔生产经营收入所属纳税年度起，第一年至第三年免征企业所得税，第四年至第六年减半征收企业所得税。符合条件的环境保护、节能节水项目，包括公共污水处理、公共垃圾处理、沼气综合开发利用、节能减排技术改造、海水淡化等 |
| 符合条件的技术转让所得 | 不超免、超减半 | 一个纳税年度内，居民企业转让技术所有权所得不超过 500 万元的部分，免征企业所得税；超过 500 万元的部分，减半征收企业所得税 |

其中"符合条件的技术转让所得"是指居民企业将其拥有的专利技术、计算机软件著作权、集成电路布图设计权、植物新品种、生物医药新品种，以及财政部和国家税务总局确定的其他技术的所有权或五年以上（含）全球独占许可使用权转让取得的所得。

> **案例 5-5**
>
> 某纳税人出售一技术专利权，出售收入 800 万元。该专利权账面原值 100 万元，累计摊销 60 万元，出售时发生的其他相关费用 5 万元。计算其税收优惠的所得减免额。
>
> **分析：**
>
> 专利权转让享受所得减免优惠：
>
> 转让所得 =800 –（100-60）–5=755（万元）
>
> 其中 500 万元免税，255 万元减半征税。
>
> 所得减免总额 =500+255×50%=627.5（万元）

#### 2. 高新技术企业优惠

国家需要重点扶持的高新技术企业、技术先进型服务企业，减按15%的税率征收企业所得税。

#### 3. 小型微利企业优惠

小型微利企业认定标准及税收优惠见表 5-11。

表 5-11 小型微利企业认定标准及税收优惠

| 指 标 | 小型微利企业 | |
|---|---|---|
| 认定标准 | 年度应纳税所得额≤ 300 万元<br>且从业人数≤ 300 人<br>且资产总额≤ 5 000 万元 | |
| 企业所得税税率 | 20% | |
| 应纳企业所得税的计算 | 年应纳税所得额不超过 100 万元的部分 | 应纳企业所得税税额 = 该部分所得额 ×25%×20%<br>自 2021 年 1 月 1 日至 2022 年 12 月 31 日，应纳税额在此基础上再减半征税 |
| | 年应纳税所得额超过 100 万元但不超过 300 万元的部分 | 应纳企业所得税税额 = 该部分所得额 ×50%×20%<br>自 2022 年 1 月 1 日至 2024 年 12 月 31 日，应纳税额在此基础上再减半征税 |

注：1. 年度应纳税所得额以弥补亏损后的数字为准。
2. 从业人数包括与企业建立劳动关系的职工人数和企业接受的劳务派遣用工人数。
3. 年度中间开业或终止经营活动的，以其实际经营期作为一个纳税年度确定上述相关指标。
4. 无论是查账征收企业、还是核定征收企业，符合条件的，均可享受小型微利企业的税收优惠，自行享受，无须审批。
5. 仅就来源于我国所得负有我国纳税义务的非居民企业，不适用小型微利企业的规定。

#### 4. 加计扣除优惠

《企业所得税法》对纳税人发生的研发费用和残疾人工资支出有加计扣除的规定，具体见表 5-12。

表 5-12 加计扣除税收优惠

| 项　　目 | | 税　收　优　惠 |
|---|---|---|
| 研究开发费 | 未形成无形资产 | 据实扣除基础上，再按照实际发生额的 50%（自 2018 年 1 月 1 日至 2023 年 12 月 31 日，加计扣除比例为 75%）在税前加计扣除 |
| | 形成无形资产 | 按照无形资产成本的 150%（自 2018 年 1 月 1 日至 2023 年 12 月 31 日，加计扣除比例为 175%）在税前摊销 |
| 安置残疾人员所支付的工资 | | 据实扣除基础上，按照支付给残疾职工工资的 100% 加计扣除 |

## 延伸阅读

### 税收红利提升制造业创新底气

大国重器书写中国奇迹——"墨子号"量子科学实验卫星、第三代核电"华龙一号"、C919 大飞机、蛟龙号深海载人潜水器……"可上九天揽月，可下五洋捉鳖"。中国制造彰显中国底气——火电、水电、核电、输变电装备进入"百万时代"；时速 350 公里"复兴号"标准动车组日开行数量超过 170 对；"蓝鲸 1 号"超深水双塔半潜式钻井平台助力我国首次海域可燃冰开采成功……中国已成为世界第一制造业大国，中国制造业已成为我国立国之本、强国之基。

为激励企业加大研发投入，支持科技创新，财政部、国家税务总局 2021 年 3 月 31 日发布《关于进一步完善研发费用税前加计扣除政策的公告》。该公告指出，制造业企业开展研发活动中实际发生的研发费用，未形成无形资产计入当期损益的，在按规定据实扣除的基础上，自 2021 年 1 月 1 日起，再按照实际发生额的 100% 在税前加计扣除；形成无形资产的，自 2021 年 1 月 1 日起，按照无形资产成本的 200% 在税前摊销。

制造业研发费用加计扣除比例由 75% 提高到 100%，是 2021 年结构性减税中力度最大的一项政策。该政策为中国制造业在科技创新和技术革新方面注入了强大的资金支持制造业，特别是装备制造业的整体能力和水平决定一个国家的经济实力、国防实力、综合国力和在全球经济中的竞争与合作能力，决定着一个国家特别是发展中国家实现现代化和民族复兴的进程。

税收优惠政策减轻了企业的资金压力，给企业研发增加了底气和信心，必将助力中国制造变得更强，走得更远！

### 5. 创业投资企业的税收优惠

创业投资企业采取股权投资方式直接投资于初创科技型企业满 2 年的，可以按照其投资额的 70% 在股权持有满 2 年的当年抵扣该创业投资企业的应纳税所得额；当年不足抵扣的，可以在以后纳税年度结转抵扣。

### 6. 加速折旧税收优惠

固定资产加速折旧税收优惠见表 5-13。

表 5-13  固定资产加速折旧税收优惠

| 项 目 | 加速折旧优惠 | |
|---|---|---|
| 适用的固定资产 | 由于技术进步、产品更新换代较快的固定资产；常年处于强震动、高腐蚀状态的固定资产 | |
| | 制造业、信息传输、软件和信息技术服务业等新购进的固定资产 | |
| 优惠方式 | 缩短折旧年限 | 最低折旧年限不得低于规定折旧年限的 60% |
| | 加速折旧法 | 采用双倍余额递减法或者年数总和法 |
| 一次性扣除的规定 | 所有行业企业持有的单位价值不超过 5 000 元的固定资产，允许一次性计入当期成本费用在计算应纳税所得额时扣除，不再分年度计算折旧 | |
| | 中小微企业在 2022 年 1 月 1 日至 2022 年 12 月 31 日期间新购置的设备、器具，单位价值在 500 万元以上的，按照单位价值的一定比例自愿选择在企业所得税税前扣除。其中，《企业所得税法实施条例》规定最低折旧年限为 3 年的设备器具，单位价值的 100% 可在当年一次性税前扣除；最低折旧年限为 4 年、5 年、10 年的，单位价值的 50% 可在当年一次性税前扣除，其余 50% 按规定在剩余年度计算折旧进行税前扣除 | |
| | 企业在 2018 年 1 月 1 日至 2023 年 12 月 31 日期间新购进的设备、器具（指除房屋、建筑物以外的固定资产），单位价值不超过 500 万元的，允许一次性计入当期成本费用在计算应纳税所得额时扣除，不再分年度计算折旧 | |

### 7. 减计收入优惠

企业综合利用资源，生产国家非限制和禁止并符合国家和行业相关标准的产品取得的收入，减按 90% 计入收入总额，计算应纳税所得额。

综合利用资源是指企业以《资源综合利用企业所得税优惠目录》规定的资源作为主要原材料，生产国家非限制和禁止并符合国家和行业相关标准的产品。

### 8. 税额抵免优惠

企业购置并实际使用符合规定的环境保护、节能节水、安全生产等专用设备的，该专用设备投资额的 10% 可以从企业当年的应纳税额中抵免；当年不足抵免的，可以在以后 5 个纳税年度结转抵免。企业购置上述设备在 5 年内转让、出租的，应停止享受企业所得税优惠，并补缴已经抵免的企业所得税税款。

### 9. 非居民企业优惠

在我国境内未设立机构、场所，或者虽设立机构、场所但取得的所得与其所设机构、场所没有实际联系的非居民企业减按 10% 的税率征收企业所得税。

上述非居民企业取得的下列所得免征企业所得税：

（1）外国政府向中国政府提供贷款取得的利息所得。

（2）国际金融组织向中国政府和居民企业提供优惠贷款取得的利息所得。

（3）经国务院批准的其他所得。

## 二、操作准备

对企业经济业务进行分析，查看是否有税收优惠事项。

整理税收优惠事项的会计核算资料。

对优惠事项按需要填报的申报表单进行分类。

熟悉税收优惠类申报表单。

### 三、任务要领

对符合税收优惠的资料进行整理，需要备案的及时进行备案。

税收优惠事项需要进行单独进行核算的，要注意不得与其他事项混合处理。

区分不同优惠事项：免税收入、减计收入及加计扣除，所得减免以及抵扣应纳税所得额的税收优惠属于税基式优惠，影响应纳税所得额的计算；税率优惠、抵免所得税优惠属于税额式优惠，影响应纳税额计算。

## 任务实施

研发费用享受加计扣除，加计扣除额为 600 万元（800×75%）。

该高新技术企业应纳税所得额 =2 300–600=1 700（万元）

应纳税额 =1 700×25%=425（万元）

因为是高新技术企业，适用税率为 15%，减免所得税额 170 万元 [（1 700×（25%–15%）]

该高新技术企业当年度应纳税额 =425–170=255（万元）

其中研发费用加计扣除填写申报表 A107010 及 A107012，税率优惠填写纳税申报表 A107040 及 A107041。

## 任务评价

| 评价内容 | 评价标准 | 完成情况（0～10分） |
| --- | --- | --- |
| 免征、减征优惠 | 能根据优惠项目选择相应的申报表并能正确填写 | |
| 税率优惠 | 能根据优惠项目选择相应的申报表并能正确填写 | |
| 加计扣除优惠 | 能根据优惠项目选择相应的申报表并能正确填写 | |
| 加速折旧优惠 | 能根据优惠项目选择相应的申报表并能正确填写 | |
| 税额抵免优惠 | 能根据优惠项目选择相应的申报表并能正确填写 | |

## 任务五　企业所得税的计算与申报

## 任务情境

年度结束，共享中心员工开始进行成康公司的企业所得税第四季度预缴纳税申报工作，及企业所得税汇算清缴工作。

## 任务布置

计算成康公司第四季度应预缴的企业所得税。
计算成康公司年度应缴纳的企业所得税。
进行企业所得税的月（季）度预缴的纳税申报。
进行企业所得税的年度汇算清缴申报。

## 任务准备

### 一、知识准备

#### 1. 纳税期限

《企业所得税法》第五十四条规定："企业所得税分月或者分季预缴。企业应当自月份或者季度终了之日起十五日内，向税务机关报送预缴企业所得税纳税申报表，预缴税款。企业应当自年度终了之日起五个月内，向税务机关报送年度企业所得税纳税申报表，并汇算清缴，结清应缴应退税款。"

企业在纳税年度内无论盈利或者亏损，都应当依照《企业所得税法》第五十四条规定的期限，向税务机关报送预缴企业所得税纳税申报表、年度企业所得税纳税申报表、财务会计报告和税务机关规定应当报送的其他有关资料。

企业所得税的纳税年度，自公历每年1月1日起至12月31日止。企业在一个纳税年度的中间开业，或者由于合并、关闭等原因终止经营活动，使该纳税年度的实际经营期不足12个月的，应当以其实际经营期为一个纳税年度。发生企业清算的，应当以清算期间作为一个纳税年度。

企业在年度中间终止经营活动的，应当自实际经营终止之日起60日内，向税务机关办理当期企业所得税汇算清缴。

#### 2. 纳税地点

企业所得税由纳税人向其所在地主管税务机关缴纳。除另有规定外，居民企业以企业登记注册地为纳税地点；但登记注册地在境外的，以实际管理机构所在地为纳税地点；居民企业在中国境内设立不具有法人资格的营业机构的，应当汇总计算并缴纳企业所得税。

跨省市总分机构企业是指跨省（自治区、直辖市和计划单列市）设立不具有法人资格分支机构的居民企业，总机构以及分支机构就地预缴企业所得税，即总机构、分支机构分月或分季分别向所在地主管税务机关申报预缴企业所得税，年终再由总机构汇算清缴，抵减预缴税款，多退少补。

除国务院另有规定外，企业之间不得合并缴纳企业所得税。

#### 3. 征收方式

企业所得税有两种征收方式：查账征收和核定征收。查账征收适用于财务制度健全、核算规范的企业，核定征收主要适用于小规模纳税人和财务制度不健全的企业。两种征收方式的区别，在于应纳税所得额及应纳税额的计算方式不同。

纳税人具有下列情形之一的，应采取核定征收方式征收企业所得税：

（1）依照法律、行政法规的规定可以不设置账簿的。

（2）依照法律、行政法规的规定应当设置但未设置账簿的。

（3）擅自销毁账簿或者拒不提供纳税资料的。

（4）虽设置账簿，但账目混乱或者成本资料、收入凭证、费用凭证残缺不全，难以查账的。

（5）发生纳税义务，未按照规定的期限办理纳税申报，经税务机关责令限期申报，逾期仍不申报的。

（6）申报的计税依据明显偏低，又无正当理由的。

### 4. 查账征收方式下预缴企业所得税应纳税额计算

企业分月或者分季预缴企业所得税时，有以下三种预缴方式：①企业应当按照月度或者季度的实际利润额预缴；②按照月度或者季度的实际利润额预缴有困难的，可以按照上一纳税年度应纳税所得额的月度或者季度平均额预缴；③按照经税务机关认可的其他方法预缴。

预缴企业所得税应纳税额计算

企业所得税的预缴方法一经确定，该纳税年度内不得随意变更。

为确保税款足额及时入库，各级税务机关对纳入当地重点税源管理的企业，原则上应按照实际利润额预缴方法征收企业所得税。

查账征收方式下季度预缴企业所得税税额计算公式如下：

本月（季）度应预缴企业所得税 = 实际利润额 × 适用税率 − 本年实际已预缴企业所得税额
= 上一年度应纳税所得额 ×1/12（或 1/4）× 适用税率

实行查账征收方式申报企业所得税的居民企业（包括境外注册中资控股居民企业）在月份或者季度终了之日起的 15 日内，依照税收法律、法规、规章及其他有关规定，向税务机关填报"中华人民共和国企业所得税月（季）度预缴纳税申报表（A 类）"及其他相关资料，进行月（季）度预缴纳税申报。

### 5. 核定征收方式下应纳税额计算

核定征收分为定率（核定应税所得率）和定额（核定应纳所得税额）两种方法。

税务机关采用下列方法核定征收企业所得税：

（1）参照当地同类行业或者类似行业中经营规模和收入水平相近的纳税人的税负水平核定。

（2）按照应税收入额或成本费用支出额定率核定。

（3）按照耗用的原材料、燃料、动力等推算或测算核定。

（4）按照其他合理方法核定。

采用上述所列一种方法不足以正确核定应纳税所得额或应纳税额的，可以同时采用两种或两种以上的方法核定。采用两种或两种以上方法测算的应纳税额不一致时，可按测算的应纳税额从高核定。

采用应税所得率方式核定征收企业所得税的，应纳所得税额计算公式如下：

应纳所得税额 = 应纳税所得额 × 适用税率

应纳税所得额 = 应税收入额 × 应税所得率
= 成本（费用）支出额 /（1− 应税所得率）× 应税所得率

企业应在月份或季度终了后 15 天内，依照核定的应税所得率，按规定计算预缴期应缴纳的税额，如实填报"中华人民共和国企业所得税月（季）度和年度纳税申报表（B类）"，向税务机关办理预缴申报。按实际数额预缴有困难的，经主管税务机关同意，可按上一年度应纳税额的 1/12 或 1/4 预缴，或者按经主管税务机关认可的其他方法预缴。

实行应税所得率方式核定征收企业所得税的纳税人，经营多业的，无论其经营项目是否单独核算，均由税务机关根据其主营项目确定适用的应税所得率（见表 5-14）。

表 5-14 企业所得税应税所得率

| 行　业 | 应税所得率（%） |
| --- | --- |
| 农、林、牧、渔业 | 3～10 |
| 制造业 | 5～15 |
| 批发和零售贸易业 | 4～15 |
| 交通运输业 | 7～14 |
| 建筑业 | 8～20 |
| 饮食业 | 8～25 |
| 娱乐业 | 15～30 |
| 其他行业 | 10～30 |

### 6. 查账征收方式下居民企业年度应纳税额计算

居民企业应纳企业所得税的计算公式为

应纳税额 = 应纳税所得额 × 适用税率 – 减免税款 – 抵免税额

其中，应纳税所得额的计算一般有直接计算法和间接计算法。

（1）直接计算法下应纳税所得额的计算

应纳税所得额 = 收入总额 – 不征税收入 – 免税收入 –
各项扣除金额 – 允许弥补的以前年度亏损

企业所得税
汇算清缴

**案例 5-6**

某公司 2022 年实现产品销售收入 1 000 万元，其他业务收入 100 万元，到期国债利息收入 2 万元，全年发生的产品销售成本及其他业务成本 700 万元，销售费用 80 万元，管理费用 30 万元，财务费用 30 万元，营业外支出 5 万元（其中缴纳税收滞纳金 1 万元），按税法规定缴纳增值税 70 万元、城市维护建设税 4.9 万元、教育费附加 2.1 万元。按照税法规定，在计算企业应纳税所得额时，其他准予扣除项目的金额为 20 万元。计算该企业当年应纳的企业所得税。

**分析：**

收入总额 = 产品销售收入 + 其他业务收入 + 国债利息收入 = 1 000+100+2=1 102（万元）

免税收入 = 国债利息收入 =2（万元）

各项扣除 = 其他业务成本 + 销售费用 + 管理费用 + 财务费用 + 营业外支出 – 税收滞纳金 + 城建税 + 教育费附加 + 其他准予扣除的金额 =700+80+30+30+5-1+4.9+2.1+20=871（万元）

应纳税所得额 =1 102-2-871=229（万元）

应纳所得税额 =229×25%=57.25（万元）

（2）间接计算法下应纳税所得额的计算

$$应纳税所得额 = 会计利润总额 \pm 纳税调整项目金额$$

### 案例 5-7

某公司为居民企业，当年产品销售收入1 500万元，实现会计利润300万元。企业当年的其他有关资料如下：

① 计入成本、费用的工资总额为391万元，拨缴职工工会经费7.82万元，支付职工福利费58.65万元、职工教育经费33.23万元。

② 实际发生业务招待费10万元。

③ 生产经营过程中被环保部门罚款10万元。

④ 通过国家机关向教育事业捐款66万元。

请根据上述资料，计算该公司当年应纳的企业所得税。

**分析：**

工会经费扣除限额为7.82万元（391×2%），与实际扣除金额一致，所以可以据实扣除。

职工福利费扣除限额为54.74万元（391×14%），比实际扣除金额小，所以需调增应纳税所得额3.91万元（58.65-54.74）。

职工教育经费扣除限额为31.28万元（391×8%），比实际扣除金额小，所以需调增应纳税所得额1.95万元（33.23-31.28）。

业务招待费扣除限额为7.5万元（1 500×5‰）>6万元（10×60%），所以需调增应纳税所得额4万元（10-6）。

环保部门的罚款按税法规定不允许列支，所以需调增应纳税所得额10万元。

公益性捐赠当年扣除限额为36万元（300×12%），比实际捐赠金额66万元小，所以需调增应纳税所得额30万元（66-36）。

应纳税所得额=300+3.91+1.95+4+10+30=349.86（万元）

应纳所得税额=349.86×25%=87.465（万元）

### 7. 非居民企业应纳税额的计算

非居民企业在中国境内未设立机构、场所的，或者虽设立机构、场所但取得的所得与其所设机构、场所没有实际联系的，应当就其来源于中国境内的所得缴纳企业所得税。其应纳税所得额按照下列方法计算：

1）股息、红利等权益性投资收益和利息、租金、特许权使用费所得，以收入全额为应纳税所得额。

2）转让财产所得，以收入全额减除财产净值后的余额为应纳税所得额。

其中，股权转让收入是指股权转让人转让股权所收取的对价，股权净值是指该股权的计税基础。

3）其他所得，参照前两项规定的方法计算应纳税所得额。

扣缴税额的计算公式为

$$扣缴企业所得税应纳税额 = 应纳税所得额 \times 实际征收率$$

（1）扣缴义务人扣缴企业所得税的，应当按照扣缴义务发生之日人民币汇率中间价折合成人民币，计算非居民企业应纳税所得额。扣缴义务发生之日为相关款项实际支付或者到期应支付之日。

（2）取得收入的非居民企业在主管税务机关责令限期缴纳税款前自行申报缴纳应源泉扣缴税款的，应当按照填开税收缴款书之日前一日人民币汇率中间价折合成人民币，计算非居民企业应纳税所得额。

（3）主管税务机关责令取得收入的非居民企业限期缴纳应源泉扣缴税款的，应当按照主管税务机关做出限期缴税决定之日前一日人民币汇率中间价折合成人民币，计算非居民企业应纳税所得额。

非居民企业因会计账簿不健全，资料残缺难以查账，或者其他原因不能准确计算并据实申报其应纳税所得额的，税务机关有权采取一定方法核定其应纳税所得额，进而计算应纳所得税额。

### 二、操作准备

（1）企业所得税预缴。

1）明确税款征收方式，选择正确的纳税申报表。查账征收方式的，选择"中华人民共和国企业所得税月（季）度预缴纳税申报表（A类）"〔简称预缴申报表（A类）〕；核定征收方式的，选择"中华人民共和国企业所得税月（季）度和年度纳税申报表（B类）"〔简称预缴申报表（B类）〕。

2）对照"预缴申报表（A类）"主表及相关附表，整理利润表及相应税收优惠资料，计算申报表中营业收入、营业成本、利润总额、不征税收入、免税收入、弥补亏损等相关项目数据。

3）对照"预缴申报表（B类）"，整理收入资料或成本费用资料，确定适用的应税所得率并据此计算应纳税所得额。

4）根据计算的应纳税所得额等情况，分析是否符合小型微利企业条件，并计算应纳所得税额。

（2）企业所得税汇算清缴。

1）明确税款征收方式，选择正确的纳税申报表。查账征收方式的，选择"中华人民共和国企业所得税年度纳税申报表（A类）"〔简称年度纳税申报表（A类）〕，核定征收方式的，选择"中华人民共和国企业所得税月（季）度和年度纳税申报表（B类）"〔简称预缴申报表（B）类〕。

2）对照《年度纳税申报表（A类）》主表及相关附表，整理年度财务报表、会计科目余额表及相应收入资料，分析经济业务是否涉及视同销售收入、有无未按权责发生制原则确认收入的情形以及其他投资项目收益情况，并计算其税法与会计的差异金额。

3）整理成本、费用等扣除项目相关情况资料，对职工薪酬、广告费和业务宣传费、捐赠支出、业务招待费等其他扣除类项目进行分析、计算其中的税法与会计差异金额。

4）整理相关资产的折旧和摊销资料，确定资产的计税基础和税法折旧方法，分析资产的折旧和摊销、资产的减值准备计提、资产损失等情况，计算其存在的税法与会计差异金额。

5）整理相关税收优惠资料，分析企业是否享受税收优惠并正确计算优惠金额。

### 三、任务要领

（1）营业收入、营业成本和会计利润，来自企业当期的利润表，无须进行纳税调整，到年度终了进行企业所得税汇算清缴时再进行调整。

（2）核对企业的从业人数、资产规模、应纳税所得额等指标，判断企业是否能够享受小型微利企业等税收优惠。

（3）企业所得税的税收优惠有的是直接对收入和扣除项目方面的优惠，属于税基式优惠，影响应纳税所得额的计算；有的是直接减少应纳税额，属于税额式优惠，影响税额计算。注意区分不同的税收优惠及纳税影响，正确计算应纳税所得额和应纳税额。

（4）纳税人如有符合条件的未弥补亏损，在进行企业所得税预缴时可直接进行弥补，以扣除弥补的亏损额后的余额计算应纳税所得额。

企业所得税纳税申报（一）

## 任务实施

### 一、任务流程

（1）月末结转与结账。
（2）生成并审核利润表、资产负债表及科目余额表。
（3）查询预填的"中华人民共和国企业所得税月（季）度预缴纳税申报表"主表和相关附表，核对相关数据的正确性并完善。
（4）查询预填的"中华人民共和国企业所得税年度纳税申报表"主表和相关附表，核对相关数据的正确性并完善。

企业所得税纳税申报（二）

企业所得税纳税申报（三）

### 二、任务操作

（1）登录"财天下"，进行月末结转及月末结账，如图5-1所示。

图5-1 月末账务处理

（2）在"财天下"的"报表"菜单下对生成的财务报表进行查看并审核，如图5-2所示。

图5-2 查看并审核财务报表

（3）在"财天下"的"报表"菜单下"所得税纳税调整表"中查看、修改纳税调整项目，如图5-3所示。

图5-3 查看、修改纳税调整项目

（4）在"金税师"的"纳税工作台"，选择申报日期，选择公司名称对应的"中华人民共和国企业所得税月（季）度预缴纳税申报表（A类）""中华人民共和国企业所得税年度纳税申报表（A类）"，如图5-4所示。

（5）查看主表及附表相关栏目金额，进行减免政策检查与计算，核对各栏目金额是否正确。

（6）审核无误后，依次单击"审核""申报"进行所得税的纳税申报，如图5-5所示。

图 5-4　选择申报表

图 5-5　申报表审核、申报

## 任务评价

| 评价内容 | 评价标准 | 完成情况（0~10分） |
|---|---|---|
| 月（季）度预缴 | 能根据不同征收方式准确计算企业所得税预缴税额 | |
| 月（季）度纳税申报 | 能根据不同征收方式选择正确申报表并能正确填写 | |
| 年度汇算清缴 | 能准确计算年应纳税额 | |
| 年度纳税申报 | 能掌握年度A类纳税申报表体系并正确填报 | |
| 平台操作 | 能在平台正确完成企业所得税的预缴和年度汇算清缴申报流程 | |

# 项目六

## 个人所得税报税实务

**知识目标**

- 掌握个人所得税纳税人、征税对象、税率等税法要素的规定。
- 掌握综合所得的预扣预缴税款计算和汇算清缴税款计算及相关法律规定。
- 熟悉经营所得的应纳税额计算及相关法律规定。
- 掌握其他分类所得的应纳税额计算及相关法律规定。
- 熟悉特殊情形下个人所得税应纳税额计算及相关法律规定。

**技能目标**

- 能够正确界定个人所得税的纳税人、征税范围和适用税率（或预扣率）。
- 能正确计算工资薪金所得、劳务报酬所得、稿酬所得、特许权使用费所得的预扣预缴税额。
- 能正确计算年度综合所得的应补（退）税额。
- 能正确计算分类所得的应纳税额。
- 能在智能化操作平台的智能工资模块完成工资、社会保险、个人所得税的会计核算和纳税申报。

**素养目标**

- 通过学习《个人所得税法》的征税对象、扣除模式、税收征管，明确个税在减轻税负、调节收入、体现社会公平方面的作用，理解国家在改善民生、还利于民的配套改革措施。

## 任务一 个人所得税认知

### 任务情境

北京东盛食品有限责任公司（以下简称"东盛公司"）是一家生产销售休闲食品的公司。

项目六 个人所得税报税实务

公司的薪税业务外包给财税共享中心办理，公司人力资源部门提供员工名册、工资数据、考勤表、薪酬政策等薪税业务处理所需资料。东盛公司员工的薪资构成包括基本工资、岗位津贴、绩效奖金、全勤奖、差旅补贴、交通补助、话补、高温补贴和采暖补贴，其中差旅补贴和交通补贴是根据员工岗位每月固定金额发放。

## 任务布置

判断东盛公司及公司员工个人所得税的纳税义务。
判断员工应缴纳个人所得税的应税项目。
在智能化操作平台完成智能工资模块的基础设置，并完成人员报送，获得人员信息反馈。

## 任务准备

### 一、知识准备

#### 1. 纳税义务人

《中华人民共和国个人所得税法》（以下简称《个人所得税法》）所规定的纳税义务人，根据住所和居住时间两个标准，划分为居民个人和非居民个人。在中国境内有住所，或者无住所而一个纳税年度内在中国境内居住累计满 183 天的个人，为居民个人。居民个人从中国境内和境外取得的所得，需要依法缴纳个人所得税。在中国境内无住所又不居住，或者无住所而一个纳税年度内在中国境内居住累计不满 183 天的个人，为非居民个人。非居民个人从中国境内取得的所得，依法缴纳个人所得税。居民个人与非居民个人的对比见表 6-1。

表 6-1 居民个人与非居民个人的对比

| 类　　型 | 判　定　标　准 | 纳　税　义　务 |
| --- | --- | --- |
| 居民纳税人 | 在中国境内有住所的个人 | 就其从中国境内和境外取得的所得，向中国政府缴纳个人所得税 |
| | 在中国境内无住所而一个纳税年度内在中国境内居住累计满 183 天的个人 | |
| 非居民纳税人 | 在中国境内无住所又不居住的个人 | 仅就其从中国境内取得的所得，向中国政府缴纳个人所得税 |
| | 在中国境内无住所而一个纳税年度内在中国境内居住累计不满 183 天的个人 | |

**思考 6-1** 按照法律规定，个人独资企业和合伙企业不缴纳企业所得税。那这两种企业缴纳个人所得税吗？

解析：个人独资企业和合伙企业确实不缴纳企业所得税，但是也不是以企业的名义缴纳个人所得税。这两种企业取得的收入，只对投资者个人或个人合伙人按照取得的生产经营所得征收个人所得税。

#### 2. 征税对象

个人所得税的征税对象是指应当缴纳个人所得税的应税项目，即个人所得税的税目。目前，我国的个人所得税明文规定的税目有以下九种。

（1）工资、薪金所得，是指个人因任职或者受雇取得的工资、薪金、奖金、年终加薪、劳动分红、津贴、补贴以及与任职或者受雇有关的其他所得。

（2）劳务报酬所得，是指个人从事劳务取得的所得，包括从事设计、装潢、安装、制图、化验、测试、医疗、法律、会计、咨询、讲学、翻译、审稿、书画、雕刻、影视、录音、录像、演出、表演、广告、展览、技术服务、介绍服务、经纪服务、代办服务以及其他劳务取得的所得。

（3）稿酬所得，是指个人因其作品以图书、报刊等形式出版、发表而取得的所得。

（4）特许权使用费所得，是指个人提供专利权、商标权、著作权、非专利技术以及其他特许权的使用权取得的所得；提供著作权的使用权取得的所得，不包括稿酬所得。

（5）经营所得，是指：

1）个体工商户从事生产、经营活动取得的所得，个人独资企业投资人、合伙企业的个人合伙人来源于境内注册的个人独资企业、合伙企业生产、经营的所得。

2）个人依法从事办学、医疗、咨询以及其他有偿服务活动取得的所得。

3）个人对企业、事业单位承包经营、承租经营以及转包、转租取得的所得。

4）个人从事其他生产、经营活动取得的所得。

（6）利息、股息、红利所得，是指个人拥有债权、股权等而取得的利息、股息、红利所得。

（7）财产租赁所得，是指个人出租不动产、机器设备、车船以及其他财产取得的所得。

（8）财产转让所得，是指个人转让有价证券、股权、合伙企业中的财产份额、不动产、机器设备、车船以及其他财产取得的所得。

（9）偶然所得，是指个人得奖、中奖、中彩以及其他偶然性质的所得。

以上所得中，居民个人取得第一项至第四项所得（以下称综合所得），按纳税年度合并计算个人所得税；非居民个人取得第一项至第四项所得，按月或者按次分项计算个人所得税。纳税人取得第五项至第九项所得，依照法律规定分别计算个人所得税。

各税目计税规则见表6-2。

表6-2　各税目计税规则

| 税　目 | 计　税　规　则 |
| --- | --- |
| 工资、薪金所得 | （1）居民个人：该四项所得均纳入综合所得，按纳税年度合并计算个人所得税<br>（2）非居民个人：<br>①按月或者按次分项计算个人所得税<br>②非居民个人取得的劳务报酬所得、稿酬所得、特许权使用费所得，属于一次性收入的，以取得该项收入为一次；属于同一项目连续性收入的，以一个月内取得的收入为一次 |
| 劳务报酬所得 | |
| 稿酬所得 | |
| 特许权使用费所得 | |
| 经营所得 | 按年 |
| 利息、股息、红利所得 | 按次 |
| 财产租赁所得 | 按次（以一个月内取得的收入为一次） |
| 财产转让所得 | 按次 |
| 偶然所得 | 按次 |

### 思考 6-2　是不是所有的合法所得收入都需要缴纳个人所得税？

**解析**：根据我国《个人所得税法》规定，有一些收入是免税的：

（1）省级人民政府、国务院部委和中国人民解放军军以上单位，以及外国组织、国际组织颁发的科学、教育、技术、文化、卫生、体育、环境保护等方面的奖金。

（2）国债和国家发行的金融债券利息。

（3）按照国家统一规定发给的补贴、津贴。

（4）福利费、抚恤金、救济金。

（5）保险赔款。

（6）军人的转业费、复员费、退役金。

（7）按照国家统一规定发给干部、职工的安家费、退职费、基本养老金或者退休费、离休费、离休生活补助费。

（8）依照有关法律规定应予免税的各国驻华使馆、领事馆的外交代表、领事官员和其他人员的所得。

（9）中国政府参加的国际公约、签订的协议中规定免税的所得。

（10）国务院规定的其他免税所得。

### 3. 税率

个人所得税根据不同的征税项目，分别规定了两种不同类型的税率：超额累进税率和比例税率。

（1）超额累进税率。适用超额累进税率的项目有综合所得和经营所得。

居民个人每一纳税年度内取得的综合所得，适用3%～45%的七级超额累进税率，按年应纳税所得额计算征税，具体见表6-3。

**表6-3　个人所得税税率表**（综合所得适用）

| 级数 | 全年应纳税所得额 | 税率 | 速算扣除数 |
| --- | --- | --- | --- |
| 1 | 不超过36 000元的 | 3% | 0 |
| 2 | 超过36 000元至144 000元的部分 | 10% | 2 520 |
| 3 | 超过144 000元至300 000元的部分 | 20% | 16 920 |
| 4 | 超过300 000元至420 000元的部分 | 25% | 31 920 |
| 5 | 超过420 000元至660 000元的部分 | 30% | 52 920 |
| 6 | 超过660 000元至960 000元的部分 | 35% | 85 920 |
| 7 | 超过960 000元的部分 | 45% | 181 920 |

非居民个人取得工资、薪金所得、劳务报酬所得、稿酬所得、特许权使用费所得，按月或者按次分项计算个人所得税，适用按月换算后的非居民个人所得税月度税率表，具体见表6-4。

表 6-4　个人所得税税率表

（非居民个人工资、薪金所得、劳务报酬所得、稿酬所得、特许权使用费所得适用）

| 级　数 | 月应纳税所得额 | 税　率 | 速算扣除数 |
| --- | --- | --- | --- |
| 1 | 不超过 3 000 元的 | 3% | 0 |
| 2 | 超过 3 000 元至 12 000 元的部分 | 10% | 210 |
| 3 | 超过 12 000 元至 25 000 元的部分 | 20% | 1 410 |
| 4 | 超过 25 000 元至 35 000 元的部分 | 25% | 2 660 |
| 5 | 超过 35 000 元至 55 000 元的部分 | 30% | 4 410 |
| 6 | 超过 55 000 元至 80 000 元的部分 | 35% | 7 160 |
| 7 | 超过 80 000 元的部分 | 45% | 15 160 |

经营所得适用 5% ~ 35% 的五级超额累进税率，具体见表 6-5。

表 6-5　个人所得税税率表（经营所得适用）

| 级　数 | 全年应纳税所得额 | 税　率 | 速算扣除数 |
| --- | --- | --- | --- |
| 1 | 不超过 30 000 元的 | 5% | 0 |
| 2 | 超过 30 000 元至 90 000 元的部分 | 10% | 1 500 |
| 3 | 超过 90 000 元至 300 000 元的部分 | 20% | 10 500 |
| 4 | 超过 300 000 元至 500 000 元的部分 | 30% | 40 500 |
| 5 | 超过 500 000 元的部分 | 35% | 65 500 |

（2）比例税率。对个人的利息、股息、红利所得，财产租赁所得，财产转让所得，偶然所得和其他所得，按月（或次）计算征收个人所得税，适用 20% 的比例税率。

### 二、操作准备

理解个人所得税纳税人的含义、应税所得包括的项目。

分析东盛公司薪资构成，判断其是否有非应税收入。

整理东盛公司员工信息表、工资表等内容。

熟悉智能化操作平台的"智能工资"模块，完成账套建立及模块的基础设置。

## 任务实施

（1）分析东盛公司的员工是否为个人所得税的纳税人，属于居民纳税人还是非居民纳税人。

东盛公司全体员工都是中国公民，所以他们都是个人所得税的纳税人，都属于居民纳税人。东盛公司负有代扣代缴个人所得税税款的义务。

（2）分析东盛公司的员工的应税项目。

东盛公司的员工应就他们的工资、薪金所得缴纳个人所得税。其中差旅补贴和交通补贴因为每月以固定金额计入工资，应按照工资、薪金所得计算缴纳个人所得税。工资、薪金所得属于个人所得税中的综合所得。

## 任务评价

| 评价内容 | 评价标准 | 完成情况（0~10分） |
| --- | --- | --- |
| 纳税人 | 能正确进行纳税人身份判断 | |
| 征税范围 | 能正确进行应税所得项目判断 | |
| 税收优惠 | 能根据具体情况判断是否享受税收优惠 | |
| 税率 | 能根据所得项目进行税率选择 | |
| 平台操作 | 能在平台完成智能工资模块的基础设置 | |

## 任务二 个人所得税的计算

## 任务情境

东盛公司提供了1月份的人员信息表和工资表。公司有员工79人，其中员工崔美珠填报了在北京东城区的租房信息，租期2021年1月至2023年12月；员工丁汉汶填报首套住房贷款利息支出，个人扣除比例100%；员工黄倩慈有一个3岁小孩，个人扣除比例为100%；员工高诗涵正攻读硕士学位；员工陈宛萱是独生子女，父亲当年年满61周岁。东盛公司员工工资表（部分）见表6-6。

表6-6 东盛公司员工工资表（部分）

| 工号 | 姓名 | 收入信息 | | | | | | 收入合计 | 专项扣除 | | | | 其他扣除 |
| --- | --- | --- | --- | --- | --- | --- | --- | --- | --- | --- | --- | --- | --- |
| | | 基本工资 | 岗位津贴 | 绩效奖金 | 差旅补贴 | 交通补助 | 话补 | | 基本养老保险 | 基本医疗保险 | 失业保险 | 住房公积金 | |
| 101 | 安西泽 | 12 000.00 | 500.00 | 200.00 | 100.00 | 50.00 | 500.00 | 13 350.00 | 289.04 | 111.14 | 7.23 | 300.00 | 0.00 |
| 202 | 席亚楠 | 7 000.00 | 0.00 | 200.00 | 100.00 | 50.00 | 300.00 | 7 650.00 | 289.04 | 111.14 | 7.23 | 300.00 | 0.00 |
| 201 | 路铭 | 8 000.00 | 500.00 | 200.00 | 100.00 | 50.00 | 500.00 | 9 350.00 | 289.04 | 111.14 | 7.23 | 300.00 | 0.00 |
| 602 | 李美林 | 6 000.00 | 500.00 | 200.00 | 100.00 | 50.00 | 500.00 | 7 350.00 | 289.04 | 111.14 | 7.23 | 300.00 | 0.00 |
| 510 | 杨宛如 | 4 500.00 | 0.00 | 200.00 | 100.00 | 50.00 | 500.00 | 5 350.00 | 289.04 | 111.14 | 7.23 | 300.00 | 0.00 |
| 303 | 高诗涵 | 6 000.00 | 0.00 | 200.00 | 500.00 | 50.00 | 300.00 | 7 050.00 | 289.04 | 111.14 | 7.23 | 300.00 | 0.00 |

（续）

| 工号 | 姓名 | 收入信息 | | | | | | 收入合计 | 专项扣除 | | | | 其他扣除 |
| --- | --- | --- | --- | --- | --- | --- | --- | --- | --- | --- | --- | --- | --- |
| | | 基本工资 | 岗位津贴 | 绩效奖金 | 差旅补贴 | 交通补助 | 话补 | | 基本养老保险 | 基本医疗保险 | 失业保险 | 住房公积金 | |
| 815 | 黄倩慈 | 3 500.00 | 0.00 | 200.00 | 100.00 | 50.00 | 300.00 | 4 150.00 | 289.04 | 111.14 | 7.23 | 300.00 | 0.00 |
| 707 | 崔美珠 | 3 000.00 | 0.00 | 200.00 | 100.00 | 50.00 | 300.00 | 3 650.00 | 289.04 | 111.14 | 7.23 | 300.00 | 0.00 |
| 312 | 丁汉汶 | 3 000.00 | 0.00 | 200.00 | 500.00 | 50.00 | 300.00 | 4 050.00 | 289.04 | 111.14 | 7.23 | 300.00 | 0.00 |
| 307 | 陈宛萱 | 3 500.00 | 0.00 | 200.00 | 500.00 | 50.00 | 300.00 | 4 550.00 | 289.04 | 111.14 | 7.23 | 300.00 | 0.00 |

## 任务布置

确定东盛公司员工的应纳税所得额。

确定东盛公司员工个人所得税的适用税率。

计算东盛公司员工应缴纳的个人所得税税额。

## 任务准备

### 一、知识准备

#### 1. 居民个人综合所得应纳税额计算

（1）计算公式。

应纳税额 = 应纳税所得额 × 适用税率 − 速算扣除数

= （每一纳税年度收入额 − 法定扣除项目）× 适用税率 − 速算扣除数

= （每一纳税年度收入额 − 减除费用 6 万元 − 专项扣除 − 专项附加扣除 − 依法确定的其他扣除）× 适用税率 − 速算扣除数

（2）综合所得纳税年度收入额。综合所得年收入额的计算如下：

1）工资、薪金所得全额计入收入额。

2）劳务报酬所得和特许权使用费所得按实际取得的劳务报酬所得、特许权使用费所得的 80% 计入综合所得年收入额；

3）稿酬所得按实际取得的稿酬收入的 80% 再减按 70%（即稿酬所得的 56%）计算综合所得年收入额。

（3）法定扣除项目。综合所得的法定扣除项目有基本减除费用、专项扣除、专项附加扣除以及依法确定的其他扣除。具体内容见表 6−7。

专项附加扣除项目

表 6−7　个人所得税综合所得法定扣除项目

| | 扣除标准 | 扣除方法 |
| --- | --- | --- |
| 基本减除费用 | 60 000 元 / 年（5 000 元 / 月） | |
| 专项扣除 | 包括居民个人按照国家规定的范围和标准缴纳的基本养老保险、基本医疗保险、失业保险等社会保险费和住房公积金等 | |

（续）

| | | 扣 除 标 准 | 扣 除 方 法 |
|---|---|---|---|
| 专项附加扣除 | 子女教育专项附加扣除 | 纳税人的子女接受学前教育和学历教育的相关支出，按照每个子女每月1 000元的标准定额扣除 | 受教育子女的父母分别按扣除标准的50%扣除；经父母约定，也可以选择由其中一方按扣除标准的100%扣除。具体扣除方式在一个纳税年度内不得变更 |
| | 继续教育专项附加扣除 | （1）纳税人接受中国境内学历（学位）继续教育的支出，在学历（学位）教育期间按照400元/月定额扣除<br>（2）纳税人接受技能人员职业资格继续教育、专业技术人员职业资格继续教育支出，在取得相关证书的年度，按照3 600元定额扣除 | 个人接受同一学历教育事项，符合规定扣除条件的，该项教育支出可以由其父母按照子女教育支出扣除，也可以由本人按继续教育支出扣除，但不得同时扣除 |
| | 大病医疗专项附加扣除 | 在一个纳税年度内，纳税人发生的与基本医保相关的医药费用支出，扣除医保报销后个人负担（指医保目录范围内自付的部分）累计超过15 000元的部分，由纳税人在办理年度汇算清缴时，在80 000元限额内据实扣除 | （1）纳税人发生的医药费用支出可以选择由本人或配偶扣除<br>（2）未成年子女发生的医药费用可以选择由父母一方扣除 |
| | 住房贷款利息专项附加扣除 | 纳税人本人或配偶使用商业银行或住房公积金个人住房贷款为本人或其配偶购买住房，发生的：<br>（1）首套住房贷款利息支出，在偿还贷款期间，可以按照每月1 000元标准定额扣除。扣除期限最长不得超过240个月。<br>（2）非首套住房贷款利息支出，纳税人不得扣除 | （1）纳税人只能享受一套首套住房贷款利息扣除<br>（2）经夫妻双方约定，可以选择由其中一方扣除，具体扣除方式在一个纳税年度内不得变更 |
| | 住房租金专项附加扣除 | 纳税人主要工作城市没有住房，而在主要工作城市租赁住房发生的租金支出，可以按照以下标准定额扣除：<br>（1）承租的住房位于直辖市、省会城市、计划单列市以及国务院确定的其他城市，扣除标准为每月1 500元<br>（2）承租的住房位于其他城市的，市辖区户籍人口超过100万的，扣除标准为每月1 100元<br>（3）承租的住房位于其他城市的，市辖区户籍人口不超过100万（含）的，扣除标准为每月800元 | （1）夫妻双方主要工作城市相同的，只能由一方扣除住房租金支出<br>（2）住房租金支出由签订租赁住房合同的承租人扣除<br>（3）纳税人及其配偶在一个纳税年度内不得同时分别享受住房贷款利息和住房租金专项附加扣除 |
| | 赡养老人专项附加扣除 | 纳税人赡养60岁（含）以上父母或子女均已去世的祖父母、外祖父母的赡养支出，可以按照以下标准定额扣除：<br>（1）纳税人为独生子女的，按照每月2 000元的标准定额扣除<br>（2）纳税人为非独生子女的，应当与其兄弟姐妹分摊每月2 000元的扣除额度，每人分摊的额度最高不能超过每月1 000元 | 兄弟姐妹间的分摊方式包括平均分摊、被赡养人指定分摊或者赡养人约定分摊，具体分摊方式在一个纳税年度内不得变更。指定分摊与约定分摊不一致的，以指定分摊为准 |
| | 3岁以下婴幼儿照护扣除 | 纳税人照护3岁以下婴幼儿子女的相关支出，按照每个婴幼儿每月1 000元的标准定额扣除 | 父母可以选择由其中一方按扣除标准的100%扣除，也可以选择由双方分别按扣除标准的50%扣除，具体扣除方式在一个纳税年度内不能变更 |
| 其他扣除 | | 包括个人缴付符合国家规定的企业年金、职业年金，个人购买符合国家规定的商业健康保险、税收递延型商业养老保险的支出，以及国务院规定可以扣除的其他项目<br>自2022年1月1日起，对个人养老金实施递延纳税优惠政策。在缴费环节，个人向个人养老金资金账户的缴费，按照12 000元/年的限额标准，在综合所得或经营所得中据实扣除。原实施个人税收递延型商业养老保险试点的地区，按个人养老金制度实施 | |

纳税人同时从两处以上取得工资、薪金所得，并由扣缴义务人减除专项附加扣除的，对同

一专项附加扣除项目,在一个纳税年度内只能选择从一处取得的所得中减除。

### 案例 6-1

中国境内公司职员李某全年取得工资、薪金收入 180 000 元。当地规定的社会保险和住房公积金个人缴存比例为:基本养老保险 8%,基本医疗保险 2%,失业保险 0.2%,住房公积金 12%。李某缴纳社会保险费核定的月缴费工资基数为 10 000 元。李某正在偿还首套住房贷款及利息;李某为独生女,其独生子正在读大学;李某父母均已年过 60 岁。李某夫妻约定由李某扣除住房贷款利息和子女教育费。计算李某年综合所得的应纳税额。

**分析**:李某的法定扣除项目计算见表 6-8。

表 6-8 李某的法定扣除项目计算

| 项　　目 | | 金　　额 |
|---|---|---|
| 基本减除费用 | | 60 000 元 |
| 专项扣除 | | 10 000×(8%+2%+0.2%+12%)×12=26 640(元) |
| 专项附加扣除 | 子女教育专项附加扣除 | 12 000 元 |
| | 继续教育专项附加扣除 | 无 |
| | 大病医疗专项附加扣除 | 无 |
| | 住房贷款利息专项附加扣除 | 12 000 元 |
| | 住房租金专项附加扣除 | 无 |
| | 赡养老人专项附加扣除 | 24 000 元 |
| | 3 岁以下婴幼儿照护扣除 | 无 |
| 其他扣除项目 | | 无 |

法定扣除项目合计 =60 000+26 640+12 000+12 000+24 000=134 640(元)
应纳税所得额 =180 000−134 640=45 360(元)
查找税率表:适用税率为 10%,速算扣除数为 2 520。
应纳税额 =45 360×10%−2 520=2 016(元)

## 延伸阅读

### 我国个人所得税的改革

我国的个人所得税制度是在改革开放后建立起来的。我国的个人所得税制度自 1980 年建立之后进行过数次改革,使得个人所得税制度得以不断完善。随着税收体制改革的不断深入,2018 年国家又对个人所得税进行了一次重大的改革,新税制自 2019 年开始实施。这次改革意义非常重大,不但提高了费用扣除标准,还将子女教育、继续教育、大病医疗、赡养老人等六项专项附加扣除(2022 年 1 月 1 日起又增加了 3 岁以下婴幼儿照护支出扣除),大大降低了中低收入阶层的负担,惠及广大纳税人,改善民生,调节收入分配,在一定程度上改善了社会存在的贫富差距,实现社会的公平,这体现了国家以人民为中心的治国发展理念。随着我国经济的快速发展以及国力的增强,人们收入水平的不断提高,个人所得税也将在社会经济生活中日益发挥更加重要的作用。

## 2. 非居民个人应纳税额的计算

非居民个人的工资、薪金所得，以每月收入额减除费用 5 000 元后的余额为应纳税所得额。劳务报酬所得、稿酬所得、特许权使用费所得以收入减除 20% 的费用后的余额为收入额。稿酬所得减按 70% 计算。

非居民个人取得工资、薪金所得，劳务报酬所得，稿酬所得和特许权使用费所得，有扣缴义务人的，由扣缴义务人按月或者按次代扣代缴税款，不办理汇算清缴。

## 3. 扣缴义务人对居民个人工资、薪金所得，劳务报酬所得，稿酬所得，特许权使用费所得预扣预缴个人所得税的计算

（1）扣缴义务人向居民个人支付工资、薪金时，应当按照累计预扣法计算预扣税款，并按月办理全员全额扣缴申报。累计预扣法是指扣缴义务人在一个纳税年度内预扣预缴税款时，以纳税人在本单位截至当前月份工资、薪金所得累计收入减除累计免税收入、累计减除费用、累计专项扣除、累计专项附加扣除和累计依法确定的其他扣除后的余额为累计预扣预缴应纳税所得额，计算累计应预扣预缴税额，再减除累计减免税额和累计已预扣预缴税额，其余额为本期应预扣预缴税额。

综合所得预扣预缴（一）

综合所得预扣预缴（二）

具体计算公式如下：

本期应预扣预缴税额 =（累计预扣预缴应纳税所得额 × 预扣率 – 速算扣除数）– 累计减免税额 – 累计已预扣预缴税额

累计预扣预缴应纳税所得额 = 累计收入 – 累计免税收入 – 累计减除费用 – 累计专项扣除 – 累计专项附加扣除 – 累计依法确定的其他扣除

其中：累计减除费用，按照 5 000 元 / 月乘以纳税人当年截至本月在本单位的任职受雇月份数计算。

上述公式中，计算居民个人工资、薪金所得预扣预缴的预扣率、速算扣除数见表 6-9。

表 6-9　个人所得税预扣率表一（居民个人工资、薪金所得预扣预缴适用）

| 级　数 | 累计预扣预缴应纳税所得额 | 预 扣 率 | 速算扣除数 |
| --- | --- | --- | --- |
| 1 | 不超过 36 000 元的 | 3% | 0 |
| 2 | 超过 36 000 元至 144 000 元的部分 | 10% | 2 520 |
| 3 | 超过 144 000 元至 300 000 元的部分 | 20% | 16 920 |
| 4 | 超过 300 000 元至 420 000 元的部分 | 25% | 31 920 |
| 5 | 超过 420 000 元至 660 000 元的部分 | 30% | 52 920 |
| 6 | 超过 660 000 元至 960 000 元的部分 | 35% | 85 920 |
| 7 | 超过 960 000 元的部分 | 45% | 181 920 |

### 案例 6-2

承案例 7-1，李某 1～2 月的工资收入均为 15 000 元，其个人缴纳的三险一金为每月 2 220 元。李某的专项附加扣除等信息均已提供给所在单位，个人所得税由单位预扣预缴。计算李某 1～2 月由单位预扣预缴的个人所得税额。

**分析：**

1 月：累计收入 =15 000（元）

累计扣除额 =5 000+2 220+1 000+1 000+2 000=11 220（元）

累计预扣预缴应纳税所得额 =15 000-11 220=3 780（元）

应预扣预缴个人所得税额 =3 780×3%=113.4（元）

2 月：累计收入 =15 000×2=30 000（元）

累计扣除额 =（5 000+2 220+1 000+1 000+2 000）×2=22 440（元）

累计预扣预缴应纳税所得额 =30 000-22 440=7 560（元）

累计应预扣预缴个人所得税额 =7 560×3%=226.8（元）

当月应预扣预缴税额 =226.8-113.4=113.4（元）

（2）扣缴义务人向居民个人支付劳务报酬所得、稿酬所得、特许权使用费所得，按次或者按月预扣预缴个人所得税。劳务报酬所得、稿酬所得、特许权使用费所得，属于一次性收入得，以取得该项收入为一次；属于同一项目连续性收入的，以一个月内取得的收入为一次。具体预扣预缴方法如下：

劳务报酬所得、稿酬所得、特许权使用费所得以收入减除费用后的余额为收入额。其中，稿酬所得的收入额减按 70% 计算。

减除费用：劳务报酬所得、稿酬所得、特许权使用费所得每次收入不超过 4 000 元的，减除费用按 800 元计算；每次收入 4 000 元以上的，减除费用按 20% 计算。

应纳税所得额：劳务报酬所得、稿酬所得、特许权使用费所得，以每次收入额为预扣预缴应纳税所得额。

劳务报酬所得适用 20%～40% 的超额累进预扣率见表 6-10。稿酬所得和特许权使用费所得适用 20% 的预扣率。

**表 6-10 个人所得税预扣率表二**（居民个人劳务报酬所得预扣预缴适用）

| 级　数 | 预扣预缴应纳税所得额 | 预扣率 | 速算扣除数 |
| --- | --- | --- | --- |
| 1 | 不超过 20 000 元的 | 20% | 0 |
| 2 | 超过 20 000 元至 50 000 元的部分 | 30% | 2 000 |
| 3 | 超过 50 000 元的部分 | 40% | 7 000 |

相关所得计算公式如下：

劳务报酬所得应预扣预缴税额 = 预扣预缴应纳税所得额 × 预扣率 - 速算扣除数

稿酬所得、特许权使用费所得应预扣预缴税额 = 预扣预缴应纳税所得额 ×20%

居民个人工资、薪金所得，劳务报酬所得，稿酬所得，特许权使用费所得年度预扣预缴税额与年度应纳税额不一致的，由居民个人于次年 3 月 1 日至 6 月 30 日向主管税务机关办理综合所得年度汇算清缴，税款多退少补。

### 案例 6-3

樱花出版社当期应支付作者李某稿酬 8 000 元，应支付张某劳务报酬 35 000 元。计算樱花出版社应预扣预缴的个人所得税额。

**分析：**

1）预扣李某的个人所得税：

预扣预缴应纳税所得额 =8 000×80%×70%= 4 480（元）

应预扣预缴的个人所得税额 =4 480×20%=896（元）

2）预扣张某的个人所得税：

预扣预缴应纳税所得额 =35 000×（1-20%）=28 000（元）

应预扣预缴个人所得税 =28 000×30%-2 000=6 400（元）

#### 4. 经营所得应纳税额的计算

经营所得应纳税额的计算公式为

应纳税额 = 应纳税所得额 × 适用税率 – 速算扣除数

　　　　=（每一纳税年度的收入总额 – 成本、费用、损失等准予扣除项目）× 适用税率 – 速算扣除数

成本、费用是指个体工商户、个人独资企业、合伙企业以及个人从事其他生产、经营活动发生的各项直接支出和分配计入成本的间接费用以及销售费用、管理费用、财务费用。

分类所得的计算

损失是指个体工商户、个人独资企业、合伙企业以及个人从事其他生产经营活动发生的固定资产和存货的盘亏、毁损、报废损失，转让财产损失、坏账损失，自然灾害等不可抗力因素造成的损失以及其他损失。

取得经营所得的个人，没有综合所得的，以其每一纳税年度来源于个体工商户、个人独资企业、合伙企业以及其他生产、经营活动的所得，减除费用 60 000 元、专项扣除以及依法确定的其他扣除后的余额为应纳税所得额。

具体扣除规定见表 6-11 和表 6-12。

表 6-11　与报酬、福利相关项目的扣除规定

| 扣除项目 | 从业人员 | 业　主 |
| --- | --- | --- |
| 合理工资 | 准予扣除 | 不得扣除（以减除费用项目定额扣除） |
| 经营单位承担的社会保险和住房公积金 | 准予扣除 | 准予扣除 |
| 补充养老保险 | 不超过从业人员工资总额 ×5% | 不超过当地上年度社会平均工资的 3 倍 ×5% |
| 补充医疗保险 | 不超过从业人员工资总额 ×5% | 不超过当地上年度社会平均工资的 3 倍 ×5% |
| 符合条件的商业健康保险 | —— | 不超过 2 400 元 / 年 |
| 商业保险（特例除外） | 不得扣除 | 不得扣除 |
| 合理劳动保护支出 | 准予扣除 | 准予扣除 |
| 三项经费（工会经费、职工福利费、职工教育经费） | 工资薪金总额 ×2%、14%、2.5% | 当地上年度社会平均工资的 3 倍 ×2%、14%、2.5% |
| 代他人负担的税款 | 不得扣除 | 不得扣除 |

表 6-12　与生产经营相关项目的扣除规定

| 扣 除 项 目 | | 具 体 规 定 |
| --- | --- | --- |
| 生产经营费用与个人、家庭费用 | 分别核算 | 生产经营费用据实扣除 |
| | 难以分清 | 按难以分清费用金额的 40% 扣除 |
| 亏损 | | 可以结转在以后 5 年内弥补 |
| 不需要资本化的借款费用 | | 据实扣除 |
| 借款利息 | 向金融企业借款 | 据实扣除 |
| | 向非金融企业或个人借款 | 在按照金融企业同期同类贷款利率计算的数额内扣除 |
| 业务招待费 | | 限额 1：实际发生额的 60%<br>限额 2：当年销售（营业）收入的 5‰<br>取较小者作为最终扣除限额 |
| 广告费和业务宣传费 | | 不超过当年销售（营业）收入 15% 的部分，可以据实扣除；超过部分，准予结转扣除 |
| 摊位费、行政性收费、协会会费 | | 据实扣除 |
| 财产保险费 | | 据实扣除 |
| 开办费 | | 可以选择在开始生产经营的当年一次性扣除 |
| 除按规定可以全额扣除以外的其他公益性捐赠 | | 不超过其应纳税所得额 30% 的部分可以据实扣除 |
| 新产品、新技术、新工艺的研究开发费用 | | 准予当期直接扣除 |
| 研究开发新产品、新技术而购置单台价值在 10 万元以下的测试仪器和试验性装置的购置费 | | 准予当期直接扣除 |
| 损失 | | 按净损失额（减除责任人赔偿和保险赔款）扣除 |

### 5. 利息、股息、红利所得应纳税额的计算

利息、股息、红利所得是指个人拥有债权、股权而取得的利息、股息、红利所得。其中国债和国家发行的金融债券利息免税；储蓄存款利息所得暂免征收个人所得税。

（1）一般计算规则。按次计算，以支付利息、股息、红利时取得的收入为一次。每次的收入额就是应纳税所得额。应纳税额的计算公式为

$$应纳税额 = 应纳税所得额 \times 20\% = 每次收入额 \times 20\%$$

（2）个人持有从公开发行和转让市场取得的上市公司股票而取得的股息、红利。持股期限在 1 个月以内（含 1 个月）的，其股息、红利所得全额计入应纳税所得额；持股期限在 1 个月以上至 1 年（含 1 年）的，暂减按 50% 计入应纳税所得额；持股期限超过 1 年的，股息、红利所得暂免征收个人所得税。

### 6. 财产租赁所得应纳税额计算

财产租赁所得是指个人出租不动产、机器设备、车船以及其他财产取得的所得。税率一般情况下为 20%；个人出租住房取得的所得暂减按 10% 的税率征收个人所得税。

个人提供专利权、商标权、著作权、非专利技术以及其他特许权的使用权（出版、发表除外）取得的所得，属于特许权使用费所得。

财产租赁所得以一个月内取得的收入为一次。

（1）应纳税所得额。个人出租财产取得的财产租赁收入，在计算个人所得税时，应依次扣

除以下费用：

1）财产租赁过程中缴纳的税费（有完税或缴款凭证）。

2）由纳税人负担的该租赁财产实际开支的修缮费用（每月以800元为限，一次扣除不完的，可结转下次扣除）。

3）税法规定的费用扣除标准。每次收入不超过4 000元，定额减除费用800元；每次收入在4 000元以上，定率减除20%的费用。

具体计算公式如下：

每次（月）收入 ≤ 4000元时：

应纳税所得额 = 每次（月）收入额 – 财产租赁过程中缴纳的税费 –
由纳税人负担的租赁财产实际开支的修缮费用（800元为限）–800元

每次（月）收入 >4000元时：

应纳税所得额 =[每次（月）收入额 – 财产租赁过程中缴纳的税费 – 由纳税人负担的
租赁财产实际开支的修缮费用（800元为限）]×（1–20%）

应纳税额 = 应纳税所得额 ×20%（或者10%）

（2）个人房屋转租。个人取得的房屋转租收入，属于财产租赁所得的征税范围。在计算个人所得税时，允许依次扣除下列费用：

1）财产租赁过程中缴纳的税费（有完税凭证或缴款凭证）。

2）向房屋出租方支付的租金（凭房屋租赁合同和合法支付凭据）。

3）由纳税人负担的租赁财产实际开支的修缮费用（凭有效凭证）。

4）税法规定的费用扣除标准。

### 案例 6-4

王某出租住房每月的不含增值税租金收入是3 000元，房屋租赁过程中缴纳的可以税前扣除的相关税费为120元。7月份支付出租住房修缮费1 000元。王某当月出租住房应缴纳个人所得税税额是多少？

**分析**：修缮费最高扣800元，余额200元可结转下期扣除。

7月份应纳税额 =（3 000–120–800–800）×10%=128（元）

#### 7. 财产转让所得

财产转让所得是指个人转让有价证券、股权、合伙企业中的财产份额、不动产、机器设备、车船以及其他财产取得的所得。

（1）计算公式。

应纳税额 = 应纳税所得额 ×20%=（收入总额 – 财产原值 – 合理费用）×20%

（2）个人转让房屋。对个人转让自用达5年以上并且是家庭唯一生活用房取得的所得，暂免征收个人所得税。

个人转让房屋的个人所得税应税收入不含增值税，其取得房屋时所支付价款中包含的增值税计入财产原值，计算转让所得时可扣除的税费不包括本次转让缴纳的增值税。

（3）个人股权转让所得。对境内上市公司股票（非限售股）转让所得，暂免征收个人所得税。对个人转让上市公司限售股取得的所得，按照财产转让所得，适用20%的比例税率征收个人所得税。

个人将投资于在中国境内成立的企业或组织（不包括个人独资企业和合伙企业）的股权或股份，转让给其他个人或法人的行为，按照财产转让所得，依法计算缴纳个人所得税。

（4）其他转让所得。

个人以非货币性资产投资，属于个人转让非货币性资产和投资同时发生。对个人转让非货币性资产的所得，应按照财产转让所得，依法计算缴纳个人所得税。

个人通过招标、竞拍或其他方式购置债权以后，通过相关司法或行政程序主张债权而取得的所得，应按照财产转让所得缴纳个人所得税。

个人通过网络收购玩家的虚拟货币，加价后向他人出售取得的收入，属于个人所得税应税所得，应按照财产转让所得计算缴纳个人所得税。

### 8. 偶然所得

偶然所得是指个人得奖、中奖、中彩以及其他偶然性质的所得。其个人所得税按次计算，以每次取得该项收入为一次。每次收入额就是应纳税所得额。其应纳税额计算公式为

$$应纳税额 = 应纳税所得额 \times 20\% = 每次收入额 \times 20\%$$

### 9. 年终奖的个税处理

根据规定，居民个人取得全年一次性奖金，符合《国家税务总局关于调整个人取得全年一次性奖金等计算征收个人所得税方法问题的通知》（国税发〔2005〕9号）规定的，在2023年12月31日前，可以不并入当年综合所得，以全年一次性奖金收入除以12个月得到的数额，按照按月换算后的综合所得税率表，确定适用税率和速算扣除数（见表7-4），单独计算纳税。计算公式为

$$应纳税额 = 全年一次性奖金收入 \times 适用税率 - 速算扣除数$$

居民个人取得除全年一次性奖金以外的其他各种名目奖金，如半年奖、季度奖、加班奖、先进奖、考勤奖等，一律与当月工资、薪金收入合并，按税法规定缴纳个人所得税。

自2024年1月1日起，居民个人取得全年一次性奖金，应并入当年综合所得计算缴纳个人所得税。

### 10. 捐赠的个人所得税处理

（1）全额扣除。

个人通过非营利性的社会团体和国家机关向红十字事业的捐赠，在计算缴纳个人所得税时，准予在税前的所得额中全额扣除。

个人通过非营利性的社会团体和国家机关向农村义务教育的捐赠，在计算缴纳个人所得税时，准予在税前的所得额中全额扣除。

个人通过非营利性的社会团体和国家机关对公益性青少年活动场所（其中包括新建）的捐赠，在计算缴纳个人所得税时，准予在税前的所得额中全额扣除。

个人通过非营利性的社会团体和政府部门向福利性、非营利性老年服务机构捐赠、通过特定的基金会用于公益救济性的捐赠，符合相关条件的，准予在缴纳个人所得税税前全额扣除。

（2）限额扣除。

个人将其所得对教育、扶贫、济困等公益慈善事业进行捐赠，捐赠额未超过纳税人申报的应纳税所得额30%的部分，可以从其应纳税所得额中扣除；纳税人发生的捐赠支出，可以选择

从综合所得、经营所得中扣除,也可以选择从分类所得中扣除;在当期一个所得项目扣除不完的捐赠支出,可以按规定在其他所得项目中继续扣除。

### 职业提示

**婴幼儿照护支出税前扣除**

《国务院关于设立3岁以下婴幼儿照护个人所得税专项附加扣除的通知》规定,自2022年1月1日起,设立3岁以下婴幼儿照护个人所得税专项附加扣除,按每个婴幼儿每月1 000元标准扣除。这是党中央、国务院根据我国人口发展变化形势做出的重大决策,是促进人口长期均衡发展、推动高质量发展的重大举措。3岁以下婴幼儿照护个人所得税专项附加扣除政策作为优化生育政策的配套支持措施之一,体现了国家对人民群众生育养育的鼓励和照顾,有利于减轻人民群众抚养子女负担。该项政策实施后,有3岁以下婴幼儿的家庭都将从中受益。

### 二、操作准备

掌握居民个人综合所得年应纳税额的计算。
掌握工资、薪金所得的累计预扣法。

## 任务实施

### 1. 确认工资的收入额

东盛公司当月员工的工资收入为全部工资项目构成内容的合计数。因为是1月份,所以累计收入即员工1月份工资收入。

### 2. 确认扣除项目金额

工资薪金所得的扣除项目包括基本减除费用(每人每月5 000元)、专项扣除项目金额(各人缴纳的三险一金总额)、专项附加扣除和其他扣除。其中高诗涵的专项附加扣除为继续教育支出每月400元扣除金额,黄倩慈为独生子女教育支出每月1 000元扣除金额,崔美珠为租房支出每月1 500元扣除金额,丁汉汶为首套房贷利息支出每月1 000元扣除金额,陈宛萱为赡养老人每月2 000元扣除金额。

### 3. 确认应纳税所得额

累计应纳税所得额 = 累计收入 - 累计基本费用扣除 - 累计专项扣除 - 累计专项附加扣除 - 其他扣除。本任务中东盛公司员工无其他扣除事项。

### 4. 确认适用税率

本任务中所有员工的累计应纳税所得额未超过36 000元,适用第一等级预扣率3%。

### 5. 计算当月应缴纳的个人所得税税额

若本期累计应纳税所得额为负,则本期累计应纳税额为0。当月应补税额 = 累计应纳税额 - 累计已预缴税额。本任务中,1月份无预缴税额,即1月累计应纳税额为1月应纳税额。

具体计算过程见表6-13。

表 6-13　个人所得税具体计算过程　　　　　　　　　　　　　　　（单位：元）

| 姓名 | 累计收入 | 累计基本费用扣除 | 累计专项扣除 | 累计专项附加扣除 | 累计应纳税所得额 | 累计应纳税额 | 已缴税额 | 应补税额 |
|---|---|---|---|---|---|---|---|---|
| 安西泽 | 13 350 | 5 000 | 707.41 | 0 | 7 642.59 | 229.28 | 0 | 229.28 |
| 席亚楠 | 7 650 | 5 000 | 707.41 | 0 | 1 942.59 | 58.28 | 0 | 58.28 |
| 路铭 | 9 350 | 5 000 | 707.41 | 0 | 3 642.59 | 109.28 | 0 | 109.28 |
| 李美林 | 7 350 | 5 000 | 707.41 | 0 | 1 642.59 | 49.28 | 0 | 49.28 |
| 杨宛如 | 5 350 | 5 000 | 707.41 | 0 | −357.41 | 0.00 | 0 | 0 |
| 高诗涵 | 7 050 | 5 000 | 707.41 | 400 | 942.59 | 28.28 | 0 | 28.28 |
| 黄倩慈 | 4 150 | 5 000 | 707.41 | 1 000 | −2 557.41 | 0 | 0 | 0 |
| 崔美珠 | 3 650 | 5 000 | 707.41 | 1 500 | −3 557.41 | 0 | 0 | 0 |
| 丁汉汶 | 4 050 | 5 000 | 707.41 | 1 000 | −2 657.41 | 0 | 0 | 0 |
| 陈宛萱 | 4 550 | 5 000 | 707.41 | 2 000 | −3 157.41 | 0 | 0 | 0 |

## 任务评价

| 评 价 内 容 | 评 价 标 准 | 完成情况（0～10分） |
|---|---|---|
| 综合所得——工资薪金所得的预扣预缴 | 掌握专项附加扣除的具体规定，掌握工资薪金所得的累计预扣法<br>能根据具体业务计算不同个人不同月份取得的工资薪金所得应预缴的税款 | |
| 综合所得——其他所得的预扣预缴 | 掌握综合所得其他三项所得的预扣预缴税额计算 | |
| 综合所得的汇算清缴 | 能正确计算综合所得的年应纳税额 | |
| 分类征收所得的应纳税额计算 | 掌握不同分类征收所得项目的计税方法和应纳税额计算 | |

## 任务三　个人所得税的申报

### 任务情境

共享中心员工开始在智能化平台进行东盛公司的个人所得税的申报。

### 任务布置

在智能化平台完成东盛公司1月份工资薪金所得的预扣预缴税款申报。

# 任务准备

## 一、知识准备

### 1. 自行申报纳税

有下列情形之一的,纳税人应当依法办理纳税申报:

(1)取得综合所得需要办理汇算清缴。
(2)取得应税所得没有扣缴义务人。
(3)取得应税所得,扣缴义务人未扣缴税款。
(4)取得境外所得;因移居境外注销中国户籍。
(5)非居民个人在中国境内从两处以上取得工资、薪金所得。
(6)国务院规定的其他情形。

### 2. 纳税期限

居民个人取得综合所得,按年计算个人所得税;有扣缴义务人的,由扣缴义务人按月或者按次预扣预缴税款;年度终了汇算清缴,多退少补。汇算清缴期限为次年3月1日至6月30日。

纳税人取得经营所得,按年计算个人所得税,由纳税人在月度或者季度终了后15日内向税务机关报送纳税申报表,并预缴税款;在取得所得的次年3月31日前办理汇算清缴。

纳税人取得利息、股息、红利所得,财产租赁所得,财产转让所得和偶然所得,按月或按次计算个人所得税,有扣缴义务人的,由扣缴义务人按月或按次代扣代缴税款。

纳税人取得应税所得没有扣缴义务人的,应当在取得所得的次月15日内向税务机关报送纳税申报表,并缴纳税款。居民个人向扣缴义务人提供专项附加扣除信息的,扣缴义务人按月预扣预缴税款时应当按照规定予以扣除,不得拒绝。

### 3. 综合所得汇算清缴

(1)取得综合所得且符合下列情形之一的纳税人,应当依法办理汇算清缴:

1)从两处以上取得综合所得,且综合所得年收入额减除专项扣除后的余额超过6万元。

2)取得劳务报酬所得、稿酬所得、特许权使用费所得中一项或多项所得,且综合所得年收入额减除专项扣除后的余额超过6万元。

综合所得汇算清缴

3)纳税年度内预缴税额低于应纳税额。
4)纳税人申请退税。

(2)综合所得汇算清缴具体操作:

如果是有工作单位的人员,可以通过单位办理;如果自行办理,可以选择通过"个人所得税App"完成。具体操作流程如下:①下载并注册最新版本的"个人所得税App",进行实名注册;②登录后,在常用业务中选择"专项附加扣除填报",完成专项附加扣除填报,补录符合条件的年度专项附加扣除信息,逐项录入实际发生的专项附加扣除;③在个人中心添加银行卡信息,输入银行卡号信息、开户银行所在省份、银行预留手机号码(注意:需要境内账户,以Ⅰ类卡为优);④通过首页的"收入纳税明细查询",核实个人年度收入情况,可提前进行试算。选择好查询项目后,点击查询,即可出现总的应补退税额,下方有明细数据。可以点击明细数据进入后查看具体明细情况,如果对该信息有异议,可以点击"申诉"进行申诉(一般在右上角)。通过查询结果,多退少补。

## 二、操作准备

为东盛公司建立账套并启用智能工资模块。

整理东盛公司的员工信息表、工资信息表、员工专项附加扣除信息表。

熟悉智能化平台中智能工资模块操作。

## 三、任务要领

（1）员工信息导入：可手工添加员工信息，也可按模板导入。导入员工信息后注意核对员工人数以免遗漏。

（2）员工专项附加扣除信息导入：薪税外包业务中，共享中心员工要提醒委托方及时更新并提供更新后的员工专项附加扣除信息。如果专项附加扣除信息变动的员工不多，可手动更新信息。

（3）员工工资信息导入：工资信息导入后要进行认真审核。

# 任务实施

## 一、任务流程

（1）在智能化操作平台依次导入员工信息、员工专项附加扣除信息和工资信息。

（2）进行智能税费计算。

（3）对自动生成的个人所得税扣缴申报表进行审核并申报。

## 二、任务操作

（1）登录智能化操作平台，在领域六中单击"北京东盛食品有限责任公司"，查看东盛公司基本信息，如图6-1所示。

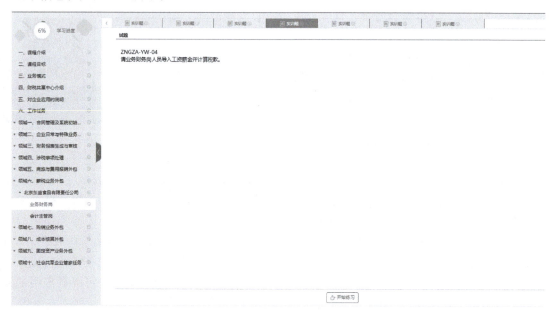

图6-1　平台登录

（2）导入员工基本信息。登录"财天下"，在"基础设置"→"辅助核算"中导入员工信息，如图6-2所示。

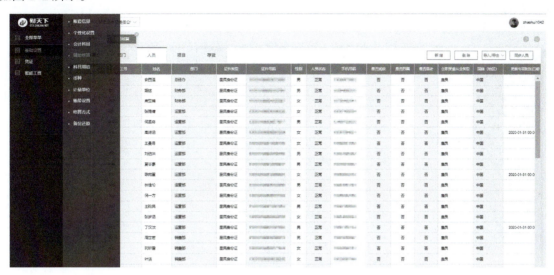

图6-2　导入员工信息

（3）在"财天下"中进入"基础设置"→"账套信息"中，启用智能工资模块，如图6-3所示。

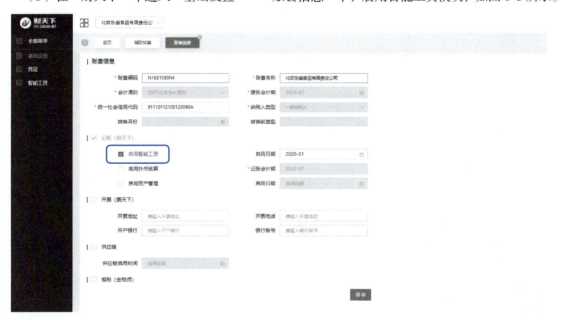

图6-3　启用智能工资模块

（4）采集员工信息。进入"智能工资"→"人员基本信息采集"，同步人员信息并进行确认，再导入"人员专项信息采集"，根据报送的人员专项附加扣除信息进行专项附加扣除的更新，如图6-4和图6-5所示。

（5）采集工资信息。进入"智能工资"→"智能算税"，依次选中"工资薪金信息导入""税款计算"，分别导入工资表并进行个人所得税的智能计算，如图6-6所示。如果涉及员工减免税事项，可在"附表信息导入"中填写。

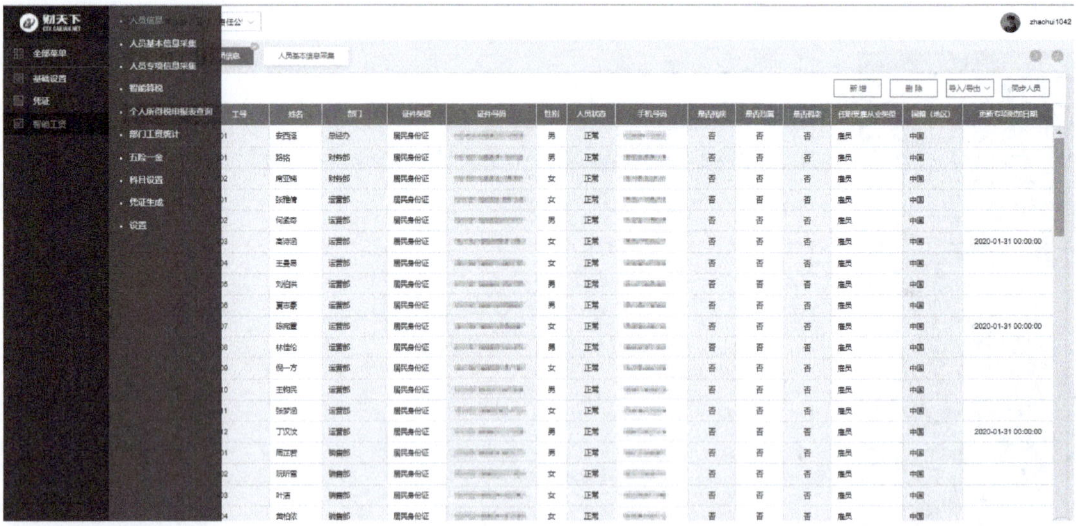

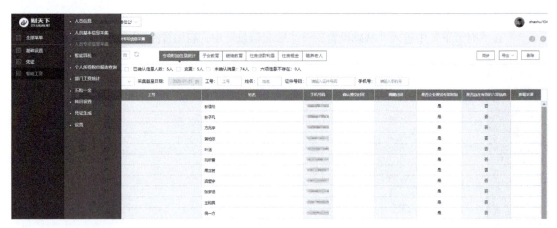

图6-4 人员信息采集

图6-5 专项附加扣除信息采集

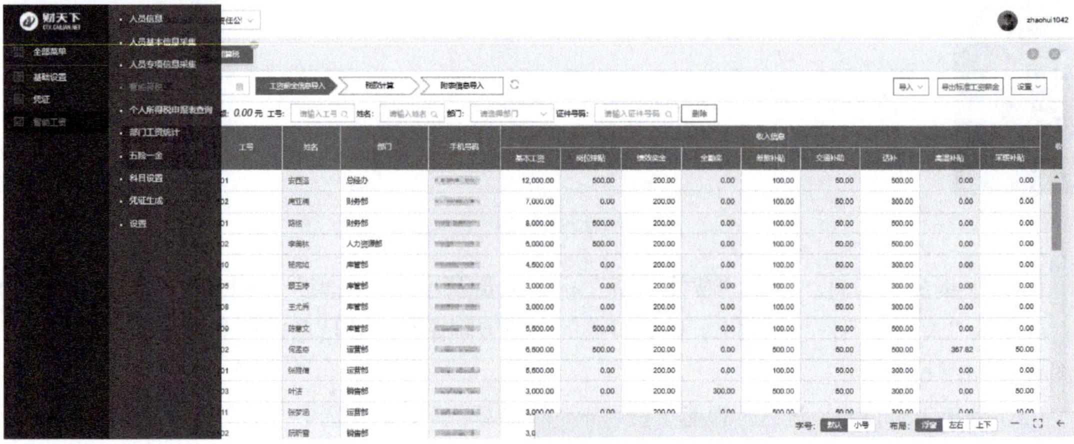

图6-6 导入工资信息

（6）纳税申报。进入"智能工资"→"个人所得税申报表查询"，单击"申报"按钮，根据提示加以确认，如图6-7所示。

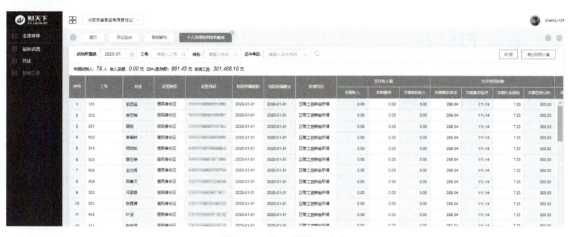

图6-7　个人所得税申报

## 任务评价

| 评价内容 | 评价标准 | 完成情况（0～10分） |
| --- | --- | --- |
| 申报期限 | 清楚不同所得的纳税申报期限规定 | |
| 综合所得汇算清缴 | 能在个人所得税App上完成汇算清缴 | |
| 平台操作 | 能在平台完成人员信息、人员工资、专项附加扣除等信息导入，完成智能算税并进行扣缴税款申报 | |

# 项目七
## 其他税种报税实务

### 知识目标

- 掌握财产税、行为税等各税种的纳税人、征税范围、税率等税法要素的规定。
- 掌握财产税、行为税等各税种的应纳税额计算。
- 掌握财产税、行为税等各税种的纳税义务发生时间、纳税期限、纳税地点等征收管理规定。
- 熟悉财产税和行为税合并申报流程。

### 技能目标

- 能根据经济业务正确界定各税种的纳税人、征税对象和适用税率。
- 能正确计算各税种的应纳税额。
- 能在电子税务局进行各税种的税源信息采集及纳税申报。

### 素养目标

- 通过财产税和行为税的学习,树立资源节约观和环境保护观,培养绿色环保意识以及在小税种上严谨认真的职业态度;通过关税学习,了解关税与国家主权、与国家整体战略的关系,增强自信自强精神与为国奋斗的情怀。

## 任务一 城镇土地使用税的计算与申报

### 任务情境

共享中心员工为完成子林公司的城镇土地使用税纳税申报任务,查阅公司的国有土地使用证等文件。子林公司占地面积为 6 万平方米,其中办公用地 4.5 万平方米,生活区用地 1.5 万平方米,已知当地规定的城镇土地使用税每平方米年税额为 0.8 元。

## 任务布置

判断子林公司是否为城镇土地使用税纳税人。

判断城镇土地使用税的征税范围、计税依据。

根据以上判断进行城镇土地使用税应纳税额的计算，并填写纳税申报表。

## 任务准备

### 一、知识准备

#### 1. 城镇土地使用税的含义

城镇土地使用税是国家在城市、县城、建制镇和工矿区范围内，对使用土地的单位和个人，以其实际占用的土地面积为计税依据，按照规定的税额计算征收的一种税。

#### 2. 城镇土地使用税的纳税人

在城市、县城、建制镇、工矿区范围内使用土地的单位和个人，为城镇土地使用税的纳税人，应当依照规定缴纳城镇土地使用税。城镇土地使用税的纳税人通常包括以下几类：

（1）拥有土地使用权的单位和个人。

（2）拥有土地使用权的单位和个人不在土地所在地的，其土地的实际使用人或代管人为纳税人。

（3）土地使用权未确定或权属纠纷未解决的，其实际使用人为纳税人。

（4）土地使用权共有的，共有各方都是纳税人，以共有各方实际占用土地的面积占总面积的比例，分别计算缴纳城镇土地使用税。

（5）在城镇土地使用税征税范围内，承租集体所有建设用地的，由直接从集体经济组织承租土地的单位和个人，缴纳城镇土地使用税。

#### 3. 城镇土地使用税的征税范围

城镇土地使用税的征税范围，包括在城市、县城、建制镇和工矿区内的国家所有和集体所有的土地。城市是指经国务院批准设立的市；县城是指县人民政府所在地；建制镇是指经省、自治区、直辖市人民政府批准设立的建制镇；工矿区是指工商业比较发达，人口比较集中，符合国务院规定的建制镇标准，但尚未设立建制镇的大、中型工矿企业所在地。建立在城市、县城、建制镇和工矿区以外的工矿企业则不需要缴纳城镇土地使用税。

自 2009 年 1 月 1 日起，公园和名胜古迹内的索道公司经营用地，应按规定缴纳城镇土地使用税。

#### 4. 城镇土地使用税的计税依据

城镇土地使用税以纳税人实际占用的土地面积为计税依据，土地面积计量单位为平方米。纳税人实际占用的土地面积按下列办法确定：

（1）由省（自治区、直辖市）人民政府确定的单位组织测定土地面积的，以测定的面积为准。

（2）尚未组织测量，但纳税人持有政府部门核发的土地使用证书的，以证书确认的土地面积为准。

（3）尚未核发土地使用证书的，应由纳税人据实申报土地面积并据以纳税，待核发土地使用证以后再做调整。

纳税人因房产、土地的实物或权利状态发生变化而依法终止城镇土地使用税纳税义务的，其应纳税款的计算应截止到土地的实物或权利状态发生变化的当月末。

**5. 城镇土地使用税的税率**

城镇土地使用税采用定额税率，即采用有幅度的差别税额，按大、中、小城市和县城、建制县、工矿区分别规定每平方米城镇土地使用税年应纳税额。

大、中、小城市以公安部门登记在册的非农业正式户口人数为依据，按照国务院颁布的《城市规划条例》中规定的标准划分。人口在 50 万人以上者为大城市；人口在 20 万～50 万人之间者为中等城市；人口在 20 万人以下者为小城市。城镇土地使用税税率见表 7-1。

表 7-1  城镇土地使用税税率

| 级　别 | 人口（人） | 每平方米税额 |
| --- | --- | --- |
| 大城市 | 50 万以上 | 1.5～30 元 |
| 中等城市 | 20 万～50 万 | 1.2～24 元 |
| 小城市 | 20 万以下 | 0.9～18 元 |
| 县城、建制镇、工矿区 | | 0.6～12 元 |

自 2009 年 12 月 1 日起，对地下建筑用地暂按应征税款的 50% 征收城镇土地使用税。对在城镇土地使用税征税范围内单独建造的地下建筑用地，按规定征收城镇土地使用税。其中，已取得地下土地使用权证的，按土地使用权证确认的土地面积计算应征税款；未取得地下土地使用权证或地下土地使用权证上未标明土地面积的，按地下建筑垂直投影面积计算应征税款。

**6. 城镇土地使用税的计算**

城镇土地使用税应纳税额可以通过纳税人实际占用的土地面积乘以该土地所在地段的适用税率求得，即

$$应纳税额 = 计税土地面积 \times 适用税额$$

**7. 城镇土地使用税的优惠政策**

（1）国家机关、人民团体、军队自用的土地（仅指这些单位的办公用地和公务用地），免征城镇土地使用税。

（2）由国家财政部门拨付事业经费的单位自用的土地（单位本身的业务用地，如学校的教学楼、操场、食堂等占用的土地），免征城镇土地使用税。

（3）宗教寺庙、公园、名胜古迹自用的土地，免征城镇土地使用税（自用：举行宗教仪式等的用地和寺庙内的宗教人员生活用地；公园、名胜古迹自用的土地是指供公共参观游览的用地及其管理单位的办公用地）。

公园、名胜古迹中附设的营业单位，如影剧院、饮食部、茶社、照相馆、索道公司经营用地等均应按规定缴纳城镇土地使用税。

（4）市政街道、广场、绿化地带等公共用地，免征城镇土地使用税。

（5）直接用于农、林、牧、渔业的生产用地（指直接从事于种植养殖、饲养的专业用地，不包括农副产品加工场地和生活办公用地），免征城镇土地使用税。

（6）经批准开山填海整治的土地和改造的废弃土地，从使用的月份起免征城镇土地使用税 5～10 年。

（7）石油天然气生产建设中用于地质勘探、井下作业、油气田地面工程等的施工临时用地，暂免征收城镇土地使用税。由财政部另行规定免税的能源、交通、水利设施用地和其他用地，免征城镇土地使用税。

（8）企业办的学校、医院、托儿所、幼儿园，其用地能与企业其他用地明确区分的，免征城镇土地使用税。

（9）机场飞行区（包括跑道、滑行道、停机坪、安全带、夜航灯光区）用地，场内外通信导航设施用地和飞行区四周排水防洪设施用地，免征城镇土地使用税。机场道路能区分为场内、场外道路的，场外道路用地免征城镇土地使用税。

（10）盐场的盐滩、盐矿的矿井用地，暂免征城镇土地使用税。

（11）自 2019 年 1 月 1 日至 2023 年 12 月 31 日，国家级、省级科技企业孵化器、大学科技园和国家备案众创空间自用以及无偿或通过出租等方式提供给在孵对象使用的土地，免征城镇土地使用税。

**8. 城镇土地使用税的征收管理**

（1）城镇土地使用税的纳税义务发生时间。

1）纳税人购置新建商品房的，自房屋交付使用的次月起，缴纳城镇土地使用税。

2）纳税人购置存量房的，自办理房屋权属转移、变更登记手续，房地产权属登记机关签发房屋权属证书的次月起，缴纳城镇土地使用税。

3）纳税人出租、出借房产的，自交付出租、出借房产的次月起，缴纳城镇土地使用税。

4）以出让或转让方式有偿取得土地使用权的，应由受让方从合同约定交付土地时间的次月起缴纳城镇土地使用税；合同未约定交付土地时间的，由受让方从合同签订的次月起缴纳城镇土地使用税。

5）纳税人新征用的耕地，自批准征用之日起满 1 年时开始缴纳土地使用税。

6）纳税人新征用的非耕地，自批准征用的次月起缴纳土地使用税。

（2）城镇土地使用税的纳税地点。城镇土地使用税在土地所在地缴纳。纳税人使用的土地不属于同一省（自治区、直辖市）管辖的，由纳税人分别向土地所在地的税务机关缴纳城镇土地使用税；在同一省（自治区、直辖市）管辖范围内，纳税人跨地区使用的土地，其纳税地点由各省（自治区、直辖市）税务局确定。

（3）城镇土地使用税的征收管理纳税期限。城镇土地使用税实行按年计算、分期缴纳的征收方法，具体纳税期限由省（自治区、直辖市）人民政府确定。

**二、操作准备**

（1）收集整理客户提供的房产证明、土地使用证等相关资料。
（2）熟悉电子税务局报税平台。

**三、任务要领**

（1）各地对城镇土地使用税的规定有所不同，应遵照各地区的实际情况执行。

（2）自 2021 年 6 月 1 日起，财产和行为税合并申报正式推行，纳税人在申报城镇土地使用税、房产税、车船税、印花税、耕地占用税、资源税、土地增值税、契税、环境保护税、烟叶税等十种税时，不需要再单独使用分税种的申报表，而适用财产和行为税合并申报表。

（3）在填写合并申报表时，需要先维护财产和行为税税源信息。如果税源信息无变化，则可直接进行纳税申报；如果当期税源信息有变化，则应先填报"财产和行为税税源明细表"进行数据更新维护，再进行纳税申报。

上述申报要领，在本项目其他税种中（除关税）同样适用，本书不再赘述。

## 任务实施

### 一、任务流程

（1）分析计算子林公司应缴纳的城镇土地使用税。

子林公司地处北京，其办公用地和生活用地均应缴纳城镇土地使用税：

应纳城镇土地使用税 =（45 000+15 000）×0.8=48 000（元）

（2）完成子林公司城镇土地使用税纳税申报。子林公司非首次申报城镇土地使用税且土地信息等未发生变更，仅在申报界面进行税源信息确认即可。

### 二、任务操作

（1）登录电子税务局，选择"财产和行为税合并申报"，单击"填写申报表"，如图 7-1 所示。

图 7-1 财产和行为税合并申报

（2）税源数据采集。申报前首先完成税源信息维护管理，纳税人可自由选择维护税源信息的时间，可以在申报期之前，也可以在申报期内，单击"财产和行为税税源采集"对应的"申报"按钮（如图 7-2 所示），再单击对应税种的"税源采集"按钮（如图 7-3 所示）进入信息采集界面。

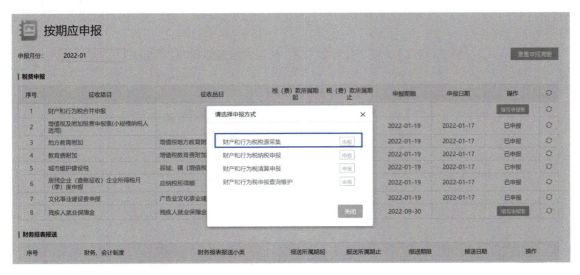

图 7–2　财产和行为税税源采集

图 7–3　城镇土地使用税税源信息采集

（3）采集表的填写。首次进行纳税申报的纳税人，需要填写全部土地的相关信息。此后办理纳税申报，纳税人的土地及相关信息未发生变化的，可仅对已填报的信息进行确认；发生变化的，仅就变化的内容进行填写。

进入税源信息采集后，系统会自动带出已采集的城镇土地使用税土地信息，纳税人可输入查询条件查询对应的土地信息。如果没有采集过土地信息则显示为空。单击"新增"按钮进入城镇土地使用税基础信息表的填写，如图 7–4 所示。在打开的界面根据具体情况自行填写土地信息，如图 7–5 所示。填写完毕单击"保存"，系统自动弹出土地应税信息对话框，根据实际情况填写土地的应税信息，如图 7–6 所示。

（4）申报。完成税源信息采集后，返回到主界面，单击"跳转申报"进入"财产和行为税纳税申报表"，系统自动带出申报数据，确认无误后，单击"申报"完成城镇土地使用税的申报，如图 7-7 所示。

（5）缴税。申报成功后，单击"缴款/查询"按钮完成税款缴纳，如图 7-8 所示。

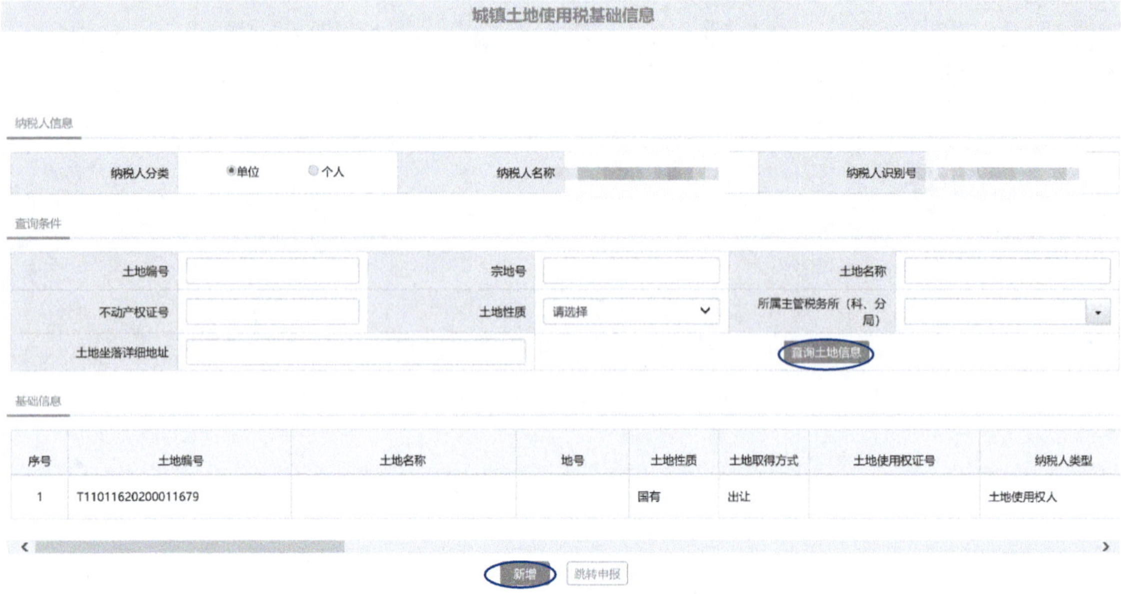

图 7-4　查询和新增税源信息

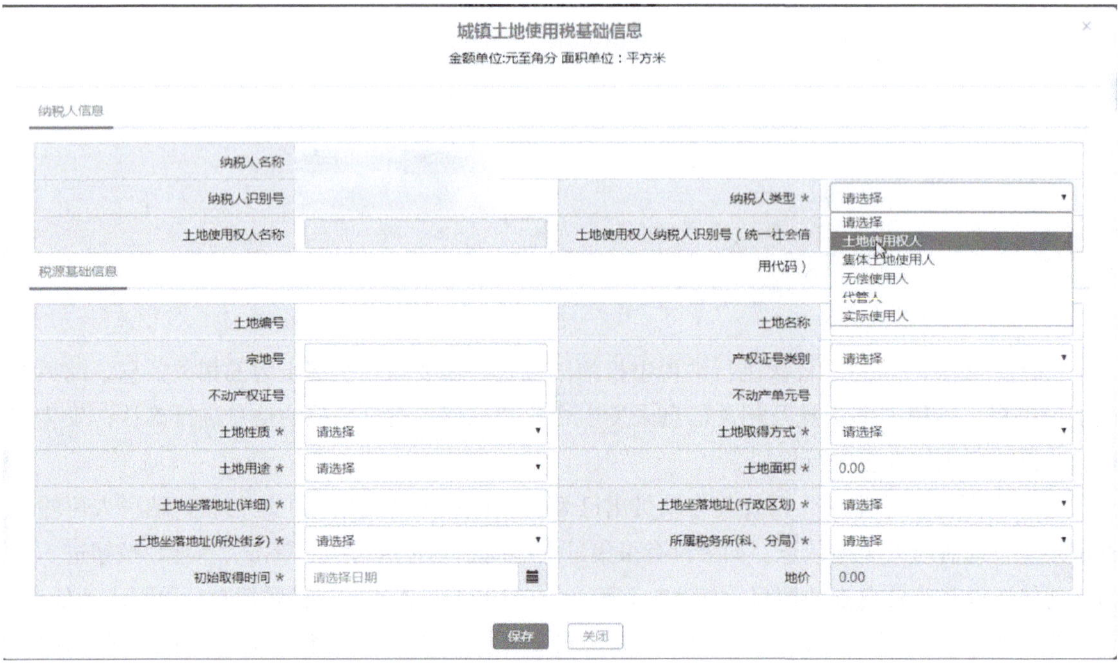

图 7-5　填写税源信息明细

项目七　其他税种报税实务　157

图 7-6　填写土地应税信息

图 7-7　完成申报

图 7-8　缴税

## 任务评价

| 评价内容 | 评价标准 | 完成情况（0~10分） |
|---|---|---|
| 纳税人 | 能正确判断城镇土地使用税的纳税人 | |
| 征税范围 | 能根据具体业务正确判断是否为城镇土地使用税的征税范围 | |
| 应纳税额计算 | 能正确计算应纳税额 | |
| 申报 | 能在电子税务局完成城镇土地使用税的税源信息采集及申报 | |

## 任务二 房产税的计算与申报

### 任务情境

北京中益商贸有限公司（纳税人识别号为911110108MA005AGH0G）拥有办公用房一处，该房产原值为300万元，按照当地规定，房产税按半年于每年4月和10月进行纳税申报（房产原值的扣除比例为30%），房源编号为F11011620200002756。共享中心报税员李子健对该公司下半年房产税进行纳税申报。

### 任务布置

判断纳税人适用的征税方法、计税依据及适用税率。

计算应纳税额，并完成税源信息采集及纳税申报。

### 任务准备

**一、知识准备**

**1. 房产税纳税义务人**

《中华人民共和国房产税暂行条例》规定，房产税由产权所有人缴纳。其中：

（1）产权属于国家所有的，由经营管理单位纳税；产权属于集体和个人所有的，由集体单位和个人纳税。

（2）产权出典的，由承典人纳税。

（3）产权所有人、承典人不在房屋所在地的，或者产权未确定及租典纠纷未解决的，由房产代管人或者使用人纳税。

（4）纳税单位和个人无租使用房产管理部门、免税单位及纳税单位的房产，应由使用人代为缴纳房产税。

### 2. 房产税征税范围

房产税以房产为征税对象。在城市、县城、建制镇和工矿区征收。

独立于房屋之外的建筑物，如围墙、烟囱、水塔、菜窖、室外游泳池等不属于房产税的征税范围。

房地产开发企业建造的商品房，在出售前，不征收房产税，但对出售前房地产开发企业已使用或出租、出借的商品房应按规定征收房产税。

### 3. 房产税计税依据和税率

房产税的计税依据是房产的计税余值或房产的租金收入。按照房产计税余值征税的，称为从价计征；按照房产租金收入计征的，称为从租计征。

从价计征的计税依据为房产计税余值。房产计税余值是指按照税法规定按房产原值一次减除10%～30%损耗价值后的余值（扣除比例由省、自治区、直辖市人民政府确定），计征的适用税率为1.2%。

从租计征的计税依据为租金收入（包括实物收入和货币收入）。如果是以劳务或者其他形式为报酬抵付房租收入的，应根据当地同类房产的租金水平确定一个标准租金额，计征的税率为12%。自2008年3月1日起，对个人出租住房，不区分用途，按4%的税率征收房产税。

### 4. 房产税应纳税额的计算

（1）从价计征房产税的计算公式为

$$全年应纳税额 = 应税房产原值 \times (1 - 扣除比例) \times 1.2\%$$

（2）从租计征房产税的计算公式为

$$应纳税额 = 不含增值税租金收入 \times 12\% （或4\%）$$

### 5. 房产税税收优惠

目前，房产税的税收优惠政策主要有以下几项：

（1）国家机关、人民团体、军队自用的房产免征房产税，但对出租房产以及自身业务使用的生产、营业用房，不属于免税范围。

（2）由国家财政部门拨付事业经费的单位（如学校、医疗卫生单位、托儿所、幼儿园、敬老院、文化、体育、艺术等实行全额或差额预算管理的事业单位），本身业务范围内的房产免征房产税。

（3）宗教寺庙、公园、名胜古迹自用的房产免征房产税，但宗教寺庙、公园、名胜古迹中附设的营业单位，如影剧院、饮食部、茶社、照相馆等所使用的房产及出租的房产，不属于免税范围，应照章纳税。

（4）个人所有非营业用的房产免征房产税。对个人拥有的营业用房或者出租的房产，不属于免税房产，应照章纳税。

（5）经财政部批准免税的其他房产。

1）对非营利性医疗机构、疾病控制机构和妇幼保健机构等卫生机构自用的房产，免征房产税。

2）从2001年1月1日起，对按政府规定价格出租的公有住房和廉租住房，包括企业和自收自支事业单位向职工出租的单位自有住房，房管部门向居民出租的公有住房，落实私房政策中带户发还产权并以政府规定租金标准向居民出租的私有住房等，暂免征收房产税。

3）经营公租房的租金收入，免征房产税。

（6）自 2019 年 1 月 1 日至 2023 年 12 月 31 日，对国家级、省级科技企业孵化器、大学科技园和国家备案众创空间自用以及无偿或通过出租等方式提供给在孵对象使用的房产，免征房产税。

（7）自 2019 年 1 月 1 日至 2023 年 12 月 31 日，对高校学生公寓免征房产税。

（8）自 2019 年 1 月 1 日至 2023 年 12 月 31 日，对农产品批发市场、农贸市场（包括自有和承租，下同）专门用于经营农产品的房产、土地，暂免征收房产税。对同时经营其他产品的农产品批发市场和农贸市场使用的房产、土地，按其他产品与农产品交易场地面积的比例确定征免房产税。

（9）至 2023 年供暖季结束，对向居民供热收取采暖费的供热企业，为居民供热所使用的厂房及土地免征房产税；对供热企业其他厂房及土地，应当按照规定征收房产税。

**思考 7-1** 房产税的征税范围包括农村吗？我们现在的居民住房缴纳房产税吗？

**解析**：根据现行房产税暂行条例的规定，房产税的征税范围不包括农村地区；另房产税只对经营性房产征收，对居民个人居住用房免征房产税。

6. 房产税的征收管理

（1）房产税的纳税义务发生时间。

1）纳税人将原有房产用于生产经营，从生产经营之月起，缴纳房产税。

2）纳税人自行新建房屋用于生产经营，从建成的次月起，缴纳房产税。

3）纳税人委托施工企业建设的房屋，从办理验收手续的次月起，缴纳房产税。

4）纳税人购置新建商品房，自房屋交付使用的次月起，缴纳房产税。

5）纳税人购置存量房，自办理房屋权属转移、变更登记手续，房地产权属登记机关签发房屋权属证书的次月起，缴纳房产税。

6）纳税人出租、出借房产，自交付出租、出借房产的次月起，缴纳房产税。

7）房地产开发企业自用、出租、出借自建商品房，自房屋使用或交付的次月起，缴纳房产税。

8）自 2009 年起，因房产的实物或权利状态发生变化，而依法终止房产税纳税义务的，其应纳税款的计算应截止到房产的实物或权利状态发生变化的当月末。

（2）房产税的纳税期限。房产税实行按年计算、分期缴纳的征收方法，具体纳税期限由省、自治区、直辖市人民政府确定。一般可采取按季或半年缴纳。

（3）房产税的纳税地点。房产税在房产所在地缴纳。房产不在同一地方的纳税人，应按房产的坐落地点分别向房产所在地的税务机关缴纳房产税。

二、操作准备

（1）收集整理客户提供的房产证明、土地使用证等相关资料。

（2）熟悉电子税务局报税平台。

## 任务实施

### 一、任务流程

（1）计算中益商贸应纳房产税。

北京中益商贸公司地处北京，应缴纳房产税；根据地方相关税法规定，每半年申报缴纳房产税。北京中益商贸公司自用房产按房产计税余值计算缴纳下半年房产税。

年应纳房产税 =3 000 000×（1–30%）×1.2%=25 200（元）

下半年应纳房产税 =25 200÷2=12 600（元）

（2）在电子税务局先进行税源信息维护，再核对自动生成的纳税申报表，完成纳税申报。

### 二、任务操作

（1）登录电子税务局，选择"财产和行为税合并申报"，单击填写申报表。

（2）选择税源数据采集。纳税人可自由选择维护税源信息的时间，可以在申报期之前，也可以在申报期内。

（3）信息填写。系统会自动带出已有房产税税源信息，也可设定查询条件查询特定房屋信息，若要新增房产税税源信息，单击"新增"按钮，如图 7-9 所示。弹出房产税"维护税源信息"采集页面，自行填写房源信息，如图 7-10 所示。保存后弹出"维护明细信息"界面，根据房产税的计征方式在从价计征和从租计征间进行切换，填写房屋应税明细信息以及符合条件的减免信息，如图 7-11 所示，单击"保存"完成税源采集。

房产税申报

（4）申报。税源信息采集完成以后，返回到主界面，单击"跳转申报"返回"财产和行为税合并纳税申报"界面，如图 7-12 所示，"当期应申报税种"勾选"房产税"，单击"下一步"，进入申报界面，单击"申报"按钮，完成申报。

图 7-9 查询和新增房源信息

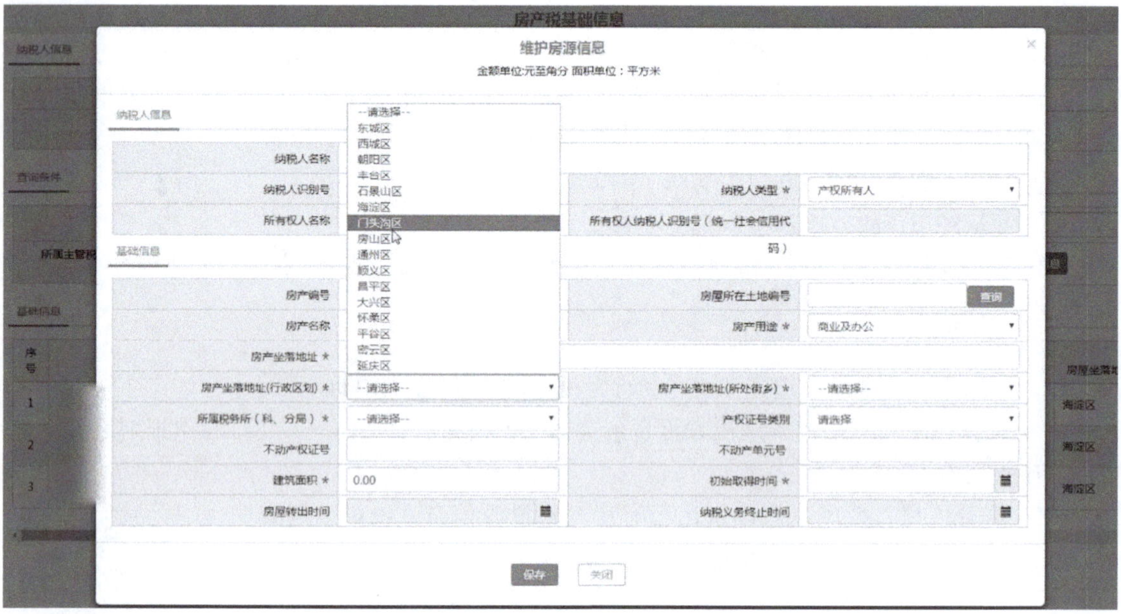

图 7-10　房源信息采集

图 7-11　填写房屋信息

项目七 其他税种报税实务 163

图 7-12 跳转申报

（5）缴税。申报成功后，单击"缴款/查询"按钮完成税款缴纳。

## 任务评价

| 评价内容 | 评价标准 | 完成情况（0～10分） |
| --- | --- | --- |
| 纳税人 | 能正确判断房产税的纳税人 | |
| 征税范围 | 能根据具体业务正确判断是否为房产税的征税范围 | |
| 应纳税额计算 | 能正确计算应纳税额 | |
| 申报 | 能在电子税务局完成房产税的税源信息采集及申报 | |

## 任务三 资源税的计算与申报

### 任务情境

西北矿业有限公司 7 月份生产铁矿原矿 5 000 吨，当月对外销售铁矿原矿 3 000 吨，购销合同上约定的不含增值税售价为 500 元/吨，合计不含税售价为 1 500 000 元。已售出的铁矿原矿的成本为 1 000 000 元。该批铁矿原矿已经发出，销售款已收到。该批铁矿原矿的资源税税率为 2%。

### 任务布置

判断西北矿业有限公司是否为资源税的纳税人。

判断西北矿业有限公司适用的资源税税目和税率。

确定西北矿业有限公司资源税的计税依据。

计算西北矿业有限公司应缴纳的资源税税额,并完成资源税税源信息采集。

## 任务准备

### 一、知识准备

#### 1. 资源税纳税义务人

在中华人民共和国领域及管辖的其他海域开发应税资源的单位和个人,为资源税的纳税人。

#### 2. 资源税税目与税率

资源税的税目、税率,依照《中华人民共和国资源税法》所附"资源税税目税率表"(简称"税目税率表")执行,见表7-2。资源税按原矿、选矿分别设定税率,对原油、天然气、中重稀土、钨、钼等战略资源实行固定税率,由税法直接确定;其他应税资源实行幅度税率。

表7-2 资源税税目税率表

| 税 目 | | 征税对象 | 税 率 |
|---|---|---|---|
| 能源矿产 | 原油 | 原矿 | 6% |
| | 天然气、页岩气、天然气水合物 | 原矿 | 6% |
| | 煤 | 原矿或者选矿 | 2%～10% |
| | 煤成(层)气 | 原矿 | 1%～2% |
| | 铀、钍 | 原矿 | 4% |
| | 油页岩、油砂、天然沥青、石煤 | 原矿或者选矿 | 1%～4% |
| | 地热 | 原矿 | 1%～20%或者每立方米1～30元 |
| 金属矿产 | 黑色金属 | 铁、锰、铬、钒、钛 | 原矿或者选矿 | 1%～9% |
| | 有色金属 | 铜、铅、锌、锡、镍、锑、镁、钴、铋、汞 | 原矿或者选矿 | 2%～10% |
| | | 铝土矿 | 原矿或者选矿 | 2%～9% |
| | | 钨 | 选矿 | 6.50% |
| | | 钼 | 选矿 | 8% |
| | | 金、银 | 原矿或者选矿 | 2%～6% |
| | | 铂、钯、钌、锇、铱、铑 | 原矿或者选矿 | 5%～10% |
| | | 轻稀土 | 选矿 | 7%～12% |
| | | 中重稀土 | 选矿 | 20% |
| | | 铍、锂、锆、锶、铷、铯、铌、钽、锗、镓、铟、铊、铪、铼、镉、硒、碲 | 原矿或者选矿 | 2%～10% |
| 非金属矿产 | 矿物类 | 高岭土 | 原矿或者选矿 | 1%～6% |
| | | 石灰岩 | 原矿或者选矿 | 1%～6%或者每吨(或者每立方米)1～10元 |
| | | 磷 | 原矿或者选矿 | 3%～8% |
| | | 石墨 | 原矿或者选矿 | 3%～12% |
| | | 萤石、硫铁矿、自然硫 | 原矿或者选矿 | 1%～8% |

（续）

| 税　目 | | | 征税对象 | 税　率 |
|---|---|---|---|---|
| 非金属矿产 | 矿物类 | 天然石英砂、脉石英、粉石英、水晶、工业用金刚石、冰洲石、蓝晶石、硅线石（矽线石）、长石、滑石、刚玉、菱镁矿、颜料矿物、天然碱、芒硝、钠硝石、明矾石、砷、硼、碘、溴、膨润土、硅藻土、陶瓷土、耐火黏土、铁矾土、凹凸棒石黏土、海泡石黏土、伊利石黏土、累托石黏土 | 原矿或者选矿 | 1%～12% |
| | | 叶蜡石、硅灰石、透辉石、珍珠岩、云母、沸石、重晶石、毒重石、方解石、蛭石、透闪石、工业用电气石、白垩、石棉、蓝石棉、红柱石、石榴子石、石膏 | 原矿或者选矿 | 2%～12% |
| | | 其他黏土（铸型用黏土、砖瓦用黏土、陶粒用黏土、水泥配料用黏土、水泥配料用红土、水泥配料用黄土、水泥配料用泥岩、保温材料用黏土） | 原矿或者选矿 | 1%～5% 或者每吨（或者每立方米）0.1～5元 |
| | 岩石类 | 大理岩、花岗岩、白云岩、石英岩、砂岩、辉绿岩、安山岩、闪长岩、板岩、玄武岩、片麻岩、角闪岩、页岩、浮石、凝灰岩、黑曜岩、霞石正长岩、蛇纹岩、麦饭石、泥灰岩、含钾岩石、含钾砂页岩、天然油石、橄榄岩、松脂岩、粗面岩、辉长岩、辉石岩、正长岩、火山灰、火山渣、泥炭 | 原矿或者选矿 | 1%～10% |
| | | 砂石（天然砂、卵石、机制砂石） | 原矿或者选矿 | 1%～5% 或者每吨（或者每立方米）0.1～5元 |
| | 宝玉石类 | 宝石、玉石、宝石级金刚石、玛瑙、黄玉、碧玺 | 原矿或者选矿 | 4%～20% |
| 水气矿产 | | 二氧化碳气、硫化氢气、氦气、氡气 | 原矿 | 2%～5% |
| | | 矿泉水 | 原矿 | 1%～20% 或者每立方米1～30元 |
| 盐 | | 钠盐、钾盐、镁盐、锂盐 | 原矿 | 3%～15% |
| | | 天然卤水 | 原矿 | 3%～15% 或者每吨（或者每立方米）1～10元 |
| | | 海盐 | | 2%～5% |

"税目税率表"中规定实行幅度税率的，其具体适用税率由省、自治区、直辖市人民政府统筹考虑该应税资源的品位、开采条件以及对生态环境的影响等情况，在"税目税率表"规定的税率幅度内提出，报同级人民代表大会常务委员会决定，并报全国人民代表大会常务委员会和国务院备案。

### 3. 资源税的计税依据

资源税按照"税目税率表"实行从价计征或者从量计征。

"税目税率表"中规定可以选择实行从价计征或者从量计征的，具体计征方式由省、自治区、直辖市人民政府提出，报同级人民代表大会常务委员会决定，并报全国人民代表大会常务委员会和国务院备案。

### 4. 资源税应纳税额的计算

（1）采用从价定率办法应纳税额的计算公式为

$$应纳税额 = 应税产品的销售额 \times 适用税率$$

（2）采用从量定额办法应纳税额的计算公司为

$$应纳税额 = 应税产品的销售数量 \times 单位税额$$

纳税人开采或者生产不同税目应税产品的，应当分别核算不同税目应税产品的销售额或者销售数量；未分别核算或者不能准确提供不同税目应税产品的销售额或者销售数量的，从高适用税率。

纳税人开采或者生产应税产品，自用于连续生产应税产品的，不缴纳资源税；自用于其他方面的，视同销售，缴纳资源税。

### 5. 资源税税收优惠

（1）有下列情形之一的，免征资源税：

1）开采原油以及在油田范围内运输原油过程中用于加热的原油、天然气。

2）煤炭开采企业因安全生产需要抽采的煤成（层）气。

（2）有下列情形之一的，减征资源税：

1）从低丰度油气田开采的原油、天然气，减征 20% 资源税。

2）高含硫天然气、三次采油和从深水油气田开采的原油、天然气，减征 30% 资源税。

3）稠油、高凝油减征 40% 资源税。

4）从衰竭期矿山开采的矿产品，减征 30% 资源税。

根据国民经济和社会发展的需要，国务院对有利于促进资源节约集约利用、保护环境等情形可以规定免征或者减征资源税，报全国人民代表大会常务委员会备案。

纳税人的免税、减税项目，应当单独核算销售额或者销售数量；未单独核算或者不能准确提供销售额或者销售数量的，不予免税或者减税。

### 6. 资源税征收管理

（1）资源税纳税义务发生时间。纳税人销售应税产品，纳税义务发生时间为收讫销售款或者取得索取销售款凭据的当日；自用应税产品的，纳税义务发生时间为移送应税产品的当日。

（2）资源税纳税地点。纳税人应当向应税产品开采地或者生产地的税务机关申报缴纳资源税。

（3）资源税纳税期限。资源税按月或者按季申报缴纳；不能按固定期限计算缴纳的，可以按次申报缴纳。

纳税人按月或者按季申报缴纳的，应当自月度或者季度终了之日起 15 日内，向税务机关办理纳税申报并缴纳税款；按次申报缴纳的，应当自纳税义务发生之日起 15 日内，向税务机关办理纳税申报并缴纳税款。

### 二、操作准备

整理应税资源的销售资料以及自产自用情况资料，计算应税资源的销售额和销售数量。

计算当期应缴纳的资源税，确定是否享受减免税优惠。

熟悉电子税务局报税平台。

## 任务实施

### 一、任务流程

（1）计算并确定资源税应纳税额。

西北矿业有限公司 7 月份应缴纳的资源税额 = 应税产品的销售额 × 比例税率
=3 000×500×2%=30 000（元）

（2）填报资源税税源信息采集表。

（3）审核纳税申报表，完成申报。

### 二、任务操作

（1）登录电子税务局主页，进入"财产和行为税纳税申报税源采集"界面，选择资源税对应的"税源采集"，进入"资源税税源采集"界面。

（2）在税源采集界面输入税款所属期起和税款所属期止，单击"查询"，以前认定的税目会自动显示，如图 7–13 所示。按要求填写销售数量、销售额、准予扣除的运杂费、准予扣减的外购矿购进金额等信息。如有减免税等优惠情况，可切换到"减免税计算明细"进行相关信息的填写。

图 7–13　税源采集

（3）税源信息填报完成，单击"保存税源信息"，再单击"跳转申报"返回到纳税申报界面，查看和审核自动生成的纳税申报表，审核无误，提交申报。

## 任务评价

| 评价内容 | 评价标准 | 完成情况（0～10 分） |
| --- | --- | --- |
| 纳税人 | 能正确判断资源税的纳税人 | |
| 税目 | 能根据具体业务正确判断资源税税目及适用税率 | |
| 应纳税额计算 | 能正确计算应纳税额 | |
| 申报 | 能在电子税务局完成资源税的税源信息采集及申报 | |

# 任务四 土地增值税的计算与申报

## 任务情境

共享中心员工为完成北京天意商贸公司的土地增值税纳税申报任务,查阅公司销售房产的相关资料如下:

北京天意商贸公司因公司经营重心的转移出售一幢仓库,取得收入总额为 8 000 万元。该仓库于 13 年前购入,当初购入时取得的发票显示价格为 2 000 万元,购入时缴纳契税 60 万元;出售该仓库应缴纳增值税 285.71 万元,附加税费共计 34.29 万元,印花税 4 万元。

## 任务布置

判断北京天意商贸公司是否为土地增值税纳税人;

计算北京天意商贸公司销售楼房缴纳土地增值税的扣除项目金额;

计算应缴纳的土地增值税;

填报"土地增值税税源明细表"和"土地增值税纳税申报表",并审核自动生成的申报表,完成申报。

## 任务准备

### 一、知识准备

#### 1. 土地增值税的含义

土地增值税是对有偿转让国有土地使用权、地上建筑物及其附着物(简称转让房地产)并取得收入的单位和个人,就其转让房地产所取得的增值额征收的一种税。

#### 2. 土地增值税的纳税义务人

土地增值税的纳税义务人是指转让国有土地使用权、地上建筑物及其附着物并取得收入的单位和个人。(有偿转让)单位包括各类企业、事业单位、国家机关和社会团体及其他组织。个人包括个体经营者和其他个人。土地增值税也适用于外商投资企业、外国企业及外籍纳税人。

#### 3. 土地增值税的征税范围

土地增值税的基本征税范围包括转让国有土地使用权,地上建筑物及其附着物连同国有土地使用权一并转让;存量房地产的买卖。

(1)属于土地增值税征税范围的情况:

1)转让国有土地使用权(指以出售方式转让国有土地使用权),对出让国有土地使用权的行为不征税。

2)地上建筑物及其他附着物连同国有土地使用权一并转让。

3）存量房地产买卖。
4）抵押期满以房地产抵债。
5）单位之间交换房地产。
6）投资方或接收方属于房地产开发企业的房地产投资。
7）投资联营后将投入的房地产再转让。
8）合作建房建成后转让。对于一方出地，另一方出资金，双方合作建房，建成后按比例分房自用的，暂免征收土地增值税；但建成后转让的，应征收土地增值税。

（2）不属于土地增值税的征范围情况：
1）房地产继承。
2）房地产赠予。将房地产进行公益性赠予、赠予直系亲属或承担直接赡养义务人的，不征土地增值税；进行非公益性赠予的，征收土地增值税。
3）房地产出租。

**思考 7-2　出租房地产，为什么不征收土地增值税？**

**解析**：房地产出租是指房产所有者或土地使用者，将房产或土地使用权租赁给承租人使用，由承租人向出租人支付租金的行为。房地产企业虽然取得了收入，但没有发生房产产权、土地使用权的转让，因此不属于土地增值税的征税范围。

4）房地产抵押期内。房地产抵押是指房产所有者或土地使用者作为债务人或第三人向债权人提供不动产作为清偿债务的担保而不转移权属的法律行为。这种情况下房产的产权、土地使用权在抵押期间并没有发生权属的变更，因此对房地产的抵押，在抵押期间不征收土地增值税。待抵押期满后，视该房地产是否发生转移占有而确定是否征收土地增值税。对于以房地产抵押而发生房地产权属转让的，应列入土地增值税的征税范围。

5）房地产的代建房行为。代建行为是指房地产开发公司代客户进行房地产的开发，开发完成后向客户收取代建收入的行为。对于房地产开发公司而言，虽然取得了收入，但没有发生房地产权属的转移，其收入属于劳务收入性质，故不在土地增值税征税范围内。

6）房地产评估增值。

**思考 7-3　房地产评估增值需要缴纳土地增值税吗？**

**解析**：国有企业在清产核资时对房地产进行重新评估而产生的评估增值，因其既没有发生房地产权属的转移，房产产权、土地使用权人也未取得收入，所以不属于土地增值税的征税范围。

（3）免征土地增值税的情况（免征或暂免征收）。
1）个人互换自有居住用房地产，经审核免征土地增值税。
2）建造普通标准住宅出售，增值额未超过扣除项目金额 20% 的。

纳税人建造普通标准住宅出售，增值额未超过扣除项目金额 20% 的，免征土地增值税；超过 20% 的，应就其全部增值额按规定计税。

需要注意的是，增值额占扣除项目金额 20% 是起征点，占 19.99% 不纳税，占 21% 则应就其全部增值额按规定计税。

3）与房地产开发企业无关的投资联营,将房地产转让到投资企业。

以房地产进行投资、联营的,投资、联营一方以土地（房地产）作价入股进行投资或者作为联营条件,将房地产转让到所投资、联营的企业中,暂免征收土地增值税。对投资、联营企业将上述房地产再转让的,应征收土地增值税。

4）企业兼并,被兼并企业将房地产转让到兼并企业中,暂免征收土地增值税。

5）因国家建设需要依法征用、收回的房地产,免征土地增值税。

因城市实施规划、国家建设的需要而搬迁,由纳税人自行转让原房地产的,比照有关规定免征土地增值税。

6）个人转让居住满五年以上的房地产,免征土地增值税。

个人因工作调动或改善居住条件而转让原自用住房,经向税务机关申报核准,土地增值税减免税优惠如下：居住满5年或5年以上的,免征土地增值税；居住满3年未满5年的,减半征收土地增值税；居住未满3年的,按规定计征土地增值税。

需要注意的是,土地使用者处置土地使用权。土地使用者转让、抵押或置换土地,无论其是否取得了该土地的使用权属证书,无论其在转让、抵押或置换土地过程中是否与对方当事人办理了土地使用权属证书变更登记手续,只要土地使用者享有占用、使用、收益或处分该土地的权利,具有合同等证据表明其实质转让、抵押或置换了土地并取得了相应的经济利益,土地使用者及其对方当事人就应当依照税法规定缴纳土地增值税和契税等。

### 4. 土地增值税的税率

土地增值税采用四级超率累进税率。与超额累进税率不同的是,超率累进税率的累进依据为相对数,而超额累进税率的累进依据为绝对数。土地增值税的累进依据为增值额与扣除项目金额之间的比率。土地增值税的税率见表7-3。

表7-3 土地增值税的税率

| 级 次 | 增值额与扣除项目金额之间的比率 | 税 率 | 速算扣除系数 |
|---|---|---|---|
| 1 | 50%以下（含50%）的部分 | 30% | 0 |
| 2 | 超过50%,不超过100%（含100%）的部分 | 40% | 5% |
| 3 | 超过100%,不超过200%（含200%）的部分 | 50% | 15% |
| 4 | 200%以上的部分 | 60% | 35% |

**案例7-1**

某房地产公司转让商品楼,收入5 000万元。该土地增值额准许扣除项目金额4 000万元,取得土地增值额1 000万元。该公司土地增值税的适用税率为多少？

**分析**：增值额占扣除项目金额的比率 = 1 000 ÷ 4 000 × 100% = 25%

该公司土地增值税适用第一级税率,即30%。

### 5. 土地增值税计税依据

土地增值税的计税依据是纳税义务人转让房地产所取得的增值额,即纳税义务人转让房地产取得的应税收入减除法定的扣除项目金额后的余额,计算公式为

$$\text{增值额} = \text{转让房地产所取得的应税收入} - \text{法定扣除项目金额}$$

（1）转让房地产所取得的应税收入的确定。根据《中华人民共和国土地增值税暂行条例》

及其实施细则的规定,纳税人转让房地产取得的不含增值税的收入,应包括转让房地产的全部价款及有关的经济利益。从收入形式上看,包括货币收入、实物收入和其他收入。

纳税人取得的实物形态的收入,按取得收入时的市场价格折算成货币收入;纳税人取得的其他类型的收入,按专业评估机构的评估价值计算。

(2)扣除项目的确定。准予纳税人从转让收入额减除的扣除项目包括以下六个:

1)取得土地使用权所支付的金额(适用新建房转让和存量房地产转让),包括纳税人为取得土地使用权所支付的地价款,和纳税人在取得土地使用权过程中为办理有关手续,按国家统一规定缴纳的有关登记、过户手续费和契税。

2)房地产开发成本(适用新建房转让),指纳税人房地产开发项目实际发生的成本,包括土地的征用及拆迁补偿费、前期工程费、建筑安装工程费、基础设施费、公共配套设施费、开发间接费用等。

3)房地产开发费用(适用新建房转让),指与房地产开发项目有关的销售费用、管理费用和财务费用。根据现行财务会计制度的规定,这三项费用作为期间费用,直接计入当期损益,不按成本核算对象进行分摊,故不按纳税人房地产开发项目实际发生的费用进行扣除,而应区分以下两种情况分别计算扣除:

① 财务费用中的利息支出,凡能够按转让房地产项目计算分摊并提供金融机构证明的,允许据实扣除,但最高不能超过按商业银行同类同期贷款利率计算的金额。其他房地产开发费用,按《中华人民共和国土地增值税暂行条例实施细则》有关规定(即取得土地使用权所支付的金额和房地产开发成本,下同)计算的金额之和的5%以内计算扣除。计算公式为

允许扣除的房地产开发费用 = 利息 + (取得土地使用权所支付的金额 + 房地产开发成本)×5%以内

② 财务费用中的利息支出,凡不能按转让房地产项目计算分摊利息支出或不能提供金融机构贷款证明的,房地产开发费用按《中华人民共和国土地增值税暂行条例实施细则》的有关规定计算的金额之和的10%以内计算扣除。计算公式为

允许扣除的房地产开发费用 = (取得土地使用权所支付的金额 + 房地产开发成本)×10%以内

4)旧房及建筑物的评估价格(适用于存量房地产转让),指在转让已使用的房屋及建筑物时,由政府批准设立的房地产评估机构评定的重置成本价乘以成新度折扣率后的价格。评估价格须经当地税务机关确认。重置成本价是指对旧房及建筑物,按转让时的价格及人工费用计算,建造同样面积、同样层次、同样结构、同样建设标准的新房及建筑物所需花费的成本费用。成新度折扣率是指按旧房的新旧程度做一定比例的折扣。

按照税法规定,纳税人转让旧房的,应按房屋及建筑物的评估价格、取得土地使用权所支付的金额以及在转让环节缴纳的税金作为扣除项目金额计征土地增值税。

纳税人转让旧房及建筑物,凡不能取得评估价格,但能提供购房发票的,经当地税务部门确认,《中华人民共和国土地增值税暂行条例》第六条第一项和第三项规定的扣除项目的金额(即取得土地使用权所支付的金额、新建房及配套设施的成本、费用,或者旧房及建筑物的评估价格),可按发票所载金额并从购买年度起至转让年度止每年加计5%计算。对于纳税人购房时缴纳的契税,凡能够提供契税完税凭证的,准予作为"与转让房地产有关的税金"予以扣除,但不作为加计5%的基数。

5）与转让房地产有关的税金（适用新建房转让和存量房地产转让），指在转让房地产时缴纳的城市维护建设税、印花税。因转让房地产缴纳的教育费附加，也可视同税金予以扣除。需要注意以下两点：

① 按照《土地增值税暂行条例》等规定的土地增值税扣除项目涉及的增值税进项税额，允许在销项税额中计算抵扣的，不计入扣除项目；不允许在销项税额中计算抵扣的，可计入扣除项目。

② 房地产开发企业按照《房地产开发企业财务制度》有关规定，其在转让时缴纳的印花税已列入管理费用中，故不允许单独再扣除。其他纳税人缴纳的印花税允许在此单独扣除。

6）加计扣除金额（适用新建房转让）。对从事房地产开发的纳税人可按取得土地使用权所支付的金额和房地产开发成本的金额之和，加计 20% 扣除。

### 6. 土地增值税应纳税额的计算

土地增值税计算的步骤如下：

第一步，计算转让房地产收入总额。

第二步，计算扣除项目金额。

第三步，用收入总额减除扣除项目金额计算增值额，公式为

$$土地增值额 = 转让房地产收入 - 规定扣除项目金额$$

第四步，计算增值额与扣除项目金额之间的比例，以确定适用税率和速算扣除系数。

第五步，套用公式计算税额，公式为

$$应纳税额 = 增值额 \times 税率 - 扣除项目金额 \times 速算扣除系数$$

### 案例 7-2

北京顺通房地产开发公司出售其开发的楼盘，取得收入总额为 10 000 万元。开发该楼房有关支出为：支付地价款及各种费用 1 000 万元；房地产开发成本 3 000 万元；财务费用中的利息支出为 500 万元（可按转让项目计算分摊并提供金融机构证明），但其中有 50 万元属加罚的利息；转让环节缴纳的有关税费共计为 555 万元；该单位所在地政府规定的其他房地产开发费用计算扣除比例为 5%。计算顺通房地产开发公司应缴纳的土地增值税。

**分析**：房地产收入总额 = 10 000 万元

扣除项目金额 = 1 000+3 000+（500-50）+（1 000+3 000）×5%+555+（1 000+3 000）×20% = 6 005（万元）

增值额 = 10 000-6 005 = 3 995（万元）

增值额占扣除项目金额的比率 = 3 995÷6 005×100% = 66.53%

则适用的税率为 40%，速算扣除系数为 5%。

应纳土地增值税额 = 3 995×40%-6 005×5% = 1 297.75（万元）

### 7. 土地增值税的纳税清算

（1）土地增值税的清算单位。土地增值税以国家有关部门审批的房地产开发项目为单位进行清算，对于分期开发的项目，以分期项目为单位清算。

开发项目中同时包含普通住宅和非普通住宅的，应分别计算增值额。

（2）土地增值税的清算条件。

1）符合下列情形之一的，纳税人应当进行土地增值税的清算：房地产开发项目全部竣工、

完成销售的；整体转让未竣工决算房地产开发项目的；直接转让土地使用权的。

2）符合下列情形之一的，主管税务机关可要求纳税人进行土地增值税清算：已竣工验收的房地产开发项目，已转让的房地产建筑面积占整个项目可售建筑面积的比例在 85% 以上，或该比例虽未超过 85%，但剩余的可售建筑面积已经出租或自用的；取得销售（预售）许可证满三年仍未销售完毕的；纳税人申请注销税务登记但未办理土地增值税清算手续的；省税务机关规定的其他情况。

### 8. 土地增值税的征收管理

（1）土地增值税的纳税期限。土地增值税的纳税人应当自转让房地产合同签订之日起 7 日内向房地产所在地主管税务机关办理纳税申报，并在税务机关核定的期限内缴纳土地增值税。同时，向税务机关提供房屋及建筑物产权、土地使用权证，土地转让、房产买卖合同，房地产评估报告及其他与转让房地产有关的资料。

纳税人因经常发生房地产转让而难以在每次转让后申报的，经税务机关审核同意后，可以定期进行纳税申报，具体期限由税务机关根据情况确定。

纳税人在项目全部竣工结算前转让房地产取得的收入，由于涉及成本确定或其他原因，而无法据以计算土地增值税的，可以预征土地增值税，待该项目全部竣工、办理结算后再进行清算，多退少补。具体办法由各省、自治区、直辖市税务机关根据当地情况制定。

（2）土地增值税的纳税地点。土地增值税的纳税人应到房地产所在地主管税务机关办理纳税申报，并在税务机关核定的期限内缴纳土地增值税。具体又可以分为以下两种情况：

1）纳税人是法人的。当转让的房地产坐落地与其机构所在地或经营所在地一致时，则在办理税务登记的原管辖税务机关申报纳税即可；如果转让的房地产坐落地与其机构所在地或经营所在地不一致时，则应在房地产坐落地所管辖的税务机关申报纳税。

2）纳税人是自然人的。当转让的房地产坐落地与其居住所在地一致时，则在居住所在地税务机关申报纳税；当转让的房地产坐落地与其居住所在地不一致时，在办理过户手续所在地的税务机关申报纳税。

## 二、操作准备

（1）确定转让不动产、土地权属的承受方、转让方，以及房屋权属转移信息、土地增值税税率。
（2）整理不动产权属转移合同、购置不动产发票。
（3）确定扣除项目及金额。
（4）熟悉电子税务局报税平台。

# 任务实施

## 一、任务流程

（1）计算北京天意商贸公司应纳的土地增值税。
北京天意商贸公司应纳土地增值税额的计算：
不含税收入总额 =8 000–285.71=7 714.29（万元）
扣除项目包括：购入时发票金额（2 000 万元），发票加计扣除金额（2 000 ×5%×13=1 300 万

元），购入时缴纳的契税（60万元），出售时缴纳的印花税（4万元）和附加税费（34.29万元）

扣除项目金额合计 =2 000+1 300+60+4+34.29 =3 398.29（万元）

增值额 =7 714.29−3 398.29=4 316（万元）

增值额占扣除项目金额的比率 =4 316÷3 398.29×100%=127%，适用的税率为50%，速算扣除系数为15%。

应纳土地增值税额 =4 316×50%−3 398.29×15%=1 648.26（万元）

（2）进行税源信息维护并完成北京天意商贸公司土地增值税的纳税申报。

### 二、任务操作

以转让旧房及建筑物的税源信息采集为例：

（1）登录电子税务局主页，进入"土地增值税税源信息采集"界面，如图7-14所示。房地产开发企业如果有新立项项目或转让项目选择"新增项目"，非房地产开发企业则选择"新增税源信息"。

图7-14 税源信息采集

（2）单击"新增税源信息"，在"申报表适用类型"下拉菜单中选择"6.转让旧房及建筑物的纳税人使用"，填写税款所属期（起止为同一天），如图7-15所示。

图7-15 新增税源信息

（3）"税源标志"选择"房源编号"，进入房源选择界面，如图7-16所示。因为是旧房及建筑物，已在城镇土地使用税或房产税中做过税源信息登记，勾选该条房源，单击"确定"，回到"新增税源信息"界面，单击"下一步"，进入土地增值税纳税申报表。

图7-16 选择房源

（4）根据实际情况填写申报表明细信息，其中货币收入、与转让房地产有关的税金、购房发票金额以及购房契税为系统自动带出，不允许修改，如图7-17所示。

图7-17 申报表填写

（5）完成信息采集，进入申报表后，系统将自动带出申报数据，确认申报数据无误后，单击"申报"，完成申报。

## 任务评价

| 评价内容 | 评价标准 | 完成情况（0~10分） |
|---|---|---|
| 纳税人 | 能正确判断土地增值税的纳税人 | |
| 征税范围 | 能根据具体业务正确判断是否为土地增值税的征税范围 | |
| 计税依据 | 能正确计算销售收入和扣除项目金额，并确定适用税率 | |
| 应纳税额 | 能正确计算应纳税额 | |
| 申报 | 能在电子税务局完成土地增值税的税源信息采集及申报 | |

## 任务五 车船税的计算与申报

### 任务情境

北京中益商贸有限公司（纳税人识别号为911110108MA005AGH0G），当年度拥有2辆乘用汽车，第1辆的车辆识别代号（车架号码）为ABCD1232565001232，发动机气缸容量为1.5升，载客人数为5人；第2辆的车辆识别代号（车架号码）为ABCD1232565006011，发动机气缸容量为1.8升，载客人数为5人。按照当地规定，每年年初申报缴纳当年全年的车船税（说明：一般情况下，纳税人在购买"交强险"时，由扣缴义务人代收代缴车船税，但假设本任务中纳税人自行申报缴纳车船税）。车船税税率为：发动机气缸容量为1.0升至1.6升（含）的，载客人数9人（含）以下的，年基准税额下调到420元（减征后为350元）；1.6升至2.0升（含）的乘用车每辆年基准税额维持480元（减征后为400元）。共享中心报税员准备进行本年度的车船税纳税申报。

### 任务布置

计算应纳的车船税税额。
进行车船税的税源信息维护并完成申报。

### 任务准备

一、知识准备

1. 纳税义务人

《中华人民共和国车船税法》（以下简称《车船税法》）规定，在中华人民共和国境内，车辆、船舶（以下简称车船）的所有人或者管理人，应当依照《车船税法》的规定缴纳车船税。其中，所有人是指在我国境内拥有车船的单位和个人；管理人是指对车船具有管理权或者使用权，不具有所有权的单位。

**思考 7-4　外商投资企业租入外国籍船舶，是否征收车船税？**

**解析：** 外商投资企业、外国企业、华侨、外籍人员和港澳台同胞，也属于车船税的纳税人。境内单位和个人租入外国籍船舶的，不征收车船税。境内单位和个人将船舶出租到境外的，应依法征收车船税。

### 2. 征税范围

车船税的征税范围是指在中华人民共和国境内属于《车船税法》所附"车船税税目税额表"规定的车辆、船舶。车辆、船舶是指依法在车船登记管理部门登记的机动车辆和船舶，以及依法不需要在车船登记管理部门登记的、在单位内部场所行驶或者作业的机动车辆和船舶。

### 3. 税目与税率

车船税采用定额税率，又称固定税额。车船税的适用税额，依照《车船税法》所附的"车船税税目税额表"执行。省、自治区、直辖市人民政府根据《车船税法》确定的车辆的具体适用税额时，应当遵循的总原则有两项，分别是：乘用车依排气量从小到大递增税额；客车按照核定载客人数20人以下和20人（含）以上两档划分，递增税额。省、自治区、直辖市人民政府确定的车辆具体适用税额，应当报国务院备案。

车船税税目税额表见表7-4。

表7-4　车船税税目税额表

| 税　目 | | 计税单位 | 年基准税额（元） | 备　注 |
|---|---|---|---|---|
| 乘用车<br>[按发动机汽缸容量（排气量）分档] | 1.0升（含）以下的 | 每辆 | 60～360 | 核定载客人数9人（含）以下 |
| | 1.0升以上至1.6升（含）的 | | 300～540 | |
| | 1.6升以上至2.0升（含）的 | | 360～660 | |
| | 2.0升以上至2.5升（含）的 | | 660～1200 | |
| | 2.5升以上至3.0升（含）的 | | 1200～2400 | |
| | 3.0升以上至4.0升（含）的 | | 2400～3600 | |
| | 4.0升以上的 | | 3600～5400 | |
| 商用车 | 客车 | 整备质量每吨 | 480～1440 | 核定载客人数9人（包括电车）以上 |
| | 货车 | | 16～120 | 包括半挂牵引车、挂车、客货两用汽车、三轮汽车和低速载货汽车等 |
| | | | | 挂车按照货车税额的50%计算 |
| 其他车辆 | 专用作业车 | | 16～120 | |
| | 轮式专用机械车 | | 16～120 | |
| 摩托车 | | 每辆 | 36～180 | |
| 机动船舶 | 净吨位不超过200吨的 | 净吨位每吨 | 3 | 拖船、非机动驳船分别按照机动船舶税额的50%计算 |
| | 净吨位201～2 000吨的 | | 4 | |
| | 净吨位2 001～10 000吨的 | | 5 | |
| | 净吨位10 001吨及以上的 | | 6 | |
| 游艇 | 艇身长度不超过10米的 | 艇身长度每米 | 600 | |
| | 艇身长度10～18米的 | | 900 | |
| | 艇身长度18～30米的 | | 1300 | |
| | 艇身长度超过30米的 | | 2000 | |
| | 辅助动力帆艇 | | 600 | |

特殊规定：

（1）拖船按照发动机功率每 1 千瓦折合净吨位 0.67 吨计算征收车船税。

（2）《车船税法》及其实施条例涉及的整备质量、净吨位、艇身长度等计税单位，有尾数的一律按照含尾数的计税单位据实计算车船税应纳税额。计算得出的应纳税额小数点后超过两位的可四舍五入保留两位小数。

### 4. 税收优惠

（1）法定减免。

1）捕捞、养殖渔船。

2）军队、武装警察部队专用的车船。

3）警用车船。

4）依照法律规定应当予以免税的外国驻华使领馆、国际组织驻华代表机构及其有关人员的车船。

5）对新能源车船，免征车船税。其中，新能源汽车是指纯电动商用车、插电式混合动力汽车、燃料电池商用车。

6）省、自治区、直辖市人民政府根据当地实际情况，可以对公共交通车船，农村居民拥有并主要在农村地区使用的摩托车、三轮汽车和低速载货汽车定期减征或者免征车船税。

（2）特定减免。经批准临时入境的外国车船和香港特别行政区、澳门特别行政区、台湾地区的车船，不征收车船税。

### 5. 应纳税额的计算

（1）购置的新车船，购置当年的应纳税额自纳税义务发生的当月起按月计算。计算公式为

$$应纳税额 = 年应纳税额 \div 12 \times 应纳税月份数$$

$$应纳税月份数 = 12 - 纳税义务发生时间（取月份）+ 1$$

（2）在一个纳税年度内，已完税的车船被盗抢、报废、灭失的，纳税人可以凭有关管理机关出具的证明和完税凭证，向纳税所在地的主管税务机关申请退还自被盗抢、报废、灭失月份起至该纳税年度终了期间的税款。

（3）已办理退税的被盗抢车船失而复得的，纳税人应当从公安机关出具相关证明的当月起计算缴纳车船税。

（4）已缴纳车船税的车船在同一纳税年度内办理转让过户的，不另纳税，也不退税。

（5）已缴纳车船税的车船，因质量原因被退回的，纳税人可向纳税所在地的主管税务机关申请退还退货月份起至该纳税年度终了期间的税款。退货月份以退货发票记载的当月为准。

### 6. 纳税方式

（1）自行申报方式：纳税人自行向主管税务机关申报缴纳车船税。

（2）代收代缴方式：纳税人在办理机动车交通事故责任强制保险时由保险机构代收代缴车船税。

### 7. 纳税期限

车船税纳税义务发生的时间为取得车船所有权或管理权的当月。以购买车船的发票或其他证明文件所载日期的当月为准。

车船税是按年申报,分月计算,一次性缴纳。纳税年度为公历1月1日至12月31日。具体申报纳税期限由省、自治区、直辖市人民政府规定。

**8. 纳税地点**

车船税的纳税地点为车船登记地或车船税扣缴义务人所在地。依法不需要办理登记的车船,纳税地点为车船的所有人或者管理人所在地。由保险机构代收代缴车船税的,纳税地点为保险机构所在地。

### 二、操作准备

(1)客户提供的购车发票及反映排气量、整备质量、核定载客人数等与纳税相关的资料。
(2)熟悉电子税务局报税平台。

## 任务实施

### 一、任务流程

(1)计算北京中益商贸有限公司当年度应纳的车船税。
北京中益商贸有限公司当年度应纳车船税额=350+400=750(元)
(2)进行车船税税源信息采集。
(3)进行车船税纳税申报。

### 二、任务操作

(1)车船税税源信息采集。

1)登录电子税务局主页,进入"财产和行为税纳税申报税源采集"界面,选择车船税对应的税源采集,进入"车船税税源信息采集"界面。

2)单击"查询",可显示纳税人名下已在金税系统中录入的所有车辆税源明细和船舶税源明细,此处仅能对减免性质代码和项目名称等进行选择。单击税源明细中的"申报情况",可显示近三年的车船完税情况,如图7-18所示。

图7-18 税源信息采集

3)单击"减免性质代码和项目名称"维护所申报税源的减免税性质。
4)勾选所有要进行申报的税源,单击"保存",完成车辆税源采集。

（2）查看和审核自动生成的财产和行为税纳税申报表。审核无误，提交申报，缴纳税款。

## 任务评价

| 评价内容 | 评价标准 | 完成情况（0～10分） |
|---|---|---|
| 纳税人 | 能正确判断车船税的纳税人 | |
| 税目和税率 | 能根据具体业务正确判断车船税的税目及适用税率 | |
| 应纳税额计算 | 能正确计算应纳税额 | |
| 申报 | 能在电子税务局完成车船税的税源信息采集及申报 | |

## 任务六　印花税的计算与申报

## 任务情境

共享中心员工需为嘉靖公司进行7月份印花税纳税申报，对该公司签订合同或实际提供应税劳务书立的凭证等进行识别归类，形成的印花税应税凭证整理清单见表7-5。

表7-5　印花税应税凭证整理清单

| 项　目 | 金额/件数 |
|---|---|
| 买卖合同 | 8 940 912 |
| 货物运输合同 | 6 105 |
| 加工承揽合同 | 70 200 |

## 任务布置

判断嘉靖公司是否为印花税的纳税人。
判断嘉靖公司适用的印花税税目和税率。
判断印花税的计税依据。
根据以上判断完成印花税税源信息及纳税申报。

## 任务准备

### 一、知识准备

2021年6月10日第十三届全国人民代表大会常务委员会第二十九次会议通过《中华人民共和国印花税法》（以下简称《印花税法》），于2022年7月1日起施行。

印花税是对经济活动和经济交往中，书立、使用、领受具有法律效力的凭证的单位和个人征收的一种税。因采用在应税凭证上粘贴印花税票作为完税的标志而得名，具有覆盖面广、税率低、税负轻、纳税人自行完税等特点。

### 1. 纳税义务人

印花税的纳税义务人是在中国境内书立应税凭证和进行证券交易的单位和个人。根据书立、使用、领受应税凭证的不同，印花税纳税人分为以下几种类型。

（1）立合同人，是指合同当事人，即对凭证有直接权利义务关系的单位和个人，但不包括合同的担保人、证人、鉴定人。各类合同包括购销、加工承揽、建设工程承包、财产租赁、货物运输、仓储合同、保管合同、借款合同、融资租赁合同、财产保险合同、技术合同或具有合同性质的凭证。

（2）立据人，是指书立产权转移书据的单位和个人。

（3）立账簿人，是指开立并使用营业账簿的单位和个人。例如，某企业因生产需要，设立了营业账簿，该企业即为印花税的纳税人。

（4）使用人是指在国外书立、领受，但在国内使用应税凭证的单位和个人，其使用人为印花税的纳税人。关于在境外书立在境内使用的应税凭证应缴纳印花税的，包括以下几种情形：

1）以境内不动产为应税凭证标的。

2）以中国居民企业的股权为应税凭证标的。

3）应税凭证标的为动产或商标专用权、著作权、专利权、专有技术使用权的，其销售方或购买方在境内的。但境外单位或个人向境内单位或个人销售完全在境外适用的动产或商标专用权、著作权、专利权、专有技术使用权不包括在内。

4）应税凭证标的为服务的，其提供方或接收方在境内。

（5）各类电子应税凭证的签订人，即以电子形式签订的各类应税凭证的当事人。

值得注意的是，对应税凭证，凡由两方或两方以上当事人共同书立的，其当事人都是印花税的纳税人，应各就其所持凭证的计税金额履行纳税义务。

> **思考 7-5** 应税凭证的所有当事人是否都需要缴纳印花税？
>
> **解析**：合同当事人中的担保人、证人、鉴定人不需缴纳印花税。证券交易的双方，仅卖方为印花税的纳税义务人。

### 2. 征税范围

印花税只对税目税率表中列举的凭证和经财政部确定征税的其他凭证征税。印花税的征税范围包括以下四类：

（1）合同或具有合同性质的凭证，包括买卖合同、借款合同、融资租赁合同、承揽合同、建设工程合同、租赁合同、运输合同、仓储合同、财产保险合同和技术合同等。

（2）产权转移书据，包括财产所有权和版权、商标专用权、专利权、专有技术使用权等。专有技术使用权的转让需要在政府管理部门登记注册方能生效，因此专有技术使用权转让按"产权转移书据"税目贴花。

（3）营业账簿，是指单位或者个人记载生产经营活动的财务会计核算账簿。按其反映内容的不同，可分为记载资金的账簿和其他账簿。

（4）证券交易。

**思考 7-6　会计咨询合同、法律咨询合同、审计咨询合同是否属于印花税征税范围？**

**解析**：技术合同包括技术开发、转让、咨询、服务等合同。而一般的"法律"会计"审计"等方面的咨询不属于技术咨询，其所立合同不贴印花。

### 3. 税目和税率

印花税采用比例税率。比例税率分别为 0.05‰、0.25‰、0.3‰、0.5‰、1‰五档，具体见表 7-6。

**表 7-6　印花税税目税率表（2022 年 7 月 1 日起执行）**

| 税　目 | | 税　率 | 备　注 |
|---|---|---|---|
| 合同<br>（指书面合同） | 借款合同 | 借款金额的万分之零点五 | 指银行业金融机构、经国务院银行业监督管理机构批准设立的其他金融机构与借款人（不包括同业拆借）签订的借款合同 |
| | 融资租赁合同 | 租金的万分之零点五 | |
| | 买卖合同 | 价款的万分之三 | 指动产买卖合同（不包括个人书立的动产买卖合同） |
| | 承揽合同 | 报酬的万分之三 | |
| | 建设工程合同 | 价款的万分之三 | |
| | 运输合同 | 运输费用的万分之三 | 指货运合同和多式联运合同（不包括管道运输合同） |
| | 技术合同 | 价款、报酬或者使用费的万分之三 | 不包括专利权、专有技术使用权转让书据 |
| | 租赁合同 | 租金的千分之一 | |
| | 保管合同 | 保管费的千分之一 | |
| | 仓储合同 | 仓储费的千分之一 | |
| | 财产保险合同 | 保险费的千分之一 | 不包括再保险合同 |
| 产权转移书据 | 土地使用权出让书据 | 价款的万分之五 | 转让包括买卖（出售）、继承、赠予、互换、分割 |
| | 土地使用权、房屋等建筑物和构筑物所有权转让书据（不包括土地承包经营权和土地经营权转移） | 价款的万分之五 | |
| | 股权转让书据（不包括应缴纳证券交易印花税的） | 价款的万分之五 | |
| | 商标专用权、著作权、专利权、专有技术使用权转让书据 | 价款的万分之三 | |
| 营业账簿 | | 实收资本（股本）、资本公积合计金额的万分之二点五 | |
| 证券交易 | | 成交金额的千分之一 | |

### 案例 7-3

A 公司 2022 年 8 月发生下列经济业务：

8 月 3 日，销售一批货物，签订销售合同，总金额 60 万元。

8 月 17 日，用闲置资金购入股票，成交价 50 万元。

8 月 25 日，关联公司资金紧张，借款 500 万元，双方签订合约，约定年利率 8%，一年期，到期一次还本付息。

**分析**：A 公司 8 月份业务的印花税缴纳情况。

**分析**：

3 日签订的是为买卖合同，需缴纳印花税，适用税率 0.3‰。

17 日的股票交易，出让方为纳税人，A 公司为受让方，不缴纳印花税。

25 日和关联企业签订的借款合同，不属于印花税法规定的借款合同，不缴纳印花税。

#### 4. 税收优惠

下列应税凭证免税：

（1）应税凭证的副本或者抄本。

（2）依照法律规定应当予以免税的外国驻华使馆、领事馆和国际组织驻华代表机构为获得馆舍书立的应税凭证。

（3）中国人民解放军、中国人民武装警察部队书立的应税凭证。

（4）农民、家庭农场、农民专业合作社、农村集体经济组织、村民委员会购买农业生产资料或者销售农产品书立的买卖合同和农业保险合同。

（5）无息或者贴息借款合同、国际金融组织向中国提供优惠贷款书立的借款合同。

（6）财产所有权人将财产赠予政府、学校、社会福利机构、慈善组织书立的产权转移书据。

（7）非营利性医疗卫生机构采购药品或者卫生材料书立的买卖合同。

（8）个人与电子商务经营者订立的电子订单。

根据国民经济和社会发展的需要，国务院对居民住房需求保障、企业改制重组、破产、支持小型微型企业发展等情形可以规定减征或者免征印花税，报全国人民代表大会常务委员会备案。

#### 5. 计税依据

印花税的计税依据如下：

（1）应税合同的计税依据，为合同所列的金额，不包括列明的增值税税款。

（2）应税产权转移书据的计税依据，为产权转移书据所列的金额，不包括列明的增值税税款。

（3）应税营业账簿的计税依据，为账簿记载的实收资本（股本）、资本公积合计金额；以后增加金额的，以增加额为计税依据。

（4）证券交易的计税依据，为成交金额。

（5）应税合同、产权转移书据未列明金额的，印花税的计税依据按照实际结算的金额确定。

计税依据按照前款规定仍不能确定的，按照书立合同、产权转移书据时的市场价格确定；

依法应当执行政府定价或者政府指导价的，按照国家有关规定确定。

证券交易无转让价格的，按照办理过户登记手续时该证券前一个交易日收盘价计算确定计税依据；无收盘价的，按照证券面值计算确定计税依据。

同一应税合同、应税产权转移书据中涉及两方以上纳税人，且未列明纳税人各自涉及金额的，以纳税人平均分摊的应税凭证所列金额（不包括列明的增值税税款）确定计税依据。

> **思考7-7** 同一应税凭证载有两个或者两个以上经济事项时，应纳税额应如何计算？
>
> **解析**：同一应税凭证载有两个或者两个以上经济事项并分别列明价款或者报酬的，按照各自适用税目税率计算应纳税额；未分别列明价款或者报酬的，按税率高的计算应纳税额。

> **思考7-8** 对已贴花的凭证，如果所载金额有变动，应如何缴纳印花税？
>
> **解析**：对已贴花的凭证，修改后所载金额增加的，其增加部分应当补贴印花税票。凡多贴印花税票者，不得申请退税或者抵用。

6. 应纳税额的计算

$$应纳税额 = 应税凭证计税金额 \times 比例税率$$

7. 征收管理

（1）纳税义务发生时间。

印花税的纳税义务发生时间为纳税人书立应税凭证或者完成证券交易的当日。

证券交易印花税扣缴义务发生时间为证券交易完成的当日。

> **思考7-9** 印花税是否可以在凭证生效日完税？
>
> **解析**：印花税不得延至凭证生效日期贴花，同一种类应纳印花税凭证若需要频繁贴花的，纳税人可向当地税务机关申请近期汇总缴纳印花税，经税务机关核准发给许可证后，按税务机关确定的限期（最长不超过1个月）汇总计算纳税。

（2）纳税地点。印花税一般实行就地纳税。

1）单位纳税人应当向其机构所在地的主管税务机关申报缴纳印花税。

2）个人纳税人应当向应税凭证订立、领受地或者居住地的税务机关申报缴纳印花税。

3）纳税人出让或者转让不动产权的，应当向不动产所在地的税务机关申报缴纳印花税。

4）证券交易印花税的扣缴义务人应当向其机构所在地的主管税务机关申报缴纳税款。

（3）纳税期限。印花税按季、按年或者按次计征。

实行按季、按年计征的，纳税人应当于季度、年度终了之日起15日内申报并缴纳税款。

实行按次计征的，纳税人应当于纳税义务发生之日起15日内申报并缴纳税款。

证券交易印花税按周解缴。证券交易印花税的扣缴义务人应当于每周终了之日起5日内申报解缴税款及孳息。

### 职业提示

**小税票里的大文章**

印花税是以完税方式命名的税种，其完税方式是将税票粘贴于应税凭证上并画销。由此印花税的会计核算与其他税种不同，不作为"应交税费"处理。纳税人购进印花税票，作为待摊费用，等实际贴花完税时再按实际完税金额冲销待摊费用，同时确认损益。但随着技术手段的发展，印花税和其他税种一样实现网上报税缴款，可以先计提，再缴纳，不再需要购置印花税票了。纳税人计算出当期的印花税额，计入"税金及附加"，同时做应交税费，实际缴纳时再冲销应交税费。印花税票逐渐淡出了会计人的视野，但其设计内容及印刷工艺却受到了收藏界的青睐。

1949年版的印花税票为国旗和地球图案，记载了中国人民从此站起来了的豪迈；1952年版的图案有拖拉机、压路机；2001年版的选用了国家重点经济建设和文化体育建设项目等建筑精品，如秦山核电站、中华世纪坛；再后来的图案设计有青花瓷、戏曲、古代圣贤等。小小税票彰显了我国建设成就和大国文化，成为世界收藏爱好者的宠儿，见证了中国从站起来到富起来、强起来的过程，让世界了解到不一样的大国风采！

### 二、操作准备

整理印花税应税凭证。
熟悉电子税务局报税平台。

## 任务实施

### 一、任务流程

（1）计算并确定印花税应纳税额。

嘉靖公司当期签订了买卖合同、运输合同以及承揽合同，属于印花税征税范围，应缴纳印花税，适用税率0.3‰。

嘉靖公司应纳印花税额为：

签订买卖合同应缴纳印花税额 =8 940 912×0.3‰ =2 682.27（元）

签订运输合同应缴纳印花税额 =6 105×0.3‰ =1.83（元）

签订承揽合同应缴纳印花税额 =70 200×0.3‰ =21.06（元）

合计应纳印花税额 =2 682.27+1.83+21.06=2 705.16（元）

（2）进行印花税税源信息采集。

（3）填报印花税纳税申报表。

### 二、任务操作

（1）登录电子税务局，进入"财产和行为税纳税申报税源采集"界面，选择印花税对应的税源采集，进入"印花税税源采集"界面。

（2）选择税款缴纳方式，分按期申报和按次申报，如图7-19所示。

图7-19　选择税款缴纳方式

（3）选择"按期申报"→"新增印花税税源"，填写税源信息。选择税款所属期起和税款所属期止，其中"税目"下拉菜单为税种认定的按期申报的税目，填写"计税金额或件数"，如图7-20所示。所有的应税凭证都需要一一采集，也可以下载导入模块，批量导入税源信息。

图7-20　新增印花税税源

（4）税源信息采集完毕，返回到税源采集主界面，可查看、修改、删除已新增的税源信息。审核无误，单击"跳转申报"返回到申报界面，如图7-21所示，之后可查看和审核自动生成的纳税申报表。

项目七　其他税种报税实务　187

图 7-21　跳转申报

（5）审核无误，提交申报，缴纳税款。

## 任务评价

| 评价内容 | 评价标准 | 完成情况（0～10分） |
|---|---|---|
| 纳税人 | 能正确判断印花税的纳税人 | |
| 税目与税率 | 能根据具体业务正确判断印花税的税目及适用税率 | |
| 计税依据 | 能根据应税凭证的具体情况确定印花税的计税依据 | |
| 应纳税额计算 | 能正确计算应纳税额 | |
| 申报 | 能在电子税务局完成印花税的税源信息采集及申报 | |

# 任务七　契税的计算与申报

## 任务情境

子林公司购买了位于北京朝阳区将台路 3 号的一套房屋作为办公室，合同签订日期为 2021 年 5 月 1 日，所有权归子林公司单独所有，房屋面积 120 平方米，取得的增值税专用发票注明不含税金额 500 万，增值税税额 45 万。共享中心员工准备为子林公司完成契税纳税申报任务。

## 任务布置

判断子林公司是否为契税纳税人。
确定子林公司契税的计税依据。
计算子林公司契税应纳税额。
进行契税税源信息采集，完成契税申报。

## 任务准备

### 一、知识准备

契税是以在中华人民共和国境内转移土地、房屋权属为征税对象，向产权承受人征收的一种税。

#### 1. 纳税义务人

契税的纳税义务人是指在我国境内承受土地、房屋权属转移的单位和个人。契税由权属的承受人缴纳。承受是指以受让、购买、受赠、交换等方式取得土地、房屋权属的行为。土地、房屋权属是指土地使用权和房屋所有权。

> **思考 7-10** 按照法律规定，转让土地、房屋权属时，转让方应缴纳哪些税？
>
> **解析**：涉及转让土地、房屋权属时，转让方应缴纳增值税、土地增值税、印花税、城市维护建设税和教育费附加。转让方是个人的，还需缴纳个人所得税。

#### 2. 契税征税范围

契税的征税范围主要包括：

（1）国有土地使用权出让，是指土地使用者向国家交付土地使用权出让费用，国家将国有土地使用权在一定年限内让与土地使用者的行为。出让费用包括出让金等。

（2）土地使用权转让，是指土地使用者以出售、赠予、交换或者其他方式将土地使用权转移给其他单位和个人的行为。土地使用权的转让不包括农村集体土地承包经营权的转移。

（3）房屋买卖，是指房屋所有者让渡房产所有权的交易行为，包括以房产抵债，实物交换房产，以房产投资、入股，买方拆料或翻建新房等涉及房屋产权转移的行为。

（4）房屋赠予，是指房屋所有者将其房屋无偿转让给受赠者的行为。

（5）房屋交换，是指房屋所有者之间相互交换房屋的行为。

#### 3. 契税税率

契税实行 3%～5% 的幅度税率。具体税率由各省、自治区、直辖市人民政府在幅度税率规定范围内，按照本地区的实际情况确定，以适应不同地区纳税人的负担水平和房地产市场发展等情况。

#### 4. 契税计税依据

（1）土地使用权出让、出售，房屋买卖，为土地、房屋权属转移合同确定的成交价格，包括应交付的货币以及实物、其他经济利益对应的价款。

（2）土地使用权互换、房屋互换，为所互换的土地使用权、房屋价格的差额。

（3）土地使用权赠予、房屋赠予以及其他没有价格的转移土地、房屋权属行为，为税务机关参照土地使用权出售、房屋买卖的市场价格依法核定的价格。

纳税人申报的成交价格、互换价格差额明显偏低且无正当理由的，由税务机关依照《中华人民共和国税收征收管理法》的规定核定。

### 5. 契税应纳税额的计算

契税应纳税额依照省、自治区、直辖市人民政府确定的适用税率和税法规定的计税依据计算征收。其计算公式为

$$应纳税额 = 计税依据 \times 税率$$

### 6. 契税税收优惠

（1）有下列情形之一的，免征契税：

1）国家机关、事业单位、社会团体、军事单位承受土地、房屋权属用于办公、教学、医疗、科研、军事设施。

2）非营利性的学校、医疗机构、社会福利机构承受土地、房屋权属用于办公、教学、医疗、科研、养老、救助。

3）承受荒山、荒地、荒滩土地使用权用于农、林、牧、渔业生产。

4）婚姻关系存续期间夫妻之间变更土地、房屋权属。

5）法定继承人通过继承承受土地、房屋权属。

6）依照法律规定应当予以免税的外国驻华使馆、领事馆和国际组织驻华代表机构承受土地、房屋权属。

根据国民经济和社会发展的需要，国务院对居民住房需求保障、企业改制重组、灾后重建等情形可以规定免征或者减征契税，报全国人民代表大会常务委员会备案。

（2）省、自治区、直辖市可以决定对下列情形免征或者减征契税：

1）因土地、房屋被县级以上人民政府征收、征用，重新承受土地、房屋权属的。

2）因不可抗力灭失住房，重新承受住房权属。

前款规定的免征或者减征契税的具体办法，由省、自治区、直辖市人民政府提出，报同级人民代表大会常务委员会决定，并报全国人民代表大会常务委员会和国务院备案。

纳税人改变有关土地、房屋的用途，或者有其他不再属于上述规定的免征、减征契税情形的，应当缴纳已经免征、减征的税款。

### 7. 契税征收管理

（1）纳税义务发生时间。契税的纳税义务发生时间是纳税人签订土地、房屋权属转移合同的当天，或者纳税人取得其他具有土地、房屋权属转移合同性质凭证的当天。

（2）纳税地点。契税实行属地征收管理。纳税人发生契税纳税义务时，应向土地、房屋所在地的征收机关申报纳税。

（3）纳税期限。

纳税人应当在依法办理土地、房屋权属登记手续前申报缴纳契税。

纳税人办理纳税事宜后，税务机关应当开具契税完税凭证。纳税人办理土地、房屋权属登记，不动产登记机构应当查验契税完税、减免税凭证或者有关信息。未按照规定缴纳契税的，不动产登记机构不予办理土地、房屋权属登记。

在依法办理土地、房屋权属登记前，权属转移合同、权属转移合同性质凭证不生效、无效、

被撤销或者被解除的，纳税人可以向税务机关申请退还已缴纳的税款，税务机关应当依法办理。

### 二、操作准备

（1）确定转让不动产、土地权属的承受方、转让方、房屋权属转移信息、契税税率。
（2）整理不动产权属转移合同、购置不动产发票。
（3）熟悉电子税务局报税平台。

## 任务实施

### 一、任务流程

（1）计算应缴纳的契税。
根据相关规定，北京市契税税率为3%。
子林公司购买房屋应纳契税金额 =500×3%=15（万元）
（2）登录电子税务局完成税源信息采集表的填写。
（3）审核自动生成的纳税申报表，完成纳税申报及缴款。

### 二、任务操作

（1）登录北京市电子税务局主页，进入"财产和行为税纳税申报税源采集"界面，选择契税对应的税源采集，进入"契税税源采集"界面。
（2）单击"查询税源"，可对已采集过的税源信息进行查看、修改和删除等操作，如图7-22所示。单击"新增税源"，进入"契税采集信息"界面，如图7-23所示，填写必填项，最后单击"保存"完成信息采集。

图7-22　税源信息查询

图 7-23 税源信息采集

（3）在返回界面单击"跳转申报"，可返回到纳税申报界面。已采集的税源信息应缴纳的税额会自动带出。

（4）查看和审核自动生成的纳税申报表，审核无误，提交完成申报。

## 任务评价

| 评价内容 | 评价标准 | 完成情况（0～10分） |
| --- | --- | --- |
| 纳税人 | 能正确判断契税的纳税人 | |
| 征税范围 | 能根据具体业务正确判断是否为契税的征税范围 | |
| 应纳税额计算 | 能正确确定契税的计税依据并计算应纳税额 | |
| 申报 | 能在电子税务局完成契税的税源信息采集及申报 | |

## 任务八　耕地占用税的计算与申报

### 任务情境

共享中心员工为完成子林公司的耕地占用税纳税申报任务，查阅子林公司占用耕地批准文件，经批准实际占用耕地 1 200 平方米，用于非农业建设。子林公司所在地耕地占用税的税率为42 元 / 平方米。

## 任务布置

判断子林公司是否为耕地占用税纳税人。

判断耕地占用税的征税范围、计税依据。

根据以上判断进行耕地占用税应纳税额的计算。

进行耕地占用税税源信息采集,完成纳税申报。

## 任务准备

### 一、知识准备

耕地占用税是为了合理利用土地资源,加强土地管理,保护耕地,对占用耕地建设建筑物、构筑物或者从事非农业建设的单位和个人征收的一种税。

#### 1. 耕地占用税纳税人

耕地占用税的纳税人为在我国境内占用耕地建设建筑物、构筑物或者从事非农业建设的单位和个人。单位包括企业、事业单位、社会团体、国家机关、部队以及其他单位。个人包括个体工商户、农村承包经营户以及其他个人。

**思考 7-11** 纳税人实际占用耕地建设工业厂房,但尚未取得批准占用耕地的审批文件,需要缴纳耕地占用税吗?

**解析**:经申请批准占用耕地的,纳税人为农用地转用审批文件中标明的建设用地人,未标明建设用地人的,纳税人为用地申请人。未经批准占用耕地的,纳税人为实际用地人。

#### 2. 耕地占用税征税范围

耕地占用税的征税范围包括纳税人为建设建筑物、构筑物或从事其他非农业建设而占用的国家所有和集体所有的耕地。具体包括:

(1) 耕地,是指用于种植农作物的土地,包括菜地和种植经济林木的土地。

(2) 园地,包括果园、茶园、橡胶园以及种植桑树、可可、咖啡、油棕、胡椒、药材等其他多年生作物的园地。

(3) 林地,包括乔木林地、竹林地、红树林地、森林沼泽、灌木林地、灌丛沼泽以及疏林地、未成林地、迹地、苗圃等林地。不包括城镇村庄范围内的绿化林木用地,铁路、公路征地范围内的林木用地,以及河流、沟渠的护堤林用地。

(4) 草地,包括天然牧草地、沼泽草地、人工牧草地,以及用于农业生产并已由相关行政主管部门发放使用权证的草地。

(5) 农田水利用地,包括农田排灌沟渠及相应附属设施用地。

(6) 养殖水面,包括人工开挖或者天然形成的用于水产养殖的河流水面、湖泊水面、水库水面、坑塘水面及相应附属设施用地。

(7) 渔业水域滩涂,包括专门用于种植或者养殖水生动植物的海水潮浸地带和滩地,以及用于种植芦苇并定期进行人工养护管理的苇田。

建设直接为农业生产服务的生产设施占用上述农用地的,不缴纳耕地占用税。直接为农业生产服务的生产设施,是指直接为农业生产服务而建设的建筑物和构筑物。例如:专为农业生产服务的灌溉排水、供水、供电、供热、供气、通信基础设施;农业生产者从事农业生产必需的食宿和管理设施;其他直接为农业生产服务的生产设施。

### 3. 耕地占用税税率

耕地占用税实行定额税率。根据不同地区的人均耕地面积和经济发展情况实行有地区差别的幅度税额标准。税率具体标准如下:

(1)人均耕地不超过 1 亩(1 亩 ≈ 666.67 平方米)的地区(以县、自治县、不设区的市、市辖区为单位,下同),每平方米为 10 ~ 50 元。

(2)人均耕地超过 1 亩但不超过 2 亩的地区,每平方米为 8 ~ 40 元。

(3)人均耕地超过 2 亩但不超过 3 亩的地区,每平方米为 6 ~ 30 元。

(4)人均耕地超过 3 亩的地区,每平方米为 5 ~ 25 元。

各地区耕地占用税的适用税额,由省、自治区、直辖市人民政府根据人均耕地面积和经济发展等情况,在规定的税额幅度内提出,报同级人民代表大会常务委员会决定,并报全国人民代表大会常务委员会和国务院备案。各省、自治区、直辖市耕地占用税适用税额的平均水平,不得低于"各省、自治区、直辖市耕地占用税平均税额表"(表 7-7)规定的平均税额。

表 7-7 各省、自治区、直辖市耕地占用税平均税额表

| 省、自治区、直辖市 | 每平方米平均税额(元) |
| --- | --- |
| 上海 | 45 |
| 北京 | 40 |
| 天津 | 35 |
| 江苏、浙江、福建、广东 | 30 |
| 辽宁、湖北、湖南 | 25 |
| 河北、安徽、江西、山东、河南、重庆、四川 | 22.5 |
| 广西、海南、贵州、云南、陕西 | 20 |
| 山西、吉林、黑龙江 | 17.5 |
| 内蒙古、西藏、甘肃、青海、宁夏、新疆 | 12.5 |

在人均耕地低于 0.5 亩的地区,省、自治区、直辖市可以根据当地经济发展情况,适当提高耕地占用税的适用税额,但提高的部分不得超过确定的适用税额的 50%。

占用基本农田的,应当按照当地适用税额,加按 150% 征收。

占用园地、林地、草地、农田水利用地、养殖水面、渔业水域滩涂以及其他农用地建设建筑物、构筑物或者从事非农业建设的,适用税额可以适当低于本地区确定的适用税额,但降低的部分不得超过 50%。具体适用税额由省、自治区、直辖市人民政府提出,报同级人民代表大会常务委员会决定,并报全国人民代表大会常务委员会和国务院备案。

### 4. 耕地占用税计税依据

耕地占用税以纳税人实际占用的耕地面积为计税依据,按照规定的适用税额标准计算应纳税额,一次性缴纳。实际占用的耕地面积,包括经批准占用的耕地面积和未经批准占用的耕地面积。纳税人实际占用耕地面积的核定以农用地转用审批文件为主要依据,必要的时候应当实地

勘测。

> **思考 7-12** 纳税人略超出审批文件批准面积占用耕地建设工业厂房，缴纳耕地占用税时计税依据是否包括超出的部分？
>
> **解析：** 根据《中华人民共和国耕地占用税法实施办法》第三条规定："实际占用的耕地面积，包括经批准占用的耕地面积和未经批准占用的耕地面积。"纳税人超出审批文件批准的面积部分也应缴纳耕地占用税。

### 5. 耕地占用税应纳税额的计算

耕地占用税应纳税额的计算公式为

$$应纳税额 = 实际占用耕地面积（平方米）\times 适用税率$$

### 6. 耕地占用税税收优惠

（1）军事设施、学校、幼儿园、社会福利机构、医疗机构占用耕地，免征耕地占用税。

（2）农村居民在规定用地标准以内占用耕地新建自用住宅，按照当地适用税额减半征收耕地占用税；其中农村居民经批准搬迁，新建自用住宅占用耕地不超过原宅基地面积的部分，免征耕地占用税。

（3）农村烈士遗属、因公牺牲军人遗属、残疾军人以及符合农村最低生活保障条件的农村居民，在规定用地标准以内新建自用住宅，免征耕地占用税。

（4）铁路线路、公路线路、飞机场跑道、停机坪、港口、航道、水利工程占用耕地，减按每平方米 2 元的税额征收耕地占用税。

### 职业提示

#### 六税两费税收优惠扩围延期，小微企业税负减轻

六税两费是指资源税、城市维护建设税、房产税、城镇土地使用税、印花税（不含证券交易印花税）、耕地占用税和教育费附加、地方教育附加。自 2019 年 1 月 1 日至 2021 年 2 月 28 日，小规模纳税人可以在最高 50% 税额幅度内减征六税两费。2022 年《财政部 税务总局关于进一步实施小微企业"六税两费"减免政策的公告》（财税公告 2022 年第 10 号）将该优惠政策扩围延期。广大纳税人要注意以下几个事项：

（1）政策执行期限到 2024 年 12 月 31 日。

（2）享受主体范围扩大：由增值税小规模纳税人扩大为增值税小规模纳税人、个体工商户、小型微利企业三类。这里需注意小规模纳税人是增值税的概念，小型微利企业则属于企业所得税的界定范围。只要是增值税小规模纳税人即可享受六税两费的减免政策，如果是增值税一般纳税人，只要其符合小型微利企业条件或营业执照为个体工商户，也可享受该优惠。

（3）小型微利企业享受方式：小型微利企业的身份认定需要汇算清缴之后才能判定，因此享受六税两费减免优惠的期限为汇算清缴当年的 7 月 1 日至次年 6 月 30 日，但不得超过 2024 年 12 月 31 日。

因此，在适用该政策时，纳税人一定要概念清晰，逻辑分明，把政策吃透用好，不能搞混用错。

#### 7. 耕地占用税征收管理

（1）纳税义务发生时间。

耕地占用税的纳税义务发生时间为纳税人收到自然资源主管部门办理占用耕地手续的书面通知的当日。纳税人应当自纳税义务发生之日起 30 日内申报缴纳耕地占用税。

自然资源主管部门凭耕地占用税完税凭证或者免税凭证和其他有关文件发放建设用地批准书。

未经批准占用耕地的，耕地占用税纳税义务发生时间为自然资源主管部门认定的纳税人实际占用耕地的当日。

（2）纳税申报。

纳税人占用耕地或其他农用地，应当在耕地或其他农用地所在地申报纳税。

耕地占用税由税务机关负责征收。税务机关应当与相关部门建立耕地占用税涉税信息共享机制和工作配合机制。

税务机关发现纳税人的纳税申报数据资料异常或者纳税人未按照规定期限申报纳税的，可以提请相关部门进行复核，相关部门应当自收到税务机关复核申请之日起 30 日内向税务机关出具复核意见。

纳税人的纳税申报数据资料异常或者纳税人未按照规定期限申报纳税的，包括下列情形：

1）纳税人改变原占地用途，不再属于免征或者减征耕地占用税情形，未按照规定进行申报的。

2）纳税人已申请用地但尚未获得批准先行占地开工，未按照规定进行申报的。

3）纳税人实际占用耕地面积大于批准占用耕地面积，未按照规定进行申报的。

4）纳税人未履行报批程序擅自占用耕地，未按照规定进行申报的。

5）其他应提请相关部门复核的情形。

### 二、操作准备

（1）确定纳税人信息、耕地占用信息、计税信息。

（2）经批准占用应税土地，需准备农用地转用审批文件或临时占用耕地批准文件，未经批准占用应税土地，需准备实际占地的相关证明材料。

（3）熟悉电子税务局系统报税平台。

## 任务实施

### 一、任务流程

（1）计算子林公司应纳耕地占用税。

子林公司占用耕地从事非农业建设，应缴纳耕地占用税，自收到自然资源主管部门办理占用耕地手续的书面通知之日起 30 日内办理耕地占用税的纳税申报。

耕地占用税应纳税额 =1 200×42=50 400（元）

（2）进行耕地占用税税源信息采集。

（3）进行耕地占用税纳税申报。

### 二、任务操作

（1）登录电子税务局主页，进入"财产和行为税纳税申报税源采集"界面，选择耕地占用税对应的税源采集,进入"耕地占用税税源采集"界面。

(2)单击"新增税源信息"按钮,进入新增页面。选择"占地方式",如图 7-24 所示。根据不同的占用方式,填写相应必填项目;单击"增行",完善"税款信息";单击"保存",税源信息采集完毕。

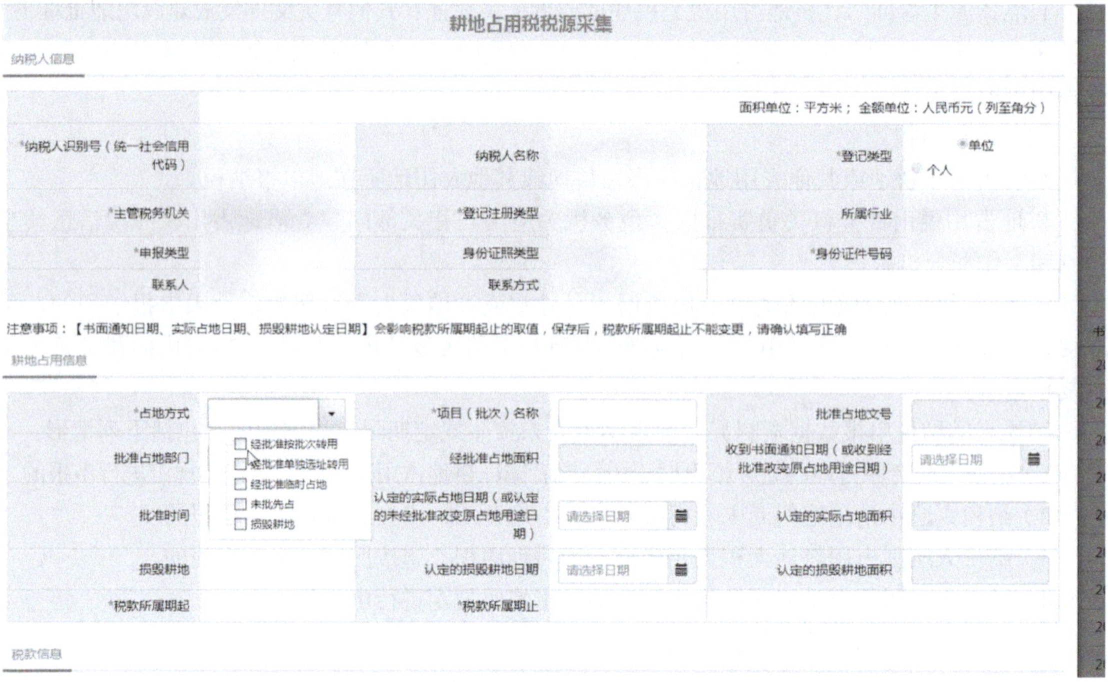

图 7-24　税源信息采集

(3)单击"跳转申报",查看和审核自动生成的纳税申报表,审核无误,提交申报。

## 任务评价

| 评价内容 | 评价标准 | 完成情况(0~10分) |
| --- | --- | --- |
| 纳税人 | 能正确判断耕地占用税的纳税人 | |
| 征税范围 | 能根据具体业务正确判断是否为耕地占用税的征税范围 | |
| 应纳税额计算 | 能正确计算应纳税额 | |
| 申报 | 能在电子税务局完成耕地占用税的税源信息采集及申报 | |

## 任务九　关税的计算与申报

### 任务情境

江南进出口公司为增值税一般纳税人,5 月 15 日从美国进口一批摄像机,批准文号为 160032487,合同议定以到岸价格 8.25 万美元结算,江南进出口公司另支付给中间代理人佣金

1.5万元人民币。进口关税税率为5%，当日的美元兑人民币的汇率为1:6.53。

5月25日向美国旧金山出口鳗鱼苗，批准文号为160082654，出口关税税率为10%，海关审定的离岸价格为35万元人民币。

## 任务布置

确定进口货物、出口货物的完税价格。

计算进口货物、出口货物的关税。

## 任务准备

### 一、知识准备

#### 1. 课税对象和税目

关税的课税对象是进出境的货物、物品。凡准许进出口的货物，除国家另有规定的以外，均应由海关征收进口关税或出口关税。对从境外采购进口的原产于中国境内的货物，也应按规定征收进口关税。

关税的税目、税率都由《中华人民共和国海关进出口税则》规定。它包括三个主要部分：归类总规则、进口税率表、出口税率表，其中归类总规则是进出口货物分类的具有法律效力的原则和方法。

进出口税则中的商品分类目录为关税税目。按照税则归类总规则及其归类方法，每一种商品都能找到一个最适合的对应税目。

#### 2. 税率

关税的税率分为进口税率和出口税率两种。

我国出口税则为一栏税率，即出口税率。国家仅对少数资源型产品及易于竞相杀价、盲目出口，需要规范出口秩序的半制成品征收出口关税。

进口税率又分为普通税率、最惠国税率、协定税率、特惠税率、关税配额税率和暂定税率。进口货物适用何种关税税率是以进口货物的原产地为标准的。进口关税一般采用比例税率，实行从价计征的办法，但对啤酒、原油等少数货物则实行从量计征。对广播用录像机、放像机、摄像机等实行从价加从量的复合税率。

（1）普通税率。对原产于未与我国共同适用最惠国条款的世界贸易组织成员，未与我国订有相互给予最惠国待遇、关税优惠条款贸易协定和特殊关税优惠条款贸易协定的国家或者地区的进口货物，以及原产地不明的货物，按照普通税率征税。

（2）最惠国税率。对原产于与我国共同适用最惠国待遇条款的世界贸易组织成员的进口货物，原产于与我国签订含有相互给予最惠国待遇条款的双边贸易协定的国家或者地区的进口货物，以及原产于我国境内的进口货物，按照最惠国税率征税。

（3）协定税率。对原产于与我国签订含有关税优惠条款的区域性贸易协定的国家或地区的进口货物，按协定税率征税。

（4）特惠税率。对原产于与我国签订含有特殊关税优惠条款的贸易协定的国家或地区的进口货物，按特惠税率征收。

（5）关税配额税率。对实行关税配额管理的进口货物，关税配额内的使用关税配额税率；关税配额外的，按不同情况分别适用于最惠国税率、协定税率、特惠税率或普通税率。

（6）暂定税率。在海关进出口税则规定的进口优惠税率基础上，对进口的某些重要的工农业生产原材料和机电产品关键部件和出口的特定货物实施的更为优惠的关税税率。这种税率一般按照年度制定。

### 3. 计税依据

我国对进出口货物征收关税，主要采取从价计征的办法，以商品价格为标准征收关税。因此，关税主要以进出口货物的完税价格为计税依据。

（1）进口货物的完税价格。进口货物完税价格的确定方法大致可以划分为两类：成交价格估价方法和进口货物海关估价方法。成交价格估价方法是以进口货物的成交价格为基础进行调整，从而确定进口货物完税价格的估价方法。进口货物海关估价方法则是在进口货物的成交价格不符合规定条件或者成交价格不能确定的情况下，海关用以审查确定进口货物完税价格的估价方法。

1）成交价格估价方法下关税完税价格。进口货物的成交价格是指买方向我国境内销售货物时买方为进口该货物向卖方实付、应付的，并且按有关规定调整后的价款总额。采用成交价格估价方法，以成交价格为基础，同时还包括调整项目，主要是未包括在该货物实付、应付价格中的费用或价值等。如由买方负担的除购货佣金以外的佣金和经纪费，由买方负担的与该货物视为一体的容器费用，由买方负担的包装材料费用和包装劳务费用等。

2）进口货物海关估价方法。对于进口货物成交价格不符合条件或不能确定的，由海关估价确定。海关估价依次使用的方法有：相同货物成交价格估价方法、类似货物成交价格估价方法、倒扣价格估价方法、计算价格估价方法、其他合理估价方法。

（2）出口货物的完税价格。出口货物的完税价格是以成交价格为基础的完税价格，不含出口关税和单独列明的支付给境外的佣金。出口货物的成交价格是指该货物出口销售时卖方为出口该货物应当向买方直接收取和间接收取的价款总额。

当出口货物的成交价格不能确定时，完税价格由海关依次以下列方法估定：同时或者大约同时向同一国家或者地区出口的相同货物的成交价格；同时或者大约同时向同一国家或者地区出口的类似货物的成交价格；根据境内生产相同或者类似货物的成本、利润和一般费用、境内发生的运费及其相关费用、保险费计算所得的价格；按照合理方法约定的价格。

### 4. 税额计算

（1）从价税计算方法。从价税是最普遍的关税计征方法，它以进（出）口货物的完税价格作为计税依据。该种方法下进（出）口货物应纳关税税额的计算公式为

$$应纳关税税额 = 应税进（出）口货物数量 \times 单位完税价格 \times 适用税率$$

（2）从量税计算方法。从量税是以进（出）口商品的数量为计税依据的一种关税计征方法。其应纳关税税额的计算公式为

$$应纳关税税额 = 应税进（出）口货物数量 \times 单位货物税额$$

（3）复合税计算方法。复合税是对某种进（出）口货物同时使用从价和从量计征的一种关税计征方法。其应纳关税税额的计算公式为

$$应纳关税税额 = 应税进（出）口货物数量 \times 单位货物税额 +$$
$$应税进（出）口货物数量 \times 单位完税价格 \times 适用税率$$

（4）滑准税计算方法。滑准税是指关税的税率随着进（出）口商品价格的变动而反方向变动的一种税率形式，即价格越高，税率越低，税率为比例税率。因此，对实行滑准税的进（出）口商品应纳关税税额的计算方法与从价税计算方法相同。

### 5. 关税的申报与缴纳

进口货物自运输工具申报进境之日起 14 日内，出口货物在货物运抵海关监管区后装货的 24 小时以前，应由进出口货物的纳税义务人向货物进（出）境地海关申报。海关根据税则归类和完税价格，计算应缴纳的关税和进口环节代征税款，并填发税款缴款书。

纳税义务人应当自海关填发税款缴款书之日起 15 日内，向指定银行缴纳税款（如关税缴纳期限届满日遇星期六、星期日等休息日或者法定节假日的，关税缴纳期限顺延至休息日或法定节假日之后的第 1 个工作日）。纳税义务人因不可抗力或者在国家税收政策调整的情形下，不能按期缴纳税款的，经依法提供税款担保后，可以延期缴纳税款，但最长不得超过 6 个月。

## 二、操作准备

认真学习《中华人民共和国海关法》《中华人民共和国进出口关税条例》和关税其他相关法规。

## 任务实施

### 1. 计算进口环节应纳关税税额

支付的佣金应计入关税完税价格。
进口应纳关税 =（82 500×6.53+15 000）×5% = 27 686.25（元）

### 2. 计算出口环节应纳关税税额

出口鳗鱼苗需要缴纳出口环节关税。
出口应纳关税 =350 000÷（1+10%）×10%=31 818.18（元）

## 任务评价

| 评价内容 | 评价标准 | 完成情况（0～10分） |
| --- | --- | --- |
| 纳税人 | 能正确判断进（出）口业务的纳税人 | |
| 进口环节关税完税价格 | 能正确计算进口环节的关税完税价格 | |
| 出口环节关税完税价格 | 能正确计算出口环节的关税完税价格 | |
| 应纳税额计算 | 能正确计算进（出）口业务的应纳关税税额 | |

# 任务十　环境保护税的计算与申报

## 任务情境

某化工厂 4 月份向大气直接排放二氧化硫、氯化氢各 20 千克，排放一氧化碳 120 千克、氟化氢 100 千克。当地大气污染物适用税额为 1.5 元/污染当量。该化工厂只有一个排放口，二氧化硫、氯化氢、一氧化碳、氟化氢的污染当量值分别为 0.95、10.75、16.7、0.87。共享中心受托为其进行环境保护税的纳税申报。

## 任务布置

判断该化工厂是否为环境保护税纳税人。
判断环境保护税的征税范围、计税依据。
根据以上判断进行环境保护税应纳税额的计算。
填写环境保护税税源明细表，进行纳税申报。

## 任务准备

### 一、知识准备

环境保护税是对在中华人民共和国领域和中华人民共和国管辖的其他海域，直接向环境排放应税污染物的企业事业单位和其他生产经营者征收的一种税。

#### 1. 环境保护税纳税义务人

环境保护税的纳税人为在中华人民共和国领域和中华人民共和国管辖的其他海域，直接向环境排放应税污染物的企业事业单位和其他生产经营者。按照规定征收环境保护税的，不再征收排污费。

#### 2. 环境保护税征税范围

环境保护税的征税范围也即应税污染物，是指《环境保护税法》所附"环境保护税税目税额表""应税污染物和当量值表"规定的大气污染物、水污染物、固体废物和噪声。

**思考 7-13**　企业在任何情况下排放应税污染物，都必须要缴纳环境保护税吗？

**解析**：有下列情形之一的，不属于直接向环境排放污染物，不缴纳相应污染物的环境保护税：

（1）企业事业单位和其他生产经营者向依法设立的污水集中处理、生活垃圾集中处理场所排放应税污染物的。

（2）企业事业单位和其他生产经营者在符合国家和地方环境保护标准的设施、场所储存或者处置固体废物的。

依法设立的城乡污水集中处理、生活垃圾集中处理场所超过国家和地方规定的排放标准向环境排放应税污染物的，应当缴纳环境保护税。

企业事业单位和其他生产经营者储存或者处置固体废物不符合国家和地方环境保护标准的，应当缴纳环境保护税。

#### 3. 环境保护税税率

环境保护税实行定额税率。税目、税额依照"环境保护税税目税额表"执行，见表 7-8。

表 7-8　环境保护税税目税额表

| 税　目 | | 计税单位 | 税　额 | 备　注 |
|---|---|---|---|---|
| 大气污染物 | | 每污染当量 | 1.2～12 元 | |
| 水污染物 | | 每污染当量 | 1.4～14 元 | |
| 固体废物 | 煤矸石 | 每吨 | 5 元 | |
| | 尾矿 | 每吨 | 15 元 | |
| | 危险废物 | 每吨 | 1 000 元 | |
| | 冶炼渣、粉煤灰、炉渣、其他固体废物（含半固态、液态废物） | 每吨 | 25 元 | |
| 噪声 | 工业噪声 | 超标 1～3 分贝 | 每月 350 元 | 1. 一个单位边界上有多处噪声超标，根据最高一处超标声级计算应纳税额；当沿边界长度超过 100 米有两个以上噪声超标，按照两个单位计算应纳税额<br>2. 一个单位有不同地点作业场所的，应当分别计算应纳税额，合并计征<br>3. 昼、夜均超标的环境噪声，昼、夜分别计算应纳税额，累计计征<br>4. 声源一个月内超标不足 15 天的，减半计算应纳税额<br>5. 夜间频繁突发和夜间偶然突发厂界超标噪声，按等效声级和峰值噪声两种指标中超标分贝值高的一项计算应纳税额 |
| | | 超标 4～6 分贝 | 每月 700 元 | |
| | | 超标 7～9 分贝 | 每月 1 400 元 | |
| | | 超标 10～12 分贝 | 每月 2 800 元 | |
| | | 超标 13～15 分贝 | 每月 5 600 元 | |
| | | 超标 16 分贝以上 | 每月 11 200 元 | |

**4. 环境保护税计税依据**

应税污染物的计税依据，按照下列方法确定：

（1）应税大气污染物按照污染物排放量除以折合的污染当量数确定。

（2）应税水污染物按照污染物排放量除以折合的污染当量数确定。

（3）应税固体废物按照固体废物的排放量确定。

（4）应税噪声按照超过国家规定标准的分贝数确定。

**5. 环境保护税应纳税额的计算**

环境保护税应纳税额按照下列方法计算：

（1）应税大气污染物的应纳税额 = 污染当量数 × 具体适用税额

每一排放口或者没有排放口的应税大气污染物，按照污染当量数从大到校排序，对前三项污染物征收环境保护税。

（2）应税水污染物的应纳税额 = 污染当量数 × 具体适用税额

每一排放口的应税水污染物，区分第一类水污染物和其他类水污染物，按照污染当量数从大到小排序，对第一类水污染物按照前五项征收环境保护税，对其他类水污染物按照前三项征收环境保护税。

（3）应税固体废物的应纳税额 = 固体废物排放量 × 具体适用税额

　　　　应税噪声的应纳税额 = 超过国家规定标准的分贝数对应的具体适用税额

应税大气污染物、水污染物、固体废物的排放量和噪声的分贝数，按照下列方法和顺序计算：

1）纳税人安装使用符合国家规定和监测规范的污染物自动监测设备的，按照污染物自动监测数据计算。

2)纳税人未安装使用污染物自动监测设备的,按照监测机构出具的符合国家有关规定和监测规范的监测数据计算。

3)因排放污染物种类多等原因不具备监测条件的,按照国务院环境保护主管部门规定的排污系数、物料衡算方法计算。

不能按上述1)至3)规定的方法计算的,按照省、自治区、直辖市人民政府环境保护主管部门规定的抽样测算的方法核定计算。

### 6. 环境保护税税收优惠

下列情形,暂予免征环境保护税:

(1)农业生产(不包括规模化养殖)排放应税污染物的。

(2)机动车、铁路机车、非道路移动机械、船舶和航空器等流动污染源排放应税污染物的。

(3)依法设立的城乡污水集中处理、生活垃圾集中处理场所排放相应应税污染物,不超过国家和地方规定的排放标准的。

(4)纳税人综合利用的固体废物,符合国家和地方环境保护标准的。

(5)国务院批准免税的其他情形。

纳税人排放应税大气污染物或者水污染物的浓度值低于国家和地方规定的污染物排放标准30%的,减按75%征收环境保护税。纳税人排放应税大气污染物或者水污染物的浓度值低于国家和地方规定的污染物排放标准50%的,减按50%征收环境保护税。

### 7. 环境保护税征收管理

(1)环境保护税由税务机关依照《中华人民共和国税收征收管理法》和《环境保护税法》的有关规定征收管理。

环境保护主管部门应当将排污单位的排污许可、污染物排放数据、环境违法和受行政处罚情况等环境保护相关信息,定期交送税务机关。税务机关应当将纳税人的纳税申报、税款入库、减免税额、欠缴税款以及风险疑点等环境保护税涉税信息,定期交送环境保护主管部门。

(2)纳税义务发生时间为纳税人排放应税污染物的当日。

(3)环境保护税按月计算,按季申报缴纳。不能按固定期限计算缴纳的,可以按次申报缴纳。

纳税人按季申报缴纳的,应当自季度终了之日起15日内,向税务机关办理纳税申报并缴纳税款。纳税人按次申报缴纳的,应当自纳税义务发生之日起15日内,向税务机关办理纳税申报并缴纳税款。

(4)纳税人应当向应税污染物排放地的税务机关申报缴纳环境保护税。

应税污染物排放地是指:应税大气污染物、水污染物排放口所在地;应税固体废物产生地;应税噪声产生地。

## 延伸阅读

**绿色税收体系为中国绿色低碳发展贡献"税力量"**

为落实习近平主席生态文明思想,贯彻党中央、国务院决策部署,税务部门充分发挥税收在推进生态文明建设方面的职能作用,积极参与构建和落实落细资源税、环境保护税、耕地占用税"多税共治",以系统性税收优惠政策"多策组合"的绿色税收体系,引领企业向绿而行,为中国经济高质量发展绘就浓重的"绿"底色。

紧跟国家重大战略,税务部门蹄疾步稳、扎实有序地推开绿色税制改革。2016年7月1日,资源税改革全面推开,绝大多数矿产品资源税由从量定额计征改为从价计征,10个省份进行水资源的费改税试点,将地表水和地下水纳入征税范围。2018年环境保护税正式实施,2020年9月1日,资源税条例升级为资源税法,资源税征管遵循的法律级次更高、刚性更强,为绿水青山拉起了又一张"保护网"。绿色税收对企业形成了鲜明的政策导向作用,引导企业节约资源、推动企业转型升级、促使企业减少排放。

《2021中国生态环境状况公报》显示,2021年,全国空气质量持续向好,地表水环境质量稳步改善,管辖海域海水水质整体持续向好。全国土壤环境风险得到基本管控,土壤污染加重趋势得到初步遏制。全国自然生态状况总体稳定。全国城市声环境质量总体向好。辐射环境质量和重点设施周围辐射环境水平总体良好。单位国内生产总值二氧化碳排放下降达到"十四五"序时进度。

放眼未来,随着我国进入迈向碳达峰、碳中和的关键时期,绿色理念仍是税务人的政治自觉,税务部门将用创新、精准、贴心的服务护航企业"造绿",为走稳绿色低碳的高质量发展道路贡献更多"税力量"。

### 二、操作准备

(1)确定环境保护税税源基础信息,包括排污许可证信息、污染物类别、排放口大类、税源编号等信息。

(2)收集污染物排放量计算数据。采用自动监测的,记录自动监测仪器当月读数;采用监测机构监测的,按监测机构出具的报告填写;采用排污系数法的,确定产品产量或原材料耗用值;采用物料衡算法的,需确定污染物排放量。

(3)熟悉电子税务局报税平台。

## 任务实施

### 一、任务流程

(1)计算化工厂4月份应缴纳的环境保护税。

第一步:计算各污染物的污染当量数。

二氧化硫:20÷0.95=21.05(千克)

氯化氢:20÷10.75=1.86(千克)

一氧化碳:120÷16.7=7.19(千克)

氟化氢:100÷0.87=114.94(千克)

第二步:各污染物按照污染当量数排序。

氟化氢 > 二氧化硫 > 一氧化碳 > 氯化氢。

所以,仅对前三项污染物即氟化氢、二氧化硫和一氧化碳征收环境保护税。

第三步：计算应纳税额。

4月份应纳环境保护税税额=（114.94+21.05+7.19）×1.5=214.77（元）

（2）确定环境保护税税源信息；填写环境保护税基础信息采集表，完成税源信息采集。

（3）完成环境保护税纳税申报。

## 二、任务操作

（1）登录电子税务局主页，进入"财产和行为税纳税申报税源采集"界面，选择环境保护税对应的税源采集，进入"环境保护税税源采集"界面。

（2）在左上方下拉菜单中选择"环境保护税基础信息采集表"，在表头填写相应污染物基础信息必填项（如"是否取得排污许可"选是，则必须如实填写排污许可证编号），在"税源信息"项下单击"增行"，填写"税源信息"，单击"保存"，如图7-25所示。

图7-25　环境保护税基础信息采集表

（3）在左上方下拉菜单中，分别选择"大气、水污染物基础信息采集表""噪声基础信息采集表""固体废物基础信息采集表""产排污系数基础信息采集表"四项明细表。在相应的基础信息采集表中单击"增行"，选中对应的税源，单击"确定"，填写必填项。四项基础信息采集表填写完毕后，单击"保存"。大气、水污染物基础信息采集表如图7-26所示。

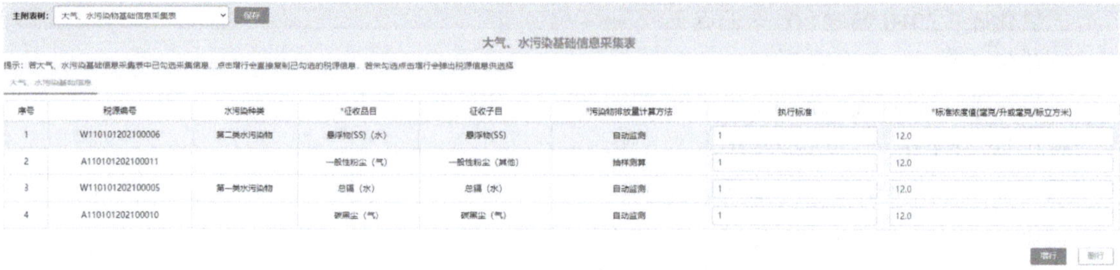

图7-26　大气、水污染物基础信息采集表

（4）在左上方下拉菜单中选择"申报计算及减免信息"，如图7-27所示。申报属性选择"正常申报"，税款所属期起止分别为季度第一天和最后一天。单击对应污染物（大气水污染计算、固体废物计算、噪声计算、抽样测算计算）标签页，分别录入必填信息。在相应的标签页下方单击"增行"，先选择"月份"，双击税源编号栏次，可弹出"税源信息"页面。勾选需要申报的税源，单击"保存"，然后完善税源申报信息。需要注意的是，使用排污系数法计算方式的，需要双击"产污系数"或者"排污系数"填写栏，弹出"排污系数基础信息"，选择后自动带出产/排污系数。填写完毕后，单击页面左上方"保存"按钮，税源信息采集完毕。

图7-27　申报计算及减免信息

（5）查看和审核自动生成的纳税申报表，审核无误，提交申报。

## 任务评价

| 评价内容 | 评价标准 | 完成情况（0～10分） |
|---|---|---|
| 纳税人 | 能正确判断环境保护税的纳税人 | |
| 征税范围 | 能根据具体业务正确判断是否为环境保护税的征税范围 | |
| 应纳税额计算 | 能正确计算应纳税额 | |
| 申报 | 能在电子税务局完成环境保护税的税源信息采集及申报 | |

# 参 考 文 献

[1] 国家税务总局货物和劳务税司. 深化增值税改革业务操作指引 [M]. 北京：中国税务出版社，2019.
[2] 李伟锋. 增值税实务操作与发票管理 [M]. 北京：机械工业出版社，2019.
[3] 中国注册会计师协会. 税法 [M]. 北京：中国财政经济出版社，2022.
[4] 梁文涛. 中国税收：税费计算与申报 [M]. 5 版. 北京：中国人民大学出版社，2021.
[5] 王玉娟，田春红. 税法与纳税实务 [M]. 北京：中国人民大学出版社，2021.
[6] 丁春玲. 智能财税轮岗实务 [M]. 北京：中国人民大学出版社，2022.
[7] 杨继杰. 智能财税岗位综合实训 [M]. 上海：立信会计出版社，2021.
[8] 翟继光，郭宇泰. 金税四期管控下的税务管理与纳税筹划 [M]. 上海：立信会计出版社，2021.
[9] 冯秀娟. 一案解析企业所得税纳税申报：2021 年版 [M]. 北京：中国税务出版社，2021.
[10] 蔡昌. 税收与公司财务 [M]. 北京：中国财政经济出版社，2021.
[11] 国家税务总局所得税司. 企业所得税业务手册 [M]. 北京：中国税务出版社，2020.
[12] 霍爽. 新收入准则税会差异与风险防范 [J]. 财会通讯，2020（9）：97-99.
[13] 梁伟样. 税费计算与申报 [M]. 4 版. 北京：高等教育出版社，2019.
[14] 傅文清，付丽莎. 纳税会计与纳税申报实训操作 [M]. 4 版. 北京：中国人民大学出版社，2019.